U0364989

学法笔记

法学著作选读与研究

刘平华 张永坤／编著

XUEFABIJI
FAXUEZHUZUO
XUANDUYUYANJIU

中国政法大学出版社

2025·北京

声　明　1. 版权所有，侵权必究。

2. 如有缺页、倒装问题，由出版社负责退换。

图书在版编目（CIP）数据

学法笔记 ：法学著作选读与研究 / 刘平华，张永坤编著. -- 北京 ：中国政法大学出版社，2025. 3. -- ISBN 978-7-5764-2032-6

Ⅰ. D90

中国国家版本馆 CIP 数据核字第 2025EF1686 号

出 版 者	中国政法大学出版社
地　　址	北京市海淀区西土城路 25 号
邮寄地址	北京 100088 信箱 8034 分箱　邮编 100088
网　　址	http://www.cuplpress.com (网络实名：中国政法大学出版社)
电　　话	010-58908586(编辑部) 58908334(邮购部)
编辑邮箱	zhengfadch@126.com
承　　印	固安华明印业有限公司
开　　本	720mm×960mm　　1/16
印　　张	14.5
字　　数	250 千字
版　　次	2025 年 3 月第 1 版
印　　次	2025 年 3 月第 1 次印刷
定　　价	69.00 元

编委会

指　导：刘平华　张永坤

编　委：刘平华　张永坤　邓伊鸿　王　恣　吴　杰　陈可昕

　　　　曾瀚宇　吕鸣玥　王　寒　徐亦畅　高家农　李怡霖

　　　　俞妍汐　杨曾曾　刘隽鸣　汪嗣杰　冉星月　谢张奇

　　　　高亦悦　肖琼芳　林志凯　刘世佳　徐若丹　达瓦卓玛

　　　　刘　畅　宋茹颖　侯婷婷　郝雅荣　管怡然　鲁雯琴

　　　　凌嘉欣　刘纹君　张碧昂　田沛鑫　尹铭育　王艺潼

　　　　张　正　王雅馨　曹博雯

编者按

　　在人类社会的演进过程中，法律犹如一座巍峨的灯塔，指引着文明的航程，调节着纷繁复杂的社会秩序。作为法律智慧的结晶，法学著作犹如浩瀚星空中的璀璨星辰，承载着历代先哲与学者对公平、正义和秩序的深邃思考，每一部经典之作，都在法学的广袤天际中留下了不可磨灭的印记。法律并非孤立的存在，它深深扎根于不同文化的土壤之中，随着岁月的积淀，逐渐成长为具有鲜明特色的体系，枝繁叶茂、熠熠生辉。

　　华夏法脉源远流长，古老的法典和历代律例的传承，蕴含着中华民族对于家国治理、伦理纲常及社会和谐的独特法治智慧。这一法治传统不仅映射出中国几千年秩序构建的内在逻辑，也呈现了对"人文法治"思想的深刻洞察。大陆法系以其严谨的体系、深邃的理论见长，大陆法系的经典著作无不在概念的精确定义和原则的层层推演中，为现代法治国家提供了坚实的框架；英美法则在判例法的发展和程序正义的坚持中，展现了其独特的法治魅力，在先例与公平之间自由穿梭，彰显灵活应变的智慧；而古典法学思想，尽管历经千年风雨，仍旧在法治传统的根基上熠熠生辉。古希腊和古罗马时期的法学思想，不仅为后来的法治理论提供了源头活水，许多关于自然法与正义本源的探讨，至今依旧震撼人心。

　　怀着对法学知识传承与跨文化交流的深切热忱，我们精心编撰了《学法笔记：法学著作选读与研究》一书。本书精选了 29 部具有代表性的法学经典，以期为读者呈现一幅跨越时空、贯通古今的法律思想图谱。我们希望通过这些法学著作的精粹选读，让每一位读者能够更为深刻地领略法学的博大精深，并在此基础上进一步拓展视野，深化对法学思想的理解。

　　然而，本书的意义远不止于对经典法学著作的选呈。对于每一位法学研习者而言，法学之路漫长而充满挑战。无论是刚刚踏入法学殿堂的初学者，还是在专业领域深耕、寻求突破的资深学者，都必然需要在漫漫求学路上做出明智的选择与指引。在此背景下，我们特别邀请了来自不同法学领域的专家学者，以其丰富的学术背景与独到的研究视角，撰写本书中的每一篇读书笔记。他们用心选定了那些具有深远影响的法学经典，并在细致阅读与深入思考的基础上，分享了他们的心得体会。

每一篇笔记，都代表了撰稿人对经典著作的虔诚与敬畏。他们反复研读这些法学巨著，力求捕捉其中闪烁的智慧火花，探寻其中蕴含的法治思想，并将这些洞见与当代法治实践结合起来，提炼出对现今和未来法治建设具有启发意义的精髓。每一篇解读，都选取一个独特的学术视角，犹如一扇窗，让读者得以窥探不同学者在法学殿堂中的思想碰撞与智慧交汇。每一个观点，都是对经典的再思考，它们投石入湖，激起广泛的思维涟漪，引发更多元的讨论与反思。

当然，尽管每一篇笔记都力求深入，但也无法全面涵盖所选著作的全部内涵，且每位作者的见解也可能存在一定局限性，但我们相信，通过多角度、多维度的诠释，本书能够为广大法学学习者提供更为丰富的学术资源和启发，为他们在法学的求知旅程中指引方向，助力他们在法律思想的殿堂中不断前行。

我们衷心希望，《学法笔记：法学著作选读与研究》能为读者开启一段精彩的法学探索之旅，成为您学法路上的忠实伴侣。愿本书能在您追求法治理想、弘扬法治精神的过程中，助您一臂之力，携手共建法治社会，续写法学知识传承与创新的崭新篇章。

目 录

第一编 华夏法脉

第二编　欧陆法章

第三编　英美法潮

第四编　古典法光

第一编

华夏法脉

民法典语境下"民法哲学"的实质化

——读李锡鹤《民法哲学论稿》

在马克思主义的语境中，哲学是系统化、理论化的世界观。它以整个世界为对象。如今，具体学科的哲学如雨后春笋般进入人们的视野，例如，历史哲学[1]、数学哲学[2]、艺术哲学[3]、法律哲学[4]等。麦克莱伦对这一现象作出了很好的描述："哲学作为某门学科的后缀，表示有些像但又并不十分精确地像这门学科的东西。它是发现人类理性在那种学科中所采取的独特形式的努力。"[5]这一描述是对现象的客观释明，也是对具体学科哲学化的主观发问。既然哲学是宏观性探讨，那么具体学科的哲学是否成立？如果成立，如何纾解具体学科的特殊性与哲学的普遍性关怀两者之间的张力？

从形式来看，《民法哲学论稿》这本书应该归属于法律哲学之下的民法哲学。换言之，《民法哲学论稿》不仅会面临具体学科的哲学是否成立的诘问？甚至还会进一步受到部门法哲学是否成立的质疑。固然《民法哲学论稿》需要直面这些困境，然而这些阻滞不过是建立在对《民法哲学论稿》的"标签化"偏见之上的。《民法哲学论稿》更大的困境并不是其哲学化的品格本身，而是其穿上哲学"外衣"之后如何回归民法的实践秉性。

一、"民法"还是"哲学"？

张文显教授曾评价："在当代西方法学研究中，法哲学（法理学）研究逐

---

[1]　[德] 黑格尔：《历史哲学》，王造时译，上海书店出版社 2006 年版。

[2]　张景中、彭翕成：《数学哲学》，北京师范大学出版社 2010 年版。

[3]　[法] H. 丹纳：《艺术哲学》，张伟、沈耀峰译，当代世界出版社 2009 年版。

[4]　[德] 阿图尔·考夫曼：《法律哲学》（第 2 版），刘幸义等译，法律出版社 2011 年版。

[5]　[美] 詹姆斯·麦克莱伦：《教育哲学》，宋少云、陈平译，生活·读书·新知三联书店 1988 年版，第 2~3 页。

步扩大和深入到具体法律领域，出现了一批从法哲学（法理学）的层面、用法哲学的方法探讨部门法中的一般原则和原理的论著。这些论著提供了对部门法的伦理基础、价值基础、社会基础及其发展规律的哲学反思，构成把法哲学与民法、刑法、宪法、程序法等部门法学连接起来的中间学科。"[1]的确，我国关于部门法哲学的学术成果也不断涌出。例如：陈兴良教授的《刑法哲学》[2]、宋功德教授的《行政法哲学》[3]以及江国华教授的《宪法哲学导论》[4]。从外观上来看，李锡鹤教授的《民法哲学论稿》[5]无疑是与这些著作并列的，是我国部门法哲学的重要学术成果之一。

值得注意的是，这些著作被视为是部门法哲学不过是由于他们冠以"某某部门法哲学"的外观，而并非基于书本的内容本身。仔细考究这些书本的内容就不难发现，书中内容的"哲学味"不足，而"部门法味"有余。正如陈兴良教授自己对《刑法哲学》总结时称："刑法哲学是刑法学的基础理论。"[6]换言之，《刑法哲学》某种程度上并非真正意义上的哲学，毋宁说它是关于刑法学科一般原理的阐述。

无独有偶，李教授的《民法哲学论稿》也呈现出这样的特点。纵览该书的目录，"第一编　主客体关系""第二编　民法的概念""第三编　民事关系""第四编　民事权利""第五编　法律行为""第六编　民事责任"，[7]这些编目与一般民法教科书基本是重合的。即使是进一步观察目录中每一章的标题，也没有明显感受到《民法哲学论稿》中"哲学"的意蕴。相形之下，要说《民法哲学论稿》是一本关于民法这一部门法的哲学探讨，毋宁说是对于民法的基础理论的探究。质言之，《民法哲学论稿》中的"民法"是毋庸置疑的中心词。该书作为一本聚焦民法的书，其应当被理解为是"民法"哲学，而不是所谓的"民法哲学"。在这个维度上，《民法哲学论稿》也就无

---

〔1〕[美]迈克尔·D.贝勒斯：《法律的原则——一个规范的分析》，张文显等译，中国大百科全书出版社1996年版。

〔2〕陈兴良：《刑法哲学》，中国政法大学出版社1992年版。

〔3〕宋功德：《行政法哲学》，法律出版社2000年版。

〔4〕江国华：《宪法哲学导论》，商务印书馆2007年版。

〔5〕李锡鹤：《民法哲学论稿》（第2版），复旦大学出版社2009年版。

〔6〕陈兴良：《刑法哲学》，中国政法大学出版社1992年版，第8页。

〔7〕李锡鹤：《民法哲学论稿》（第2版），复旦大学出版社2009年版。

需面对"民法哲学"是不是伪命题的诘问。

二、民法为何"哲学"？

厘清《民法哲学论稿》的基本内容，绕开具体学科哲学是否成立的诘问后并非就"万事大吉"。新的问题随之而来，其中最为核心的问题就是该书探讨的是民法的基础理论，为何李教授要冠以哲学之名。这并不是一个只关乎命名的形式问题，寓于其中的是对于《民法哲学论稿》涉及的所有民法理论理解的内容问题。李教授是混淆了民法的基础理论与民法哲学之间的界限，还是其中另有意图。换言之，为何李教授要将这些理论冠以"哲学"之名。

首先，民法为何"哲学"必然具有实质理据是逻辑前提。作出如此肯定的回答，主要是基于李教授本身的著作。除《民法哲学论稿》外，相关的姊妹作品有《民法基本理论若干问题》[1]《民法原理论稿》[2]等。按照上文的论述，《民法哲学论稿》中的许多内容应当置于《民法原理论稿》之中。暂且不论李教授区分相关民法理论的归属标准是什么，至少可以肯定的是李教授一定是对内容归属进行过自觉思考。也就是说，《民法哲学论稿》中将民法冠以"哲学"必然有特殊的用意。

其次，将民法冠以"哲学"是作者的学科背景和主观愿望使然。李教授在民法上具有极高造诣，但其实他并非所谓民法"科班"出身。相形之下，他曾经接受过专业的哲学教学训练。从这个维度来说，运用"哲学"思维探讨某个问题对于李教授来说更加"信手拈来"。但是，最主要的原因还是李教授对于民法问题的敏锐观察力和自身的抱负。一方面，李教授敏感观察到虽然当时民法的理论卷帙浩繁，但正如其所提"在民法学中，形式逻辑已成为可有可无的摆设，甚至成为批判的对象；一些民法基本范畴，缺少应有的推演程序；民法教材大量代代传抄的经典论述，其实是只可死记硬背，不可深思细究的教条"。另一方面，李教授具有企图改变民法这种尴尬困境的主观愿望，并诉诸实践。

最后，在客观方面为民法提供"哲学"之实。正如《民法哲学论稿》所

〔1〕 李锡鹤：《民法基本理论若干问题》，人民出版社 2007 年版。

〔2〕 李锡鹤：《民法原理论稿》，法律出版社 2009 年版。

说的："民法哲学就是民法学的整体观和方法论。"[1]虽然，这一论述将民法学整体观这一民法原理阐述与民法哲学混淆，但是民法学的方法论的确可以被称为民法哲学。实际上，《民法哲学论稿》中民法的"哲学"之维也是从其中的方法论维度展现出来。从过程来看，李教授全书注重形式逻辑，运用严格的推演来厘清每一个民法学的基本范畴。从结果来看，《民法哲学论稿》完成了一元化逻辑体系的民法学工程。某种程度上，《民法哲学论稿》中民法学理论与普赫塔的"概念的谱系"[2]有异曲同工之妙。

三、一元化后"民法哲学"的实质化

《民法哲学论稿》搭建起的一元化逻辑体系的民法学无疑是民法学理论发展的"动力泵"。遗憾的是，《民法哲学论稿》在理论搭建完后就戛然而止。法学是一门实践的学科，"'纸上谈兵式'的法理思辨，一经遇到活生生的法律实践，就很容易暴露出问题和不足，并最终被研究者所抛弃"。[3]实践性作为民法的秉性，更是不能停留在"空中楼阁"的某些民法理论本身。特别是2020年我国《民法典》[4]通过并实施后，民法的一元化甚至已经在规范层面达到，人们更是不能停留在《民法哲学论稿》的一元化逻辑体系中"沾沾自喜"，而是要在《民法典》的现实语境中开展民法实践，将一元化后的"民法哲学"实质化。

正义是法律的最高价值，也应当是民法的最高价值。民法哲学正义观作为民法广义"法理"的一部分，回应的是民法规范"应当是什么"和"为什么"的问题。从实践面向来看，作为原理的民法哲学致力于发现具体规范背后的目的，从解释论出发探索"民法规范为何如此"，从立法论出发理解"民法规范为何应当如此"。对民法哲学正义观的经典论断普遍坚持民法一元正义观，认为民法对应矫正正义，公法对应分配正义。[5]甚至认为私法中矫正正义和分配正义的混合是不可能的。正义的真正意义在亚里士多德看来主要在

---

〔1〕 李锡鹤：《民法哲学论稿》（第2版），复旦大学出版社2009年版，第2页。

〔2〕 雷磊：《法教义学的方法》，载《中国法律评论》2022年第5期。

〔3〕 陈瑞华：《论法学研究方法》，法律出版社2017年版，第3页。

〔4〕 为表述方便，本书涉及我国法律直接使用简称，后不赘述。

〔5〕 ［德］G.拉德布鲁赫：《法哲学》，王朴译，法律出版社2005年版，第62页。

于平等。[1]我国《民法典》第2条、第4条分别从民法调整对象和民法基本原则层面规定了平等原则,使民法哲学中的多元系统正义观得以实践和体现。

首先,《民法典》的回报正义体现了交换正义观和友爱平等观。回报正义是予取对等、礼尚往来,前者对应交换正义,后者对应友爱平等。回报正义在自愿交易生活领域对应交换正义,在非交易生活领域体现为友爱平等观。其中,交换正义通过私法自治进行维护。交换正义要求当事人在市场经济活动中自主选择、各尽所能、利益均衡、和谐相处,其应有之义体现在《民法典》第6条,根据公平原则明晰民事活动中各方的权利和义务。但另一方面,此中交换正义是通过私法自治来实现的,是在交换活动中凸显的过程正义而非结果正义,彰显的是"主观层面的等价与公平"。[2]由此可以得出《民法通则》第4条等有偿原则不再有独立存在的必要,因其可由私法自治原则和民事法律行为显失公平规则所替代。[3]当市场经济中的交换正义受到阻碍,当事人之间的权利义务关系处于失衡状态,调整性法律关系转化为保护性法律关系时,需要对受害人的可得利益进行救济以实现矫正正义。另外,友爱平等契合了《民法典》总则编中的友善价值观。作为民法价值基础的个体主义方法论强调"己所不欲,勿施于人"。友谊因平等而产生,情谊行为是友爱、平等观的外在体现。不能课加给民事主体类似于诚信义务的"友善义务",民法对友善派生的互惠互助行为宜通过宽容、鼓励和必要的引导等方法调整。如对无偿合同中的债务人、见义勇为行为中的救助者和帮工行为中的帮工人分别致债权人、被救助者或者被帮工人损害赔偿责任的归责原则以故意或重大过失为必要,以降低无私为他之人的注意义务程度,体现民法宽容的调整方法。民法对见义勇为行为救助者所遭受的损害配置多元化救济方式,兜底救济救助者的损害,以避免"英雄流血又流泪"的现象,实现对见义勇为的鼓励。具体而言,《民法典》第184条考虑到与第181条体系上存在冲突的情形,秉持"举轻以明重"的立法思路,从解释论角度运用目的性限缩解释,将救助者行为限定在非自愿实施的救助行为。共同饮酒和好意同乘行为

〔1〕 〔古希腊〕亚里士多德:《政治学》,吴寿彭译,商务印书馆1965年版,第152页。

〔2〕 蒋大兴:《私法正义缘何而来?——闭锁性股权收购定价原则的再解释》,载《当代法学》2005年第6期。

〔3〕 王雷:《我国民法典总则编的多元正义观》,载《甘肃社会科学》2021年第5期。

中施惠者负有一定的注意义务，以督促"好事办到底"，实现对人际友善行为的必要引导。《民法典》第 1217 条则减轻了好意同乘中的车主责任，并非一概而论式免除。

其次，《民法典》的矫正正义观对交换正义观进行了自然延伸。与交换正义相对应，矫正正义主要对非自愿交易行为和保护性法律关系进行规制，矫正因非自愿交易行为所导致当事人之间的利益失衡状态，以重建并逐步恢复正义。"主观自由的原则是一种权利。"[1]《民法典》对效力存在瑕疵的民事法律行为如因重大误解、欺诈、胁迫或者显失公平等所订立的民事法律行为进行矫正，赋予受害人撤销权，还配置民事法律行为无效、被撤销或者确定不发生法律效力后的调整规则，都体现了民法矫正正义观。不当得利返还、违约损害赔偿、侵权损害赔偿以及其他民事责任制度更是矫正正义的典型体现。《民法典》"民事责任"一般规定，体现了民事权利、民事义务和民事责任协调统一的原则，将民事权利和民事义务之间的交换正义，延伸到民事义务和民事责任的矫正正义，甚至在民事责任的不同责任人之间合理确定其责任份额，实现过责相当，以落实矫正正义。《民法典》第 176 条体现了民事权利、民事义务和民事责任协调统一的原则，表明一般情况下，民事责任是义务人不履行或不完全履行民事义务应当依法承担的法律后果，体现了矫正正义观念。此外还可以发现，此条未保留三次审议稿中"民事主体不履行或者不完全履行民事义务的，应当依法承担民事责任"这一规定，是对民法矫正正义观的新发展，表明民事义务和民事责任并非严格对应的关系。《民法典》第 180 条第 1 款、第 176 条等，都体现了这一精神。

最后，《民法典》的分配正义观旨在给予弱者更高层次的保护。民法交换正义、矫正正义乃至公道正义均为横向正义形态，用于调整不同民事主体彼此之间的关系，而分配正义则是立法者用于纵向打破强势主体、倾斜保护弱势群体的工具，建立在对民事主体进行强弱对比和划分的基础上，成为私法自治的道德底线。"分配的正义包含强式上的平等对待和弱式上的平等对待。"[2]"分配正义的原则应当把弱势群体的利益放在第一位，以最大限度地提高其成

---

〔1〕 ［德］黑格尔：《法哲学原理》，范扬、张企泰译，商务印书馆 1961 年版，第 317 页。

〔2〕 王轶：《民法价值判断问题的实体性论证规则——以中国民法学的学术实践为背景》，载《中国社会科学》2004 年第 6 期。

员的福利。"〔1〕基于交换正义的"所得"即"应得",这对应的是初次分配;基于分配正义的"所得"主要发生于再分配领域,是对弱势群体的倾斜保护,以满足其对社会主要产品的最基本需求。第一,《民法典》通过给予未成年人特殊且优先的保护体现分配正义。第 128 条吸纳了"弱式上的平等对待"的平等新内涵,彰显了民法人文关怀理念;第 191 条"尊重被监护人的真实意愿"和"最有利于被监护人",都蕴涵了上述思想内核。第二,《民法典》通过合理配置公共资源加强对社会弱势群体的保护。例如,见义勇为行为中的救助者自身可能受到损害,救助者也可能造成受助人损害。《民法典》第 183 条对见义勇为行为人所遭受损害适当补偿后受益人后仍有剩余的损害,应该通过国家财政负担的见义勇为基金兜底弥补。《民法典》第 179 条第 2 款惩罚性赔偿责任也可以起到对不诚信经营者加重处罚、对积极维权消费者进行立法倾斜保护的作用。再如格式条款制度限制格式条款提供者的优势地位、对格式条款的接受者给予倾斜保护,侵权责任法上基于风险分配理论而设定的严格责任归责原则、雇主替代责任等,这些都是分配正义及其弱式意义上平等对待的体现。民法举证责任倒置规定也体现了对举证能力较弱一方的倾斜保护。

(邓伊鸿　西南政法大学民商法学院)

---

〔1〕　姚大志:《再论分配正义——答段忠桥教授》,载《哲学研究》2012 年第 5 期。

外国国家豁免的一体论与区分论：
利益权衡与救济理路
——读刘元元《国家财产执行豁免问题研究》

《联合国宪章》将国家主权平等作为一项重要原则，并以此衍生出国际社会一以贯之的国家主权豁免原则。但其理论并非一成不变，相反，循着主权国家的国内立法和实践，国家豁免大致经历了从法院不管辖以外国国家为被告的案件之绝对豁免走向仅对外国国家的主权行为和主权财产给予例外之限制豁免的嬗递。[1]国家豁免分为管辖豁免和执行豁免，前者是确定双方当事人的权利义务过程，而后者则是在管辖程序之后，债务人不履行义务时事实上满足债权人请求的程序。[2]该书作者刘元元教授以二者关系及域内外实践为旨归，提出"一体论"与"区分论"，以二阶段衔接之全新视角省思豁免理论。

一、钩沉利益：受损害个人利益与国家利益之博弈

纵向考察，直至19世纪末，绝对豁免制度仍是各国的普遍实践选择，然而随着国家越来越多地参与国际商事交易活动且以平等民事主体的角色订立合同，民法视域下的平等追求与国家主权豁免的国际惯例对立冲突，绝对豁免的做法频繁受到质疑。[3]工业革命、资产阶级革命以及政府职能的扩大，[4]使得目前有绝对管辖豁免立法的国家在管辖豁免问题上彻底走向了限制豁免，[5]而

---

〔1〕 李庆明：《论中国〈外国国家豁免法〉的限制豁免制度》，载《国际法研究》2023年第5期。

〔2〕 刘元元：《国家财产执行豁免问题研究》，厦门大学出版社2015年版，第19页。

〔3〕 张晓君、马小晴：《外国国家豁免法的理解与适用》，载《人民检察》2023年第23期。

〔4〕 龚刃韧：《国家豁免问题的比较研究——当代国际公法、国际私法和国际经济法的一个共同课题》（第2版），北京大学出版社2005年版，第11~12页。

〔5〕 刘元元：《国家财产执行豁免问题研究》，厦门大学出版社2015年版，第13页。

由于执行制度实质关涉外国国家财产和利益，国际社会对其限度与范围不一，"一体论"与区分论由此界分。

"一体论"主张国家在一定情形下不享有管辖豁免，同样也不应享有执行豁免，二者共用一套标准，贯彻"有损害必有赔偿"的理念，以实现受损害个人的权利救济为要旨；区分论则着眼于法院地国与被诉主权国家的外交关系和政治关系，从国家利益视角出发，主张执行豁免较之管辖豁免更多触及国家职能的实质运行，理应限缩豁免范围，分开处理。

一方面，个人利益保护有其必要性与必然性。亚当·斯密在《国富论》中强调，"在自由市场的竞争机制下，个人追求自身利益的行为将最终促进社会整体福利的提升"，斯密以"利己便是利他"的思想唤起启蒙的先声，将自身利益的重要性摆至台前；杰里米·边沁指出，"不懂得什么是个人利益而去谈论共同体利益是没有意义的"，[1]认为只有在理解和尊重个人利益的基础上，才能有效地讨论和实现社会利益。同时，就个人利益保护的必然性来看，人的本性就是追求个人利益，《马克思恩格斯全集》中的论述，"个人总是并且也不可能不是从自己本身出发的"，[2]恰是对个人利益保护必然性的深刻阐释。

另一方面，国家利益是民族国家追求的主要好处、权利和受益点，反映国家全体国民及各种利益集团的需求和兴趣，[3]是一国在与外部世界的关系中作为一个整体所关注和维护的，事关本国家、民族、人民的基本和重大利益。[4]国家利益意义重大，然而诚如马克思所言，"随着分工的发展也产生了单个人的利益或单个家庭的利益与所有互相交往的个人的共同利益之间的矛盾"，国家利益不可避免地与部分人的利益背道而驰。在霍布斯的社会契约理论中，基于个体对安全和有序社会的渴望，个人愿意让渡一些自然状态下的自由权利以获得秩序和保护，将自己托付给国家机器"利维坦"。这一理论似乎暗含着在个人利益与国家利益发生冲突时，个人利益必然需要为国家利益让步的道理，实则不然。

---

〔1〕　［英］杰里米·边沁：《论道德与立法的原则》，程立显、宇文利译，陕西人民出版社2009年版，第3页。

〔2〕　《马克思恩格斯全集》（第1卷），人民出版社1995年版，第84页。

〔3〕　王逸舟：《全球政治和中国外交》，世界知识出版社2003年版，第37页。

〔4〕　楚树龙：《国际关系基本理论》，清华大学出版社2003年版，第37页。

学者张青卫指出，国家利益和个人利益均有不同的类型，正如我们无法要求个人以其生命权益为国家间的外交关系与财产利益让步，将不同类型的国家利益和个人利益抽象地进行比较，容易陷入形而上学的窠臼。进一步来说，即使同种类型的国家利益和个人利益进行比较，也应当满足法定的条件方可优先国家利益。国家利益并非天然优先于个人利益，在个人利益与国家利益博弈的视域下，单一的"一体论"或是区分论都无法提供完整的方法论，而应视具体情况具体分析。于所牵涉的个人利益高于国家利益时，适用"一体论"以保障个人权利；于法定条件齐备、国家利益高于个人利益时，适用"区分论"，适当限缩豁免范围，在让渡个人利益与维护政治经济关系中寻找平衡点，在司法与外交的双重手段下探寻实质公平。

二、剖视理路：法律与外交途径之重构

鉴于国家豁免尤其是执行豁免指涉外交及政治关系，加之在主权豁免立法仍存空白时，主张享有豁免权的国家通常会通过派驻在法院地国的外交代表或领事向该国政府提出主张，[1]行政机关从案件肇始即参与审理过程，并倾向在法院审理中出具带有政治倾向性的意见，审判与行政机构权责混同的问题始终存在。

在"一体论"与"区分论"的视角下，行政与司法作用力不同。"一体论"借管辖豁免与执行豁免范围的一致性，体现"有管辖便有执行"的司法公平。在"一体论"的框架下，法院可从一而终地发挥职能，以司法强制力保证原告利益的救济；而"区分论"却因其特性而使管辖与执行阶段割裂，原告即使胜诉也可能无法通过司法手段寻求救济，从而在部分案件中端赖于行政机构及外交手段寻求解决之法。

法律途径因其强制性及稳定性成为解决国际争端的有效手段之一。哈特认为，"在任何时间和地点，法律都有一个最为显著的普遍特征，这就是它的存在意味着特定种类的人类行为不再是任意的，而是在某种意义上具有强制性"，[2]法律的强制性使其区别于其他救济手段而具有高效解决争议的独特效用。其次，法律的稳定性有效阻滞了涉案国期待通过协商与沟通获得于法无

---

〔1〕 刘元元：《国家财产执行豁免问题研究》，厦门大学出版社 2015 年版，第 25 页。
〔2〕 ［英］哈特：《法律的概念》，张文显等译，中国大百科全书出版社 1996 年版，第 7 页。

据之豁免的可能性。在法律的语境下，人们的社会活动具有合理预期，[1]从而使社会趋于稳定与和平。然而，法律绝不可能发布一种既约束所有人的同时又对每个人都真正最有利的命令，法律在任何时候都不能完全准确地给社会的每个成员作出何谓善德、何谓正确的规定。[2]法律固有的弊端——不合目的性与不周延性，[3]致使其无法兼顾个案中的实际情况，在处理中显现出灵活性的缺失。

与此同时，外交途径作为国与国之间对话的通道，也有其意义所在。外交手段较早地被适用于国家主权豁免的实践中，旨在通过沟通与磋商，寻求个人利益与国际关系的平衡，然而，以外交途径为主导的解决之道却接连受挫。外交手段着眼不同主权国家与法院地国的关系，导致同样的案件仅仅因涉案主权国家不同而产生不同结果，因此激化矛盾与争端；同时，限缩法律作用而授予外交部门豁免建议权，也使得涉案国运用外交手段、施加政治压力以换取豁免。

由此可得，司法权抑或是行政权单一的运作有其局限。相反，根据孟德斯鸠的理论，权力的相互配合及合理运作，更有利于保障人民的自由和国家的运转。

基于国家主权豁免的特性，以法律途径为主，外交手段为补充的方法论成为适应当今国际形势的圭臬。一方面，外国国家的豁免问题必然是由两个国家在国际法层面予以解决的，避免行政机关的干涉，由法院直接决定是否给予执行豁免为良策；[4]另一方面，国家豁免尤其是执行豁免本身决定了其法律和政治的混合性，[5]且在国家豁免中存在管辖豁免范围狭于执行豁免的情形，外交途径暂无法退出历史舞台。因此，法院负有管辖此类案件的权责，行政机构不得恣意干涉，仅能于法之空白领域予以有效补充。

---

〔1〕 〔美〕本杰明·N.卡多佐：《法律的成长 法律科学的悖论》，董炯、彭冰译，中国法制出版社2002年版，第67页

〔2〕 〔美〕E.博登海默：《法理学——法哲学及其方法》，邓正来、姬敬武译，华夏出版社1987年版，第8页。

〔3〕 徐国栋：《西方立法思想与立法史略（上）——以自由裁量与严格规则的消长为线索》，载《比较法研究》1992年第1期。

〔4〕 Leo J. Bouchez, "The Nature and Scope of State lmmunity From Jurisdiction and Execution", *Netherlands Yearbook of Interational Law*, 1979, p. 30.

〔5〕 刘元元：《国家财产执行豁免问题研究》，厦门大学出版社2015年版，第32页。

在具体实施层面，"一体论"管辖阶段与执行阶段范围一致的特性使得行政机构难以介入，从而使以法律途径为主的理路较易落实，在"一体论"框架下运行该法较为直接；然而，"区分论"的特性却可能使得该原则的落实存在滞碍。在"区分论"的视域下，部分案件胜诉却无法执行的弊端使得行政机关需要发挥其作用。因此，其适用具有行政权力滥用的风险，一以贯之的国际惯例使得行政权难以仅在法律手段无法触及的案件中发挥作用。事实上，行政部门的强势将使行政权不可避免地凌驾于司法权之上。一旦允许豁免建议权，行政权将基于内外部症结，渗透于更多主权豁免案件，衍生出权责不明、以行政代司法等一系列弊端，以美国实践为例言之，尽管 1976 年美国《主权豁免法》的出台意味着还权于司法部门，但具体实践中行政机构的意见仍对审判机构有重大影响。因此，在运用区分论的情形下，必须着重关注两股权力交织后的分权问题。

三、双效赋能：效率与效果之榫合

根据帕累托效率理论，资源有限，使有限的资源发挥最大化效益，以最小的投入获得最大化产出，即提高了效率，实现了帕累托改进，达至资源分配的理想状态。[1] 从马克思在《资本论》中提出社会必要劳动时间伊始，个别劳动时间与社会必要劳动时间的比较便促使商品生产者努力缩短生产商品所用时间，效率开始为社会崇奉。时至今日，司法领域的效率作为现代司法理念的重要内容，也被带至台前。案件久拖不决，必然妨害司法公正的及时实现。"一体论"将管辖阶段与执行阶段相衔接，实质上与国内审判程序并无二致。公诉机关掌握案件信息与证据，按照法律规定出庭提起公诉，审判机关遵循成文规范审理案件，审判人员按照既定流程与时间限制推进审判，程序成熟、效率较高。然而，"区分论"中，由于前后二阶段的衔接不畅，可能面临效率低下的困境。在"区分论"的视野下，无法通过司法手段规制的案件，由法院管辖后交由外交部门磋商。一方面，外交部门中途接手产生的信息差难以弥合，仅可依据书面材料了解案情，难以有效规制涉案国家违法行为，使案件在外交中久拖不决，让国家处于劣势；另一方面，外交作为政治

---

〔1〕 张金海：《减轻损失规则的帕累托效率解读与展开》，载《暨南学报（哲学社会科学版）》2021 年第 8 期。

的一部分，受到两国外交紧密程度、两国经济利益、是否会引起报复等因素的影响，争端解决往往需要多轮磋商，耗时漫长甚至没有结果，效率极大贬值。

自效果维度看，效果即结果，制度是否臻于完善将以效果之好坏予以呈现。司法效果是对司法效率进行"去伪存真式"评判的重要依凭之一。[1]在司法上，"效果"分为行政效果、法律效果与社会效果，在"三个效果"统一中，法律效果、政治效果、社会效果都不可或缺、不可偏废，也不可偏弱。[2]政治效果要求司法活动贯彻落实总体国家安全观，法律效果要求司法活动符合法律的实体规定和程序规定，社会效果要求司法活动获得社会公众的认同。卡多佐以其实用主义思想纠正"法官只是机械适用既有规则"的观点，指明法官裁判中应考虑的不同因素。卢埃林以其现实主义思想指出法律是实现社会目的的手段，只根据现行方针政策、社会的整体利益、对将来是否有利进行判决。司法过程不是简单的形式推理过程，"三个效果"有机统一产生于法哲学的基础之上，是指引司法实践的需要，是弥补成文法缺陷的需要，也是传承中华优秀法律文化的需要。[3]"一体论"聚焦司法手段保护个人利益、维护司法公平，其对法律效果的落实作用毋庸置疑，但也正是因其司法性，在实践中可能造成对政治效果与社会效果的忽略，落入形式主义的误区。"区分论"因行政手段的适用而兼具灵活性，能够通过协商适应不断变化的国际局势，维护社会稳定，恰当运用可达至司法手段和行政手段有机统一的境界，但也要注意不可仅着眼于国家利益保护，否则将会使得社会效果与法律效果旁落，难以获得社会公众的认同。

因此，在适用"一体论"抑或是"区分论"时，应当兼顾效率与效果，一方面注重效率，最大限度避免效率不佳、程序空转等问题，另一方面也把握政治效果、社会效果、法律效果，多维度检验司法效率的成色。

四、结语

国家豁免是涉及国家对外关系和司法制度的重要法律规程。从各国经验

---

[1] 钟瑞友：《辩证认识"六对关系"高质效办好每一个案件》，载《检察日报》2023年7月8日。

[2] 朱孝清：《论执法办案的"三个效果"统一》，载《中国刑事法杂志》2022年第3期。

[3] 胡田野：《论"三个效果"有机统一的司法理念与裁判方法》，载《中国应用法学》2022年第3期。

中总结出的以法律途径为主，在国家豁免问题上"去政治化"路径亟需实践的佐证。与此同时，"一体论"与"区分论"视域下个人利益与国家利益、效率与效果统一各有其侧重，理清二者之间的关系，有利于国家豁免原则的有效运行，也能够为国际社会稳定提供正向作用力。

（陈可昕　西南政法大学民商法学院）

在合理与现实之间

——读胡云腾《存与废——死刑基本理论研究》

　　死刑到底应不应当存在，这个问题由来已久。在《论犯罪与刑罚》中，贝卡里亚认为国家是社会契约的产物，个人不会向国家让渡自己的生命权。[1]死刑没有效果，刑罚效果的判断是基于刑罚延续性而非强烈性。黑格尔与其针锋相对，提出与贝卡里亚相反的观点。他认为，国家根本不是契约的产物，生活在国家中，是由人的理性所规定。[2]康德认为，基于正义与道义需要给予犯罪人与过错相等的刑罚，而死刑正是实现正义的手段。[3]他们站在各自的立场，提出的观点之间水火不容。

　　概括地，支持死刑者认为死刑具有合理性，死刑是一种有效的报应手段，可以有效地预防犯罪，体现生命的等价性。反对死刑者认为死刑不符合人道要求，况且预防效果有限，因而死刑不具有合理性。

一、伦理的考量：反对死刑是"为人道打官司"形容是否恰当

　　如果要为系统抨击死刑制度选一位历史功臣的话，首当其推是近代"刑法之父"贝卡里亚。1764年，他的著作《论犯罪与刑罚》出版。其中，他分析了历代死刑之弊端，认为其本质上是一种违反社会契约、悖于人道的不合理刑罚。虽然作者以社会契约是假说为由不赞成其基本立论，但是他认为死刑废除论最合理的立论依据即为死刑违背人道主义要求。

---

　　〔1〕［意］贝卡里亚：《论犯罪与刑罚》，黄风译，中国大百科全书出版社1993年版，第8~45页。

　　〔2〕［德］黑格尔：《法哲学原理》，范扬、张企泰译，商务印书馆1961年版，第103~107页。

　　〔3〕［德］康德：《法的形而上学原理——权利的科学》，沈叔平译，商务印书馆1991年版，第103~108页。

贝卡里亚曾声称："如果我要证明死刑既不是必要的也不是有益的，我就首先要为人道打赢官司。"[1]与之针锋相对，死刑保留论者强调人与人的生命是等价的，死刑的正当性表现为"处死杀人者是对生命的价值的尊重"。[2]黑格尔认为，生命的神圣表现为每个人生命对其他人来说都是神圣的，死刑是以"侵犯无辜者的生命权会造成丧失生命后果"为威吓保障大众的生命权。如果杀人者没有被处以死刑，那么受害者与杀人者的生命便不是等价的。因为这样会展示出受害者的生命价值低于杀人者的生命价值的局面，然而抬高杀人者的生命价值而贬损受害者的生命价值是绝对不可行的。[3]从价值倡导上，这会让大众产生一种观念：杀人不会导致被杀的后果，纵使自己会被处以刑罚，也是失小于得。这会导致潜在杀人者在杀人与受罚的权衡中得出"合算"结论，助长其作恶的邪念。

近代以来，世界人权运动方兴未艾。1948年《世界人权宣言》规定"人人有权享有生命、自由与人身安全""任何人不得加以酷刑，或以残忍的、不人道的或侮辱性的待遇或刑罚"[4]；《公民权利及政治权利国际公约》专门规定了"人人有权享有生命权"，强调不得随意剥夺生命；国际也曾有断言，"无论政府赋予处决罪犯以何种理由，也无论使用何种处决方法，死刑都与人权问题密不可分。废除死刑的运动与人权运动密不可分"。由此可见，国际上对于死刑侵犯人权的认识形成了部分共识。

不少"废死派"学者以人道为武器，掀动废除死刑的大浪，说他们自己是"为人道打官司"。他们认为，死刑的残酷性是难免的。死刑剥夺生命，是对人本身主体性的否定，也是对人之最基本权利——生命权的剥夺。此外，死刑侵犯了人的不受痛苦权。无论是注射死刑还是枪决死刑，在执行过程中被执行人要经历一段额外的痛苦。国家对本就处于孤立无援境地的死刑犯施加额外的肉体与精神折磨，而作为基本权利的不受痛苦权在其中受到了侵犯。

---

〔1〕〔意〕贝卡里亚：《论犯罪与刑罚》，黄风译，中国大百科全书出版社1993年版，第45页。

〔2〕 Ernest van den Haag, *The Death Penalty in America*, Oxford University Press, 1982, pp. 331~339, In Defense of the Death Penalty：A Practical and Moral Analysis, pp. 323~333.

〔3〕 Ernest van den Haag, *The Death Penalty in America*, Oxford University Press, 1982, pp. 331~339, In Defense of the Death Penalty：A Practical and Moral Analysis, pp. 323~333.

〔4〕《世界人权宣言》，载 https://www.un.org/zh/about－us/universal－declaration－of－human－rights，最后访问日期：2024年5月28日。

这样的行为，是不人道，也是不合理的。

而从人权视角审视死刑，存置论者认为，保护个人权利时不可忽视他人权利，被害人的人权亦是人权，倘若死刑废止，得到保障的是被告人的人权，而被害者的人权则被忽视。只有存置死刑才能较为全面地保障人权。因此，死刑的存在不仅不与人权矛盾，反而是保障人权的有效手段。

实质上，废除论与存在论者都从各自的立场出发，阐释自己对死刑符合人道与否的理解。从社会防卫的角度审视，对杀人者处以死刑，无疑是正义的。废除论者从保障人权的角度指出，任何公民都不应被剥夺人之为人最基本的生命权。

二、公正的纠结：以死刑为谴责与复仇手段是否合理

公正的纠结，其争议点在于死刑与犯罪人应承担的刑事责任是否相称。

保留者认为，"以命偿命""杀人者死"符合大众朴素的道德认知，基于公正的角度，如果没有死刑作为刑罚的手段，很难想象罪大恶极者应当如何处理。

在康德看来，刑罚公正性唯有通过报复来实现，而刑罚的"恶"与犯罪的恶相对称是其基本要求。"在谋杀罪与对谋杀的报复之间没有平等问题，只有对犯人依法执行死刑。"[1]与其观点类似，黑格尔也指出报复是实现刑罚公正性的唯一手段，而这种复仇不同于原始的"以眼还眼、以牙还牙"的同态复仇，而是在刑罚的价值上与犯罪相等同。人的生命是无价的，除了其他无法用价值衡量的等价物，无以与生命达到价值相当的目的。而除了死刑，其他刑罚都无法达到剥夺生命的目的，因而无法达到价值相当的效果。[2]这些观点强调的是死刑对于谋杀者的道义报应，否则不符合公正的观念。

而死刑废除论者强调死刑是野蛮之刑。在废除论首倡者贝卡里亚看来："体现公共意志的法律憎恶并惩罚谋杀行为，而自己却在做这种事情；他阻止公民去做杀人犯，却安排一个公共的杀人犯。"[3]他认为死刑树立杀人的榜

---

〔1〕[德]康德：《法的形而上学原理——权利的科学》，沈叔平译，商务出版社1991年版，第166页。

〔2〕[德]黑格尔：《法哲学原理》，范扬、张企泰译，商务印书馆1961年版，第105~107页。

〔3〕[意]贝卡里亚：《论犯罪与刑罚》，黄风译，中国大百科全书出版社1993年版，第49页。

样，助长人性的残忍。从历史来讲，死刑产生于原始复仇习惯，属于野蛮时代"以眼还眼、以牙还牙"习惯的遗风。复仇虽然符合人的本能，但属于人性中的劣性，不利于善良仁慈的人性的培养。

保留论者则从逻辑的角度予以驳诘，认为法律施加的是与其构成犯罪自然行为相同的处罚，并且刑罚是双刃剑，不可以因其有瑕疵而否认执行死刑带来的威慑作用，该作用是利大于弊的。

此外，死刑废除论者还指出，死刑误判难纠，一旦被误判，受刑人的生命是注定无法挽回的。死刑属于歧视之刑，根据考察，死刑对穷人、男性与有色人种的适用多于对富人、女性与白人的适用。[1]因此，死刑不但无助于公平的实现，反而会适得其反，破坏法律的公平适用。

保留论者则认为，此类因素虽然存在，但可以尽量避免，即使在所难免，也是追求死刑之利的必要代价。死刑在适用程序上慎之又慎，判决执行须经核准，判决确定后仍有改正之余地；况且，误判作为司法中的过失，非死刑之独有。因此，司法误判之理论不足以成为废除死刑的充足理由。

总的来说，公正性是对于个人与社会角度而言的。从个人角度出发，死刑的设立必须强调保障个人合法权利。人死不可复生，一旦受刑人被误判，难以纠正。因而，死刑的适用必须慎之又慎，否则侵犯公民合法权利的不良后果将无法挽回。一旦死刑被滥用，后果将不堪设想。对社会而言，公正性赋予了社会行刑的权力，在必要时对严重犯罪进行惩戒。谴责与复仇，正是公权力作为正义的代表，发挥保护全体社会成员的职能的体现。而"公权力姓公，也必须为公"，正因为如此，任何背弃公众的不公正行为都会对大众造成严重伤害，所以任何此类行为都不应该被容忍。

三、死刑发展前瞻：使合理的成为现实的

审视刑罚具有三个视角：效益性、公正性与人道性。我国《刑法》第 1 条规定，刑法的目的是惩罚犯罪，保护人民，可见保护人民的权利不受国家权力的任意摆布和侵犯，实际上就是保护每个公民的基本人权。[2]而刑罚的

---

[1] 《联合国人权事务负责人：弱势群体在死刑问题上受到歧视和不公平对待》，载 https://news. un. org/zh/story/2019/02/1029162，最后访问日期：2019 年 2 月 26 日。

[2] 蔡英：《保护人权——刑法的终极目的》，载《西南大学学报（社会科学版）》2009 年第 3 期。

首要价值是保障人权，从人类发展的高度考量，刑法的效益性与公正性要求应当让位于人道性需要。如果单以公正性与效益性而论，任何刑罚都可以在人类历史上占有一席之地。而现实是，许多被摒弃的刑罚不是因为失去了公正性与效益性，而是因为其在社会发展中，越来越多地表现出不符合人道主义的那一面。随着时代的发展与进步和现代人权运动的兴起，酷刑越来越不为人们所容忍，死刑所固有的剥夺人的生命的内容是不被容忍的，是绝对不人道的。在理想状态下，如果死刑得以废除，刑罚分配标准便得以统一，在相同的质的前提下可以做到量的合理分配，重罪重罚、轻罪轻罚。因此，人道性是考量死刑过程中的第一性要素，其基本要求为不剥夺以生命为代表的基本权利与连带剥夺不该被剥夺的权利。很明显，死刑不符合我们的审视，所以我们应当废除死刑。

虽然"经过长期的努力，中国社会对于死刑的依赖有所减弱，对于人权的认同感正在提升"[1]，但是现在发生的诸如药家鑫案、吴谢宇弑母案、11·2重庆幼童坠亡案等案件在冲击了人们的视线的同时，也引发了人们思考：如果没有死刑作为兜底，此类犯罪行为应当如何处理？如果那些泯灭人性的犯罪行为不被判处死刑，首先会给社会传达一个"不管犯什么罪，杀多少人都不会死"的错误的信息；其次，对受害者家属来说，必然产生"仇未报、冤未申"的心理，从而会寻找其他的报仇途径。[2]"刑罚制度必须回应人民普遍的报应需求和正义期待"，[3]如果群众在寻求公力救济时无法得到满意的结果，会导致人们对司法的失望，私力救济就会兴起，司法公信力就会下降。并且受我国现阶段诸多因素的限制，死刑废除还不具备现实性。所以废除死刑是"绝对合乎刑罚价值论的、理性的选择"，但受现实条件的限制，"合理的未必是现实的"，所以现今不具备废除死刑的条件。

从绝对意义上讲，死刑只要存在就是不人道的。正如邱兴隆所言，"死刑在道德上是一种不能证明其正当性的刑罚"[4]，因而死刑发展的最终指向应

〔1〕 卢建平：《中国死刑制度改革的人权维度》，载《北京师范大学学报（社会科学版）》2015年第3期。
〔2〕 严存生：《死刑应慎重，但不可废——死刑存废之争的人性思考》，载《学术研究》2013年第12期。
〔3〕 林维：《中国死刑七十年：性质、政策及追问》，载《中国法律评论》2019年第5期。
〔4〕 邱兴隆：《死刑的德性》，载《政治与法律》2002年第2期。

当是大幅度减少死刑的罪名数量与司法判决，做到实质性废除死刑。然而，死刑废止注定是漫长而曲折的过程，从物质文明与精神文明两个方面来说，我国目前尚不具备死刑废止的条件。[1]在刑罚设计在价值上无法做到绝对满足理性要求的条件下，限制死刑是相对理性的恰当选择。从理论上讲，现今死刑的不人道性越发广泛地得到大众认可。从现实来讲，在刑法修正案中，死刑罪名的减少体现了死刑的限制使用。罪刑应当具有对应性，在内在价值的考量上，当犯罪所侵害法益价值要低于生命的价值时，生命就不该被剥夺。

我国采用的是限制死刑的使用的政策，为了达到在刑罚的使用上与犯罪的轻重相等价。在立法上，有两方面的措施，一是取消所侵害权益低于人的生命的价值的死刑，二是提高死刑的适用门槛。处死一个公民，只有在其侵犯他人安全的危险性足以使其丧失生命条件下才可予以适用。在司法上，有四个着手点：一是严守定罪规格，杜绝非死刑以死刑论处；二是依法合理判处死刑，严守法定基准，只对具有法定从重情节者加重适用死刑；三是扩大死缓的适用，重视酌定量刑情节在死刑案件中的作用，[2]死刑适用要排除对社会危害性小、人身危险性弱的犯罪；四是程序控制，严格规范死刑核准程序。而依据现实情况来看，死刑的限制工作正在有效推进。从程序上看，最高人民法院核准死刑执行得以有效贯彻落实；从实体上看，国家已经大量减少了与经济犯罪相关的死刑罪名；从人权角度看，公民基础的生命权得以有效保障。还有至关重要的一点是加大公共宣传引导，以引发公众共鸣之处作为切入点，促进公民现代文明观念与人权理念进步，理性看待死刑发挥的作用。

刑罚作为手段具有有限性，死刑适用作为最后手段具有迫不得已性。因而，当务之急是让立法者破除公众对死刑的迷信，不重蹈死刑扩大的覆辙，同时严格立法，使之符合理性地限制死刑。司法者也应当树立正确适用死刑的意识，由对死刑的无节制适用转化为有限制适用，在法律规定内尽量不适用死刑。

四、结语

"法律是平衡的艺术。"几十年来，国内外学者针对死刑存废的问题争论

---

〔1〕 陈兴良：《死刑存废之应然与实然》，载《法学》2003 年第 4 期。

〔2〕 高铭暄：《宽严相济刑事政策与酌定量刑情节的适用》，载《法学杂志》2007 年第 1 期。

不休。在胡云腾教授看来，刑罚有三个属性：效益性、公正性、人道性。纵观刑罚的发展史，再结合国际人权主义的发展，不难看出刑罚处罚的人道主义趋势是必然的。死刑是注定不合人道要求的，无论用怎样的程序，怎样的行刑方式都无法摆脱其不符合人道性。党的十八届三中全会通过《关于全面深化改革若干重大问题的决定》，在司法保障人权框架内叙述死刑改革，为死刑制度改革增添人权价值。这表明，从人权角度审视死刑越来越成为共识。

从人道主义的视角来看，废除死刑是合理的。同时，司法是复仇的替代，但司法也是对复仇的镇压。[1]如果刑罚不能满足人们对公正性的要求，那么私刑便会兴起，司法的公信力就无法得到保障。因而，我们也需要满足民众朴素的道德情感。在理想与现实的纠结中，我们选择限制死刑。在罪大恶极的案件中适用死刑，及时满足被害人、社会成员对正义的渴求，回应社会对正义的期待。当然，我们也要树立意识，未到迫不得已的地步不能适用死刑，坚决破除死刑迷信论，实现法理与情理的统一、法律效果与社会效果的协调。

（曾瀚宇　西南政法大学人工智能法学院）

---

[1] 苏力：《是非与曲直——个案中的法理》，北京大学出版社 2019 年版，第 8 页。

比例原则在合宪性审查中的适用

——读林来梵《宪法审查的原理与技术》

作为宪法审查基准，德国比例原则构建了一个严谨的三段式思辨框架。此框架不仅为审查过程提供了明确清晰的逻辑指引，还在长期的司法实践中，通过不断累积的案例经验，逐渐形成了三层密度审查基准。这一体系赋予了法院在具体案例中调整审查力度的灵活性，从而提高审查的公正性和合理性。比例原则不仅是对法律概念检验的工具，更是实现宪法与法律实际运行平衡的关键。这种平衡不仅需要考量宪法对基本权利的保护，还需要兼顾国家的实际需要和法律体系的稳定性。因此，德国比例原则不仅仅能够提供理论上的指导，更是一套在实践中不断演化和完善的审查机制，其灵活性使其能够适应不同情况下的审查需求，为司法实践提供了有力的支持。林来梵教授在《宪法审查的原理与技术》一书中，结合大量典型案例对德国比例原则进行了深入的剖析，为我们深刻理解和有效运用这一原则提供了指引。

一、比例原则的三层结构

比例原则作为宪法审查基准，在防止国家公权力滥用、维护公民基本权利方面具有重大意义。特别是通过"药店案"这一里程碑式的判决，比例原则得以确立并应用于实践。比例原则将适合性、必要性和狭义比例性作为子原则，为宪法审查提供了明确的标准。[1]

第一，适合性原则。适合性原则要求公权力措施必须与所欲达成的目的具有合理的关联性。若措施与目的之间缺乏必要的联系，则认为该措施不具

---

[1] BverfGE 7，377ff.

有适合性。[1]值得注意的是，适合性原则并不要求法律手段必须完全实现立法目的，只要手段有助于目的的达成，即符合适合性原则。[2]换言之，该公权力措施只要不是完全无法实现其所欲追求的目的，就符合该原则。在实践中，公权力措施在绝大多数情况下至少可以实现部分预期效果，故而该项原则在公权力制约方面的作用并不显著。其主要发挥初步筛查的功能，用以剔除那些显而易见的错误决策。手段的适当性在很大程度上依赖于立法机关对未来情况的预测，只有当其预测与实际情况之间存在显著偏差，且这种偏差不能通过正当理由加以解释时，才能认为其手段欠妥。这种预测应基于立法机关在法律发布时所能穷尽的所有认识手段，[3]故对于手段的妥当性评判不能脱离立法时的情境，即事后的发展变化不应作为判断是否存在合宪性问题的标准。阿列克西通过实例阐释了此原则：一位理发师因在店内安置自动售烟机却未持有相关技能证书而遭行政罚款。理发师对此不服，遂将行政机关告上法庭。案件最终由联邦法院二审审理，法院判定：强制任何货物经营者，包括香烟零售机运营者提供技能证明，均违反了《德国基本法》第12条第1款所保护的职业自由。此判决基于一个核心理由：要求经营香烟零售机者具备商业技能，并非合理保障消费者健康与财产安全的措施，[4]即该法律手段与其所欲追求的目的无关。总之，适当性原则要求法律手段的采取要有助于或符合目标的实现，这就要求手段与目标之间具有直接的、合理的关联，否则可能涉及合宪性问题。

第二，必要性原则。必要性原则强调在达成立法目的的同时，应尽量减少对公民权利的侵扰，[5]选择对公民权利侵害最小的方法。显然，在有多种手段均可达成既定目标的情况下，必要性原则方有用武之地。这实质上是不同公权力措施之间的权衡与抉择，以确定最为合适的手段。必要性原则包含"相同有效性"和"最少侵害性"两个要素。"相同有效性"意味着不同手段在效果上应具有等价性，即在目的达成方面具有相同的价值。而"最少侵害

---

〔1〕 陈新民：《德国公法学基础理论》（上册），山东人民出版社2001年版，第184页。

〔2〕 ［德］卡尔·拉伦茨：《法学方法论》，陈爱娥译，商务印书馆2003年版，第251页。

〔3〕 王锴：《比例原则在备案审查中的运用——以适当性审查为中心》，载《地方立法研究》2023年第5期。

〔4〕 钱福臣：《解析阿列克西宪法权利适用的比例原则》，载《环球法律评论》2011年第4期。

〔5〕 余净植：《宪法审查的方法——以法益衡量为核心》，法律出版社2010年版，第76页。

性"则着重强调立法者应当选择对公民权益侵害最小的手段，体现了立法的节制性。换言之，立法者在选择达成目的的公权力手段时，若较严厉的手段并不比较温和的更有效，甚至效果更差，则应当优先选择较温和的手段。这一原则旨在有效遏制立法者或行政权力对公民基本权利的过度剥夺，确保权力的合理行使。以我国全国人大常委会法工委在 2021 年对地方物业管理条例的审查纠正为例，该条例曾规定按时交纳物业服务费为业主参选业主委员会的必要条件。尽管这样的资格限制在某种程度上反映了地方社区管理的实际需求，但在业主已经能够依据《民法典》、通过业主大会和业主委员会实现自治管理的情况下，通过地方性法规来限制业主的自我救济与意思自治，显然与《民法典》的立法初衷相悖。从必要性审查的视角来看，这种限制明显超出了国家公权力对私权利干预的最低限度，因此并不符合比例原则。[1]

第三，狭义比例原则。狭义比例原则作为比例原则的最后一道检验程序，要求国家公权力所采取的措施与达成的目的之间应符合比例，即其手段必须与其所追求的目的保持"适当""正当""合理"或"均衡"的比例关系，不得过度侵害公民权利。[2]在考虑是否采取某个手段时，即使该手段在诸多同样有效的选项中对基本权利的损害最小（符合适合性原则和必要性原则），我们仍需权衡其所追求的利益的重要性与所限制的权利的重要性，以判断其是否值得实施。换言之，狭义比例原则本质上是一种利益权衡机制，它要求公权力主体在行使权力时，必须仔细权衡所追求利益与可能造成的权利损害之间的比例关系，确保二者之间的平衡。由此可见，狭义比例原则的核心在于价值位阶的判断，即需要清晰界定哪些法益应当优先保护，哪些法益在必要的时候可作出牺牲。以"矿物油储存案"[3]为例，该案受到争议的法律为1965 年德国公布的《维持石油产品最低存量法》。该立法的核心目的在于保障能源供应的安全，优化能源市场结构竞争（着重保护煤矿业的市场地位，使其免受燃料供应商竞争的伤害）。为实现此目标，立法规定输入矿物油产品的所有人和进口石油生产矿物油产品的所有人均对该产品负有存储义务。尽

---

[1] 陈乾：《备案审查中的比例原则适用问题研究》，载《备案审查研究》2023 年第 3 期。

[2] 陈新民：《德国公法学基础理论》（下册），山东人民出版社 2001 年版，第 369 页。

[3] BverfGE 30, 292~336.

管此举要求从业者承担更多的实际储存责任，但法律并未限制他们通过调整价格将增加的成本转嫁给消费者的权利。与保障国家能源安全和调整市场结构这一重大公共利益相比，这种对矿物油进口贸易营利性经济活动的干涉是合理的，并未违反狭义比例原则。

比例原则既包含了经验分析，又包含了价值分析。在比例原则中，经验分析主要聚焦于手段的实施能否有效达成预期效果，这种分析深受过往经验与专业知识的影响，用于审查公权力措施的适当性与必要性。相较而言，价值分析则更注重目的与手段之间的价值权衡，旨在确保所选手段不仅能够实现既定目标，还能最大程度减少对公民权利的侵害。[1]通过这样的双重分析，我们得以在公权力决策中寻求效果与公正之间的最佳平衡。

二、比例原则的审查密度

在宪法案件审查中，比例原则的适用离不开审查密度理论的支撑。比例原则在司法适用过程中，需根据案件具体情况对其子原则进行灵活的宽严调控，以便将原本抽象的论证切实应用于具体案件的立法事实审查中，实现类型化审查的实质化。德国联邦法院在"劳工企业参决案"判决中综合先前判决，将比例原则的审查基准归纳为"明显性审查""可支持性审查"以及"强力的审查"三种类别。[2]

第一，明显性审查。德国联邦法院在运用这项基准进行审查时，通常对争议案件具有合宪性推定的用意，[3]即只有法律规范在内容上与宪法规范存在直接的、明显的冲突，[4]合宪性问题达到一目了然、无可争辩的程度时，才能被认定为存在合宪性问题。明显性审查是三项审查基准中最为宽松的一个，采用这一审查基准的一般不会出现违宪判决，它的真正价值仅仅是确保公权力不致逾越宪法的基本界限。在德国联邦宪法法院的司法实践中，明显性审查基准通常适用于经济事务领域中的基本权利限制案件。如在上文提到

---

〔1〕 何永红：《基本权利限制的宪法审查——以审查基准及其类型化为焦点》，法律出版社 2009 年版，第 25 页。

〔2〕 BverfGE 50, 290, 333.

〔3〕 林来梵主编：《宪法审查的原理与技术》，法律出版社 2009 年版，第 244 页。

〔4〕 姜明安主编：《行政法与行政诉讼法》（第 7 版），北京大学出版社、高等教育出版社 2019 年版，第 197 页。

的"矿物油储存案"中，法院便是适用了这一标准，明确其立法并未突破宪法所保障的"职业自由"最外围界限。在我国，对经济特区立法一般也会采取相对宽松的审查标准，这既反映了对经济特区政策自主性的认可，也体现了对特区立法机关变通权的尊重。[1]有的经济特区法规对个人律师事务所设立人规定了学历要求，并规定注册会计师、注册税务师、注册造价工程师、专利代理人等其他专业人员可以成为特殊的普通合伙律师事务所的合伙人，有公民对此提出审查建议。经审查认为，基于改革探索的需要，该经济特区法规的变通规定并未违背《律师法》的基本原则和精神。[2]

第二，可支持性审查。这一准则是在"稳定法案"中提出的，联邦法院在该案中，以立法者的预测"无明显错误"而判决它在宪法上"无可指责"。从该表述来看，"可支持性审查"与"明显性审查"似乎并无差异，但事实并非如此。可支持性审查侧重于立法行为的过程，强调立法者在制定法律时，应积极搜集相关资料，并基于这些资料作出可靠的、科学的立法决策；[3]而明显性审查则聚焦于立法者的预测结果，要求立法者的决策不得基于立法时显而易见的错误，以确保法律的合理性和公正性。[4]联邦宪法法院在"劳工企业参决案"中强调，可支持性审查原则主要关注决策程序的合法性，即仅需审查被指控存在合宪性问题者做出评价判断的方法与过程是否遵循了必要程序，并不对法律文本进行实质性审查。即使立法者对法律实施效果的预测在日后被证实为部分或全部错误，立法者的改正义务也应更多地体现在通过程序性手段进行修正，而非直接否定法律文本的效力。[5]审查的"程序"包括充分考虑可接触知识、专家意见征询和统计分析等，并强调需调查国内外类似法律经验、进行专业讨论。可支持性基准在审查经济政策或经济引导的

---

[1] 王锴：《比例原则在备案审查中的运用——以适当性审查为中心》，载《地方立法研究》2023年第5期。

[2] 沈春耀：《全国人民代表大会常务委员会法制工作委员会关于2020年备案审查工作情况的报告》，载 http://www.npc.gov.cn/npc/c2/c30834/202101/t20210127_309939.html，最后访问日期：2024年5月29日。

[3] 姜明安主编：《行政法与行政诉讼法》（第7版），北京大学出版社、高等教育出版社2019年版，第189页。

[4] 章剑生：《现代行政法基本理论》，法律出版社2008年版，第103页。

[5] 姜明安主编：《行政法与行政诉讼法》（第7版），北京大学出版社、高等教育出版社2019年版，第349页。

法律合宪性预测中占据着举足轻重的地位。然而，对于严重侵害基本权利核心领域的经济立法措施，应将"审查密度"提高至"强力的审查"，以确保法律的公正性和合理性。[1]

第三，强力的审查。在联邦宪法法院的三个审查基准中，"强力的审查"是法院对立法者预测进行最为深入且细致的审查方式。[2]它要求法院对立法者的预测进行实质性评估，如果法院无法确信立法者的预测，那么立法者就应承担举证不能的不利后果。[3]强力的审查基准在宪法实践中至关重要，它主要适用于有关生命、人身自由等核心基本权利事务的审查，以保障这些权利不受侵犯。同时，对于民主政治领域的言论自由、结社自由等基本权利案件，法院也采用此基准以保障公民权利。[4]此外，对于严重侵害基本权利的经济事务，法院同样会运用此基准维护公民权利。[5]如上文提到的"药店案"中，《巴伐利亚邦药店法》规定新药店开设需获行政机关许可，这一规定旨在通过限制药店数量来避免药品供应质量下降，进而保护国民健康。联邦宪法法院对该法进行了审查，发现瑞士药店不仅开设自由，还未出现类似风险。法院进一步调查后认为，无充分理由证明在德国巴伐利亚邦放开药店设立自由会导致不同于瑞士的情况。因此，法院无法确信药店数量会无限制增长。在我国，个别市辖区对涉某类犯罪重点人员的近亲属在受教育、就业、社保等方面的权利进行限制。经全国人大常委会法工委研究认为，此举违背罪责自负原则，违背宪法及有关教育、就业、社保等法律法规的精神，法工委已督促有关机关予以废止。[6]

三、结语

比例原则，作为保障公民基本权利的宪法审查基准，其三段式思辨框架

〔1〕 何永红：《基本权利限制的宪法审查——以审查基准及其类型化为焦点》，法律出版社 2009 年版，第 33 页。

〔2〕 何永红：《基本权利限制的宪法审查——以审查基准及其类型化为焦点》，法律出版社 2009 年版，第 34 页。

〔3〕 BverfGE 7.

〔4〕 BverfGE 50，290，333.

〔5〕 林来梵主编：《宪法审查的原理与技术》，法律出版社 2009 年版，第 249 页。

〔6〕 沈春耀：《全国人民代表大会常务委员会法制工作委员会关于 2023 年备案审查工作情况的报告》，载 http：//www.npc.gov.cn/npc/c2/c30834/202312/t20231229_433996.html，最后访问日期：2024 年 5 月 29 日。

和三层密度审查基准体现其科学性。然而，通过深入研读林教授的《宪法审查的原理与技术》一书，我们不难看出，德国比例原则在结构、功能上存在先天不足，且其审查基准与基本权利内容相分离，在实际操作中存在一定的局限性。因此，在备案审查实践中，我们不能盲目地照搬他国经验，而应在考虑我国宪法规范基础和同类人权在我国当代环境下的价值意义的前提下，选择性、批判性地借鉴其优势。同时，应该在充分理解比例原则的基础上，结合我国国情，探索适合我国的宪法审查机制，以更好地保障公民的基本权利，维护社会的公平正义。

（吕鸣玥　西南政法大学人工智能法学院）

个人信息侵权责任认定的反思与重塑

——读程啸《侵权责任法》

　　《侵权责任法》是程啸教授关于侵权责任法研究的体系化教科书，旨在全面系统、详细深入地对侵权法的各个领域和问题进行探讨。该书具有强烈的个性化色彩，除介绍通说和主流观点外，该书在作者个人的见解上也不吝着墨：其一，深度结合实务案例。案例的大量运用，是本书的特色，作者从浩如烟海的案例中遴选出实践中发生过的各类疑难问题，并加以细致分析。其二，紧密联系国内法律，作者的论述以法条为基础，结合部门规章展开，强调以国内法为核心，避免了盲目照搬照抄外国法律的做法。其三，融会贯通国内外法律，作者深入阅读德文、英文等外文文献，对德国侵权法和英美侵权法有深入研究，并在书中对比较法知识进行分析，开拓了大众的视野。

　　数字化生存时代，无信息不生活。党的二十大报告明确提出"加强个人信息保护"。个人信息权益是公民的基本权益，关系人民群众生活安宁、生命健康和财产安全。《个人信息保护法》施行以来，有关部门依法履职，加大对侵犯个人信息权益的违法犯罪行为查处力度，个人信息处理者也逐步提升个人信息保护合规能力和水平。但是，随着数字化的深入推进，个人信息的收集、流动、利用日益频繁，个人信息主体在社会生活中的被动留痕越来越多。同时，出于监管和服务数字化的需求，个人也需要主动提供越来越多的信息。个人信息保护面临一些新问题、新挑战，需要进一步加强综合治理应对。

一、理论基础：个人信息侵权损害确定性标准的认定及自觉性反思

　　《侵权责任法》指出："在个人信息侵权责任的成立上，应当以损害的发生为前提，即损害的确定性。将损害已发生作为损害确定性的认定标准，认

定个人信息侵权，当事人协商一致或争辩结束时，要求损害必须确定真实存在。"[1]在当下的网络信息大数据时代的日常生活中，个人信息泄露造成的损害具有潜在性、无形性、难以评估等问题，这导致了个人信息保密难度较大。因此，面对个人信息泄露问题日益严峻的局面，仅仅将已经发生的损害作为损害认定的唯一标准的做法在学术界和司法实践中都引起了广泛的讨论和争议。这种标准可能不足以全面反映和评估个人信息泄露所造成的潜在影响。因此，我们有必要对损害确定性的认定标准进行更深入的研究和探讨。

如，处理者不当披露个人信息可能会在未来造成损害。泄露个人信息会给个人信息权益持有者带来不利影响，使得个人人身和财产安全遭受潜在的威胁。然而，未来的损害是不现实的，侵权的可能性可以预见，但难以证明损害的范围和结果。[2]显然，仅靠实际发生的损害来确定个人数据泄露所造成的伤害，无法有效增加个人数据处理者的责任，对于全面保护个人信息持有者的权益来说也极为不利。就人身伤害而言，后续治疗费用是必然造成的确定性损害。又比如，在"克拉珀案"[3]中，法院做了一项实验，邀请了计算机专家通过分析日常通话数据，来推断参与者的个人喜好、行踪和其他敏感信息。表面上是在做实验，实际上是在对受试者私生活进行深入挖掘。美国政府对于个人信息的广泛搜集和监视，将来不可避免地会对被监视的公民造成损害。虽然通过大数据分析能够揭示出个人的隐私线索，但是，这种侵权行为会在未来对不同个体的数据权利产生损害。

未来之损害有理由作为个人信息侵权损害的认定范围。鉴于大数据时代个人信息侵权损害的特殊性，个人数据泄露造成的损害通常表现为间接损害。如果发生侵权行为，相关损害不一定立即发生，也有可能在未来发生。另外，

---

〔1〕 程啸：《侵权责任法》（第2版），法律出版社2015年版，第446页。

〔2〕 解正山：《数据泄露损害问题研究》，载《清华法学》2020年第4期。

〔3〕 王泽鉴：《侵权行为》（第3版），北京大学出版社2016年版，第167页。克拉珀案：2013年6月11日，美国公民自由联盟作为原告向纽约南区联邦法院提出法律诉讼，指控美国中央情报局总监克拉珀（James. R. Clapper）监听程序违反宪法，要求联邦法院发出初步禁止令。美国国家安全局、中央情报局搜集公民电话记录等数据的行为超过了《爱国者法案》第215章的授权，原告要求其删除搜集的美国公民通信元数据，包括通话时间、地点、对方所在地和通话次数。2015年5月美国联邦第二巡回法院首次裁定美国国家安全局（NSA）的大规模监听民众通话的行为实属违法，这在美国历史上是第一次。美国《纽约时报》评论称第二巡回上诉法院的这一裁决是"美国公民维护权利的阶段性胜利"。

当个人数据权利的所有者得知其数据被侵犯时，很容易感到恐惧和焦虑，这将直接影响到被侵权人的工作和生活，从而产生间接损害。因此，确定个人信息侵权应以损害过错推定为原则。

二、整合与联结：个人信息侵权损害过错推定原则的合理性

我国侵权责任法采用"过错吸收违法"的立法范例，在某些类型的案件中存在过错推定的违法传统。[1]过错推定原则的采用和过错推定立法模式的实施，符合企业组织责任的新发展趋势，在强化信息企业侵权责任分配的同时，也可以为信息企业提供创新空间，优化信息安全保护义务。[2]

在一些国家的法律体系中，如奥地利和德国，对不法行为与过失的判断是分开进行的。在这种体系下，对不法性的评价专注于行为是否在客观上违反了法律的规定，特别是是否满足了侵犯那些绝对受保护利益的客观条件。而过失的判定则涉及个人的能力和意志的不足，这反映了行为者对其行为后果的态度和认识。

在这种框架下，一个具备正常意志的人只有在意识到行为的危险性和不法性时，才会被认定为有过失。如果他没有意识到这些，那么即使行为达到了预期的目的，也不能免除过失的责任。因此，不法性可以被理解为违反了法律中"不得侵犯他人"的强制性规定，而过失则是指行为人未能履行自身应尽的注意义务。在过失认定的全过程中，核心在于确定行为人应当遵守的注意义务标准。

值得强调的是，过去的理论界中对不法行为与过失之间的分界线判定通常较为明确，但是随着司法实践中注意义务标准的不断提升，这一分界线开始逐渐变得不那么清晰。基于对不法行为的分析来推定过失已经成为一个新命题。[3]例如，在分离主义立法中，持有"行为不法说"观点的学者认为，只要违反了法律中的明确禁令或命令，就构成了违法，而不必去深入探究行为是否真的造成了有害结果。这种观点的理由在于，违法性的本质在于行为

〔1〕 田野：《风险作为损害：大数据时代侵权"损害"概念的革新》，载《政治与法律》2021年第10期。

〔2〕 陈自强：《债权法之现代化》，北京大学出版社2013年版，第118~119页。

〔3〕 朱岩：《论企业组织责任——企业责任的一个核心类型》，载《法学家》2008年第3期。

本身就违反了客观的法律规范，而不是基于行为的实际损害后果。法律逻辑的深刻变化反映了法院在处理违法行为时的态度转变的趋势，即更加注重行为本身是否符合法律规定的标准。

在我国，司法实践正在逐渐采纳"不法性推定过错"原则，以此来拓展企业组织责任。这一做法体现了法院在处理涉及控制措施和组织义务的案件时的一个明显趋势，即提高注意义务的标准，这种趋势赋予了法官更大的自由裁量权，有益于更加灵活便利地适用损害过错推定原则。在这些案件中，是否违反合理注意义务被视为判定行为违法的关键因素。在这种司法趋势的基础上，结合信息泄露事件的高发情况，可以得出结论：法律应当明确设定合规义务，作为评估其主观不当行为和违法行为的准则。这种法律规定不仅能够保障企业的合法权益，还能为技术创新提供必要的自由空间。[1]

与此同时，我们还应当优化信息安全保护义务。信息安全保护义务以信息处理者对个人数据保护的注意义务为基础，结合运用过错推定原则可以促使信息安全保护义务内容的优化。如果信息处理者不遵守信息安全义务，其行为本身就是违法的，具有过错推定的效果，即认为行为人未尽到应有的谨慎义务，应当予以追究。欧洲也普遍采取同样的做法，如有评论指出，信息处理者的严格责任不能被过分强调，因为信息主体仍然需要证明"不当行为"的存在，而后者则相当于需要证明"过错"的存在；相反如果信息处理一方能够证明数据处理符合程序的要求，则可以有效地免除责任。[2]

三、重新审视：个人信息侵权过错推定原则的实践聚焦

个人信息侵权过错推定原则的本质是在保护个人网络时代隐私权的同时利用个人信息创造经济价值，在二者之间达成稳定的平衡。这就要求从理论上分析不同责任主体的标准下不同归责原则的适用和不同类型个人信息的标准下不同归责原则的适用，最终达成保护与利用并重的效果。

第一，个人信息侵权责任主体的区分。在当前的信息化社会中，涉及个人信息处理的主体多样，包括百度、抖音、淘宝等拥有大量数据的大型企业，以及行使国家权力的政府机关、社会组织，甚至是日常生活中的普通公民。

---

〔1〕 王胜明主编：《中华人民共和国侵权责任法释义》，法律出版社 2010 年版，第 202 页。

〔2〕 陈聪富：《侵权责任主体与客体》，元照出版有限公司 2019 年版，第 244～245，275～277 页。

为了深入研究不同信息主体在处理个人数据时应承担的责任，可以参考国外的优秀立法实践。例如，《德国个人资料保护法》中采用了明确的二元化归责原则，这种做法在欧洲范围内获得了普遍认同。德国法律从政府机构、非政府机构以及个人等主体分类的角度出发，在各个主体收集和处理公民个人信息的过程中，设定了更为具体严格的责任与限制，确保个人信息的流通安全和公民隐私权的保护。上述立法模式有助于针对不同主体的特点，制定差异化的规则，从而更有效地保护个人信息。[1]

第二，在处理个人数据泄露的案件时，当涉及的身份主体都是普通自然人时，他们之间的法律地位是同等的，这就意味着他们在诉讼中拥有相似的举证能力和包括影响力、财力在内的综合实力。由于这种平衡，双方都能在风险责任上保持公平地主张自己的权利，无需通过改变举证责任的方式来为任何一方提供额外的法律支持。因此，对于普通自然人之间的个人数据泄露纠纷，适用一般过错责任原则是恰当的，这种原则要求侵权方必须存在过错，才能够被追究责任，这样的规定既公平又合理。

第三，大数据企业在个人信息处理领域扮演着重要角色，但也面临着更大的责任。许多大数据企业拥有强大的数据收集和处理能力，并处于信息控制的主导地位，掌握着数据处理的主动权。因此，当其侵犯他人个人信息权益时，应承担过错推定的责任，即事先推定其存在过错，除非其能够证明自己不存在过错。这种责任分配方式主要基于能力不对等和地位不平等，以及信息分离等客观原因。大数据企业在经济和社会地位上通常处于优势地位，而自然人处于信息获取和诉讼实力上的弱势地位。这使得自然人在与大数据企业进行诉讼时，难以获得与大数据企业相同的信息资源和技术手段，因此在诉讼中通过平等分配举证责任获得有效救济的方法存在显而易见的缺陷。此外，个人信息与信息主体之间存在一定的分离，使信息主体不易全面掌握自身信息的处理情况，不利于维护自身的合法权益。在此等情况下，过错推定原则的应用能够更好地保护信息主体的隐私权。即要求大数据企业在收集和处理个人信息时更加谨慎，并承担更多的注意义务，从而降低个人信息泄露的风险。[2]

---

〔1〕 曾世雄：《损害赔偿法原理》，中国政法大学出版社2001年版，第21页。

〔2〕 邱聪智：《新订民法债编通则》（上），中国人民大学出版社2003年版，第150~151页。

第四，国家机关作为侵权责任主体，其个人信息处理行为通常适用无过错责任原则。无论是否存在过错，只要国家机关的个人信息处理行为造成了对个人权益的损害，国家机关就需要承担相应的法律责任。随着信息社会的建设步伐不断加快，个人信息在国家管理中的作用日益重要。在数字化政府建立的浪潮下，国家机关和行使公共权力的组织对个人数据的收集和使用也变得更加频繁。我国《个人信息保护法》专门制定了国家机关处理个人信息的相关规范，例如国家机关收集个人信息的范围、手段、用途等。但是，目前尚未明确规定国家机关侵权行为的追责路径，而在实践中则倾向依靠国家公权力进行自我管理。

从个人信息的不同类型下讨论不同归责原则的适用。

第一，个人敏感信息和个人非敏感信息。《民法典》第 1034 条第 3 款是公民个人隐私信息的保护条款，它对适用隐私权的相关规定及例外情况进行了详细阐述。个人隐私信息受到法律的保护，任何未经授权的收集、使用和泄露个人隐私信息的行为都可能构成侵权。相比之下，《德国个人资料保护法》采取了不同的分类方式。该法并没有直接使用"隐私数据"这一概念，而是将公民的个人信息分为具有个人隐私特征的敏感个人信息和不具有隐私特征的非敏感个人信息。德国的分类规制解决办法更加细致，有助于根据不同类型个人信息的敏感程度，采取针对性的保护措施。《德国个人资料保护法》对敏感个人信息的处理进行了专门规定。如，该法第 28 条列举了敏感个人信息的类型，包括生物识别信息、健康信息、宗教信仰、民族、种族、政治观点等。敏感个人信息一旦泄露，会对个人造成严重的负面影响，因此需要采取更严格的保护措施。两种法律体现了对个人信息保护的差异化思路：我国《民法典》侧重保护个人隐私信息，强调隐私权的适用，而《德国个人资料保护法》更加注重对个人信息的分类管理，根据不同类型信息的特点采取不同的保护措施。

第二，在涉及公共利益的个人信息处理中，应采取比例原则来平衡公共利益与公民权利。当公共利益的实现需要收集和使用个人信息时，应确保这种收集和使用行为符合比例原则，即所收集的个人信息应与实现公共利益的目标相匹配，且对个人权利的影响最小化。个人信息泄露的责任认定采用一般过错责任原则，信息处理者只有在存在过错的情况下才承担法律责任。若为了更好地保护公共利益，可以适当提高个人数据泄露的责任限额。这种条件之下，即使信息处理者不存在过错，如果出于公共利益或公共福利的目的侵犯个人数据权利和信息主体利益，且造成的损害远远超过所规定的损害，信息处理者仍需承担一定的责任。上述责任认定方式体现了对公共利益的重视和对个人权利的尊重。既确保了公共利益的实现，又尽可能地保护了个人隐私和权利。在具体实践中，需要根据案件的具体情况，综合考虑公共利益和个人权利的权重，以及损害的程度和范围，来确定信息处理者的责任。[1]

第三，在个人信息保护领域，对涉及私人或家庭事务的个人信息处理享有一定的免责空间。比如个人日记、家庭照片、个人通讯录等，属于个人隐私范畴，其收集和使用目的纯粹是为了个人或家庭的需求，而非商业或其他目的。这类信息的泄露通常不会被视为侵权行为，即个人无需承担法律责任。这种免责规则的理论基础源于对个人隐私权和自由权的尊重。《欧盟通用数据保护条例》明确规定了"私人事务例外规则"，强调个人对私人生活的控制权，允许个人在私人事务中自由处理个人信息，无需遵守全部范围的个人信息保护规定。我国《个人信息保护法》也体现了对个人隐私权的保护，其附则中详细列举了适用例外情况的个人信息类型，例如自然人为个人或家庭事务而处理的个人信息。所以，个人在处理这类信息时，无需遵守过于严格的个人信息保护规定，可以更好地保护个人隐私和自由。[2]

四、结语

过错责任原则是个人信息侵权责任归责体系中的重要组成部分。通过《侵权责任法》一书的深入阐述，过错责任原则在个人信息侵权责任中的应用更加明晰。在今后的司法实践中，应当充分发挥过错责任原则的作用，按照过错责任原则搭建的框架判定侵权责任。加强对个人信息的保护，维护受害人的合法权益，实现社会公平正义。同时，还需不断完善相关法律法规，为过错责任原则在个人信息侵权责任领域的应用提供更有力的支持。

（王寒　西南政法大学民商法学院）

---

[1]　陈自强：《债权法之现代化》，北京大学出版社 2013 年版，第 119 页。
[2]　王利明：《侵权行为法归责原则研究》，中国政法大学出版社 1992 年版，第 411 页。

国家调节说视角下的竞争法与侵权责任法的区分

——读漆多俊《经济法基础理论》

"竞争法与侵权责任法二者之间的外延有何不同"这一问题的答案在当下中国的法律体系中愈渐明晰，但仍有回答的必要，尤其鉴于经济法初于本土起步时所遭遇的有关民商事法与经济法之间的基本概念模糊甚至认识错误的问题。漆多俊教授在其《经济法基础理论》一书中对诸多有关经济法原有概念、原理及理论空缺做出的回应，在当前背景下对剖析上述问题仍具启发意义。本文借漆多俊教授所提出的经济法"三三理论"，择"国家调节说"的视角，从"同"与"异"两个维度对"竞争法与侵权责任法之间的区分"这一问题做出分析。

一、竞争法与侵权责任法之同：功能与特征的相似性

竞争法与侵权责任法间之所以存在区分的必要——如探讨"第三人侵犯他人商业秘密"这一行为应属竞争法还是侵权责任法规制，皆因其在功能与特征之上具备一定的相似性，在判断过程中存在无法忽略的混淆可能。

在功能与价值上，侵权责任法与竞争法的立法目的一定程度上都来源于"在自由与安全间寻求平衡点"。"法律的目的不是要废除或限制自由，而是保护和扩大自由。"[1]首先以民事侵权为例。侵权责任法不可能对任何一个不利于他人的行为或引发他人厌恶的行为加以规制，若如此，社会生活将失去基本的自由运作。但自由与安全之间无法自始至终都存在良性的互动，同时存在着冲突，因而必须寻得兼顾。保护社会个体的自由不代表这些个体享有

---

〔1〕［美］E. 博登海默：《法理学：法律哲学与法律方法》，邓正来译，中国政法大学出版社 1999 年版，第 279 页。

"肆无忌惮"侵害或损害他人权利的自由,倘若如此,社会将陷入混乱的状态,从而使得所有人都失去自由。综上所述,侵权法的任务就是协调"权益保护"(Gueterschutz)与"行为自由"(Handlungsfreiheit)二者的关系。[1]一方面,作为"权利救济法"的侵权法,应当能够有效地实现对民事主体合法权益的保护;另一方面,作为"自由保障法"的侵权法,要努力避免对人们合理行为自由的不当限制。[2]两相权衡后的结果即是侵权责任法中的责任原则,包括早期的过错责任原则与风险社会下的无过错责任原则。

这种功能在竞争法的领域也能够体现。漆多俊教授在书中提出经济法所具有的调节功能——在开放的市场环境下,生产与经营者进行着自由竞争,这就是市场所具有的统一性和开放性。[3]然而单凭市场本身无法形成足够有效且充足的调节机制,它存在名为"市场缺陷"的局限性,由此产生诸如"不正当竞争"与"限制竞争"的不良倾向。经济法的一大任务即调节上述"自由竞争"与"正常市场交易秩序"之间的矛盾。总体来看,这样的功能类似于侵权责任法中对"权益保护"和"行为自由"的协调。因此,作为经济法下位概念的竞争法,也就存在了与侵权责任法之间功能区分上的困难。

在此基础上,竞争法与侵权责任法间存在部分特征上的相似性。由于其特别的法律功能,在很多场合下,上文所述的协调性被打破后规制程序才得以启动。在侵权责任法中,"损害"是所有民事赔偿责任的必备构成要件。[4]换言之,只有损害结果的发生才能够引发侵权人的损害赔偿责任。这一点在民事诉讼法上也能够得到体现——必须有当事人对损害承担证明义务。无独有偶,竞争法中的《反不正当竞争法》也具有类似特性。"本法所称的不正当竞争行为,是指经营者在生产经营活动中,违反本法规定,扰乱市场竞争秩序,损害其他经营者或者消费者的合法权益的行为。"[5]由此可见,《反不正当竞争法》所调整的范围限定于"损害了其他经营者或者消费者合法权益"的不正当竞争行为。从这个角度切入,侵权责任法与竞争法间亦存在着相似的板块。

实际上,二者之所以有如此的相同点,皆端视其上位概念经济法与民法

---

[1] Larenz/Canaris, Lehrbuch des Schuldrechts, Bd. Ⅱ, Teil 2, 13. Aufl., Beck, 1994, S. 350.

[2] 程啸:《侵权责任法》(第 3 版),法律出版社 2021 年版,第 28 页。

[3] 漆多俊:《经济法基础理论》(第 5 版),法律出版社 2017 年版,第 13 页。

[4] 程啸:《侵权责任法》(第 3 版),法律出版社 2021 年版,第 226 页。

[5] 参见《反不正当竞争法》第 2 条第 2 款。

贯彻的国家职能而定。国家作为社会的代表者，其出于社会目的而行使经济管理的相关职能，并且针对不同的社会场景采取不同的管理手段，如维护国家的管理秩序与社会治安当属行政管理手段。同理，竞争法的上位概念经济法与侵权责任法的上位概念民法都属于国家执行经济管理职能的一种具体方式。民法背后的民事性管理手段，即国家制定相关社会经济活动的参与准则，并由社会经济的活动主体遵照执行；经济法背后则对应的是国家经济调节的管理方式，由国家直接接手针对经济社会的调节职能。由此可见，民法与经济法在某种程度而言是"系出同源"的，因而其下位概念"侵权责任法"与"竞争法"间存在概念混淆的风险。

这种风险曾一度在中国经济法的构建历程中具象化。20世纪80年代，"大经济法"观点成为中国经济法学界的一条主线——以"纵横说"为基础探究经济法的本质，得出其具体调整对象包括纵向、横向甚至内部经济关系。这一界定无疑将经济法与民法的相似部分混淆，未经区别地将国家机关和社会组织的内部关系囊括入规整的范围。由此可见，确有必要探求经济法与民法的本质差异，以回应其下位概念竞争法与侵权责任法之间如何区分这一问题。

二、国家调节说对经济法与民法区分问题的破译

为明确经济法的外延及其规制对象，漆多俊教授于《经济法基础理论》一书中提出"三三理论"，择"国家调节说"这一视角阐述经济法内核，从经济法生成的社会根源与本质属性两个维度明确经济法的概念以及与民法的本质区别。在书中，漆教授将经济法的概念界定为——"调整在国家调节社会经济过程中发生的各种社会关系，促进社会经济实现国家意志预期目标的法律规范的总称。"[1]

其分析的逻辑始项为论述经济法产生的社会根源。"市场、调节机制与法律同步演变"贯彻该书始终，从而也是贯穿该书所构建的经济法理论体系全部的一条鲜明的主轴线。[2]市场形态与对应的调节机制影响着相关法律的制

---

[1] 漆多俊：《经济法基础理论》（第5版），法律出版社2017年版，第84页。
[2] 漆多俊：《市场、调节机制与法律的同步演变——世纪之交的回顾与展望》，载《经济法论丛》1999年第1期。

定目的与功能。自然经济阶段结束后，通过市场进行交换的商品经济建立。漆多俊教授指出，在此阶段下，广大生产经营者进行着充分而自由的竞争，国家一般不介入经济生活，而价值规律发挥着最为主要的调节作用，此即"市场调节"。正所谓"经济基础决定上层建筑"，在资本主义社会初期，社会经济基本依赖于这种一元的市场调节机制，形成市场经济。事实上在市场经济的第一个阶段，一元调节机制能够发挥有效的调节功能。在这种背景之下，服务于市场调节的民商事立法随之逐渐产生并发展，建立了民商法经济秩序以及早期的"自由放任"等民商法立法理念。由此得见，民商事立法的基本出发点是对于个体权利和意志自由的密切关注，以回应其服务于市场调节的法律功能。换言之，民法立法的固有价值取向依然以社会个体为本位。这种本身固有的特性决定了民法虽也为国家的执行经济管理职能的一种方式，但仅仅调节自然人、法人等平等主体间的财产以及人身关系，国家的角色往往在这种法律关系中缺位，不直接干预和参与民法概念下的经济活动领域，即便出现，也仅仅在对接至民事诉讼法后扮演"居中裁判"的角色。

然而一元调节机制在市场缺陷显露后便不再充分有效。工业革命大幅推动了生产社会化的进程，各经济部门的扩大放大了市场缺陷带来的严重后果，此即"市场失灵"。漆多俊教授将市场缺陷分为三种：一为影响正常市场竞争秩序的市场障碍；二为导致民间投资不愿进入的市场唯利性；三为仅能事后调节的被动性与滞后性。此三种缺陷曾一度影响社会动荡与经济稳定，使得"对调节机制进行改良"这一议题变得迫切而必要。为解决市场调节的单一性问题，必须借助国家力量对经济社会进行自觉而主动的干预与调节，从而应对市场调节自身带来的"市场失灵"弊端。在国家调节的视角下，需运用"国家之手"配合"无形之手"，必要时直接介入经济社会生活的各个方面，对经济关系予以调整和改变，形成调节机制的"二元化"。针对上述市场缺陷，漆多俊教授由此分别提出了三种国家调节的基本方式：国家以强制力反对限制竞争与垄断，排除市场障碍；国家直接参与市场不愿进入的投资经营领域；国家对经济社会进行提前性的引导约束与调控。而这三种国家调节方式，即对应了三种构成经济法的调节性法律——市场规制法、国家投资经营法与国家引导调控法，竞争法就属于市场规制法的范畴。此即漆多俊教授提出的"三三理论"：经济法按照"市场三缺陷——国家调节三方式——经济法体系三构成"模式形成。在这种国家调节的视角下，不难窥见经济法虽同样不忽视对于个体权益侵犯的保护，但其立法的着眼点完全以社会为本位，通过国家必要的相关职能活动，对社会经济结构进行必要调整，使之符合国家总体预期的运行状态。因此，立法关注的角度和侧面不同可以视为民法与经济法相互区别的判断标准。后者是对于民法规制范围的有益补充，其实质是国家职能的"社会公职化"，"国家调节"是其最显著的一个特征，表明了国家对于经济社会管理的直接介入。相较之下，民法具有无可遮盖的"私法属性"。

在此基础上，民法与经济法调整范围的争论也可以得到一个较为明确的回答。有的学者从"宏观经济"与"微观经济"角度区分民法和经济法的调整对象，如主张"'加强宏观经济管理'正是经济法的任务，而'规范微观经济行为'则是民法的任务"，[1] 或认为"我国经济法是国家对国民经济进行宏观间接调控的部门法"。[2] 但漆教授指出，宏观调控与微观管理仅是国家经济调节的两个方面，以此做区分并不合适。实际上，国家对国民经济管理包括两部分内容，其一为国家对国民经济的管理，其二为由社会经济组织进行的非政府性管理，前者属于经济法的管辖范围，而后者则归属民法调整。而这也符合"国家调节说"的视角。

三、竞争法与侵权责任法之异：国家调节说下的具体分析

漆多俊教授所提的"国家调节说"无疑揭露了经济法的本质，为区分民法与经济法提供了可行的启发。故此，经济法与民法的下位概念——竞争法与侵权责任法的区分问题也可沿用"国家调节说"的视角给予具体可行的分析。

侵权责任法是民间的身份或财产关系相冲突后产生的协调方案。因而在主体身份上，当事人以平等身份参加社会活动，引发侵权纠纷，采用侵权责任法加以调整。此即表明，双方在侵权的法律关系中无任何一方以国家管理者身份出现，一方并不归属于另一方管理，二者间也不是调节与被调节的关系，而是在平等的语境下产生对话。此不同于竞争法中主体的不对等性，即

---

〔1〕谢怀栻：《论建立适应社会主义市场经济的民法经济法体系》，载《法学研究》1993 年第 1 期。

〔2〕王希仁：《经济法概念新论》，载《河北法学》1994 年第 2 期。

国家扮演直接的介入者。"各级人民政府应当采取措施，制止不正当竞争行为，为公平竞争创造良好的环境和条件。国务院建立反不正当竞争工作协调机制，研究决定反不正当竞争重大政策，协调处理维护市场竞争秩序的重大问题。"[1]这彰显了随着不正当竞争行为的猖獗和垄断的愈演愈烈，政府一改消极被动的角色，对市场积极加以干预，遂有竞争法的产生。竞争法为达到维护自由竞争秩序的目的，在公法和私法的交汇点找到了生存空间。[2]

除此之外，侵权责任法的保护客体为民事权益，民事权利是由特定利益与法律上之力所构成的，[3]是经过法律确认后的平等主体间类型化利益，完全赔偿和禁止得利是侵权责任法应当遵循的原则。这表明作为私法的侵权法，虽总体存在被扩张适用的惩罚性赔偿责任，但重心依然是损害的填补与预防，[4]这就不可避免地导致侵权责任法属于一种事后的补救措施，"损害"的产生是赔偿责任的必备构成要件。但竞争法与此不同，纵然如前文所述，多数情况下也以损害的产生为启动前提，但在"国家调节说"的视角下，竞争法有时同时需要克服市场调节的滞后性。以反垄断法中规制的垄断协议为例，并非只有实际实施了的垄断协议才能被纳入反垄断法的规制范畴，仅需垄断协议的制定主体达成合意并形成协议，便已经属于反垄断法所规定的"垄断协议"范畴，并不要求其必然产生实际的损害后果。

二者保护模式之间的差异在如今社会背景中不同的场合之下有着越来越多的直观体现。在当下的数据商业化利用背景下，对于数据的保护衍生出众多诸如"物权说""权益保护说"等学说观点，归根结底，其主要分歧在于对数据是赋予权利保护还是视为利益保护，并由此引申出侵权责任法保护模式和不正当竞争法保护模式的差异。[5]当前学界存在将对数据商业化利用的规制纳入民法等部门进行赋权保护的倾向，但反不正当竞争法内部蕴含的权利孵化特点却很好地适应了数据确权前的过渡阶段。在当前数据的权利边界、

---

〔1〕 参见《反不正当竞争法》第3条。
〔2〕 孔祥俊：《反不正当竞争法的适用与完善》，法律出版社1998年版，第55页。
〔3〕 王利明：《民法总则研究》，中国人民大学出版社2003年版，第202页；梁慧星：《民法总论》（第3版），法律出版社2007年版，第71页。
〔4〕 程啸：《侵权责任法》（第3版），法律出版社2021年版，第39页。
〔5〕 袁嘉：《数据商业化利用的反不正当竞争法规制》，载《南京大学学报（哲学·人文科学·社会科学）》2024年第2期。

类型划分等基础概念尚不明晰的情况下，借用"国家之手"采用竞争法思维平衡行为主体与市场竞争秩序之间的利益，不失为一种暂行的替代手段。

　　总体而言，上述竞争法与侵权责任法间的具体区分，仍存在漆多俊教授所书"国家调节说"的影子。在当下的法治建设环境中，该理论仍有着极为重要的借鉴作用。从宏观的经济法与民法之间的对比来看，二者的核心区别在于"有无国家主体对经济活动领域的直接干预"。从这个角度出发向下延伸，不难窥见作为下位概念的竞争法与侵权责任法同样基于此本质差异分化出不同特性——诸如主体与保护模式间的显著差异。这使得二者之间存在可供分辨的判断外观，并在当下语境中得以适用于不同的具体场合。

（徐亦畅　西南政法大学民商法学院）

论法律行为之解释体系

——读杨代雄《法律行为论》

众所周知，大陆法系的私法体系在立法中采纳了名为《学说汇纂》（Pandekten）的提公因式的立法技术，故大陆法系的私法体系又被称为潘德克顿体系。[1]在该立法技术下，所表现出来的形式是总则统领分编。然后总则辐射调整各分编，其核心是借助法律行为这一概念构造。弗卢梅（Flume）曾指出："法律行为理论是19世纪德意志法律科学的绝对主题，而19世纪德意志法律科学所取得的世界性声誉，正是建立在法律行为理论的基础之上。"故此，我们不难看出法律行为理论在潘德克顿体系中的核心地位。不仅如此，法律行为理论还被学者视为私法自治的重要工具，被视为私法自治的绝对保障。[2]事实上，法律行为概念之形成所贯穿的中心线索正是私法自治之维护。[3]

在德国，针对法律行为理论，众多法学大家都提出了自己的看法，关于意思表示的构成要件的理论争论，甚至从19世纪绵延至今，仍未休止。当然，在论战之中，也相应地产生了不少方家经典，在其中，最具有代表性的，当属弗卢梅的《法律行为论》。卡纳里斯（Canaris）曾评论道："弗卢梅的《法律行为论》，是所有研究法律行为理论的研究者都绕不过的一本书。"可见弗卢梅《法律行为论》影响之大。

自清末以来，我国民法概念体系受到潘德克顿体系的影响，渐采取提公因式的总则分编的立法模式。[4]然我国对于法律行为的研讨相对比较贫乏，

---

〔1〕 朱庆育：《法律行为概念疏证》，载《中外法学》2008年第3期。

〔2〕 参见［德］迪特尔·梅迪库斯：《德国民法总论》，邵建东译，法律出版社2013年版，第141~142页。

〔3〕 参见朱庆育：《民法总论》（第2版），北京大学出版社2016年版，第75页。

〔4〕 柳经纬：《意思自治与法律行为制度》，载《华东政法学院学报》2006年第5期。

法律行为理论领域研究的专著更是，这与法律行为在民法和民法学中的核心地位不相称。[1]在此情景下，杨代雄所著的《法律行为论》横空出世，填补了我国这一领域的空白。王泽鉴评价道："杨代雄教授的《法律行为论》是一本具有开创性的学术著作，本书对中国民法学的意义，相当于弗卢梅教授的名著《法律行为论》对德国民法学的贡献。"[2]可见《法律行为论》一书的影响之大。

一、民法体系的融贯性

法律行为作为贯穿民法体系之线索，作为民法私法自治之基石，于维系民法体系的融贯性具有重大意义。

在《法律行为论》中，其将信赖利益保护置于与私法自治平齐的重要地位，构成了对以往民法体系中以"私法自治"为核心的挑战，尽管其认为，从整个法律行为制度体系的层面来看，私法自治原则仍然处于核心地位，信赖利益保护对于私法自治原则具有限制与补充功能。[3]然此语并不能抹平其在私法自治、信赖利益保护与法律行为效力的三者关系讨论中对于信赖利益的高度重视。以弗卢梅所著之《法律行为论》作为对比，在弗卢梅《法律行为论》一书中，第一章意思表示及法律行为的性质中未曾提及信赖利益保护，[4]究其通篇进行检索，关于信赖利益保护之提及，仍只有寥寥数处。而在梅迪库斯（Medicus）所著之《德国民法总论》中，亦未将信赖利益保护与私法自治相比较。[5]《法律行为论》之处理，与旧有民法相冲突。但是存在冲突并不代表这样处理是错误的，事实上，在愈发强调信赖利益保护的今日，信赖利益保护原则在民法体系中地位也愈发重要。当然，我们必须在此处强调作者对于信赖利益保护的重视，因为在其接下来行文过程中的诸多论断，都是基于信赖利益保护原则的重要性而做出的。而体系性法学在体系统一性方面，即在其辩证的特征方面，会把握某种实证法律体系的概念基础。换言之，其

---

[1] 参见［德］卡尔·拉伦茨：《法律行为解释之方法——兼论意思表示理论》，范雪飞、吴训祥译，法律出版社2018年版，第132页。
[2] 参见杨代雄：《法律行为论》，北京大学出版社2021年版，第8页。
[3] 参见杨代雄：《法律行为论》，北京大学出版社2021年版，第29~36页。
[4] 参见［德］维尔纳·弗卢梅：《法律行为论》，迟颖译，法律出版社2013年版，第1~19页。
[5] 参见［德］迪特尔·梅迪库斯：《德国民法总论》，邵建东译，法律出版社2013年版。

必须采用意识形态和目的论的方法。于此处，管见以为信赖利益保护原则的引入是为了满足目的论的需要，通过概念基础的搭建，来构建规范之间的一种关联，而规范的整体通过将法的理念作为其目的论原则置于基础地位，进而构成一个意义整体，这是法学目的论和法学体系化的思想体现。[1]

事实上，杨代雄教授对信赖利益保护原则的重视也并非空穴来风，通说认为，信赖利益保护原则是民法"诚实信用原则"的子原则。然拉伦茨（Larenz）据现今主流术语指出，[2]诚实信用并非连贯的原则。即使其下位概念中存有信赖利益保护原则，而它是诚实信用原则的核心部分，但是信用部分首先是作为需要得到满足的价值标准而被引入，通过对其的具体化，从中得到规范的事实类型（normative Realtypen）或案件类型（Falltypen）（参见失信、反言、权利滥用）。如拉伦茨所言，区分信赖利益保护原则和诚实信用原则实际上理论依据不足，没有足够的说服力。事实上，上述的一些例子是典型的信赖利益保护构成要件。所以说信赖利益保护原则和诚实信用原则的区分界限并不清晰，两者俱为一种价值标准。因此，在现实的案件适用中，对于诚实信用原则的特色适用事实上也可称为对于信赖利益保护原则的适用。如果在这个角度上来思考，《法律行为论》将信赖利益保护原则与私法自治放至同一比较阶梯并不属于概念体系上的错位，反而是对民法内部概念体系逻辑的维护。

当然，从民法体系的融贯性来论，《法律行为论》之挑战尚为初步，而在法律行为理论的核心板块，《法律行为论》提出了更具有挑战性和创新性的想法。

二、意思表示构成要件之争

如果说法律行为理论是民法理论的核心，那么意思表示就是法律行为理论的核心。[3]在漫漫的历史长河中，意思表示理论也有着不同的解释论之争，其中最为经典的，还属关于意思表示的构成要件之争。

---

〔1〕 参见［德］克劳斯-威廉·卡纳里斯：《法学中的体系思维与体系概念：以德国私法为例》（第2版），陈大创译，北京大学出版社2024年版。

〔2〕 参见王洪亮等主编：《中德私法研究19：民法体系的融贯性》，北京大学出版社2021年版，第39页。

〔3〕 朱庆育：《意思表示与法律行为》，载《比较法研究》2004年第1期。

意思表示，指将企图发生一定私法上效果的意思，表示于外部。[1]其中在关于意思表示的构成要件中，一般将其分为主观要件和客观要件。在客观要件，即行为人至少要有一个客观上的表示行为，在客观要件上，并没有很大的理论争议。但是在主观要件上，存在着意思主义和表示主义的分歧，学界上称之为解释论上的意思与表示二元论之争。意思主义认为意思表示的构成要件需要行为意思、表示意识和效果意思，其起源于萨维尼（Savigny）的《现代罗马法体系》，经普赫塔（Puchta）等人的完善，在齐特尔曼（Zitelmann）的《错误与法律行为》一文发布后，正式成型。[2]意思主义的特点在于探寻意思表示行为的真意，意思表示的解释应当以意思表示行为人的真实意思为主。与此相对的是表示主义，与意思主义站在意思表示人的视角不同，表示主义更多的是站在意思表示相对人的视角，通过解释相对人所接收到的意思表示人所传递出来的信息来判断是否存在信赖利益进而判断意思表示是否达成。表示主义侧重保护相对人的信赖利益保护，而意思主义更多地强调当事人的意思自治。在经过著名的"储蓄所保证案"（BGHZ91，324）后，德国联邦最高法院认定在欠缺表示意识时，如果意思表示可归责于表意人，则其成立。在此之后，表示意识否定说成为德国通说，表示主义慢慢占据主流，即认定意思表示的主观要件只需行为意思，而不需要表示意识和效果意思。[3]

上述解释论上有关二元论的论战与学术的发展，《法律行为论》都有详细的史料考证与说明，不可谓不细致。然在意思表示的主观要件部分，书中提出了一个大胆的创想——意思表示甚至也不需要行为意思作为主观要件。书中写道："大多数学者仍然坚持把行为意思视为意思表示的构成要件。对他们来说，如果不给意思表示的构成要件留下最后一滴意思之血，无异于宣告意思表示的死亡。事实上，仅靠这一滴血根本无法挽救意思表示概念。"[4]这是一个很创新的想法，现有资料显示，直至杨代雄教授的《法律行为论》出版

---

〔1〕 参见王泽鉴：《民法总则》，北京大学出版社 2022 年版，第 339 页。

〔2〕 参见［德］卡尔·拉伦茨：《法律行为解释之方法——兼论意思表示理论》，范雪飞、吴训祥译，法律出版社 2018 年版，第 11~34 页。

〔3〕 参见杨代雄：《法律行为论》，北京大学出版社 2021 年版，第 112 页。

〔4〕 参见杨代雄：《法律行为论》，北京大学出版社 2021 年版，第 129 页。

之日，我国已有学术著作中，还未曾有行为意思否定者。[1]具体展开来看，其认为，构成要件是区分此概念与彼概念的标准，而无论是在意思表示还是侵权行为、无因管理行为、占有取得行为，都是行为，都以行为意思为构成要件，因此行为意思是他们的共性。在作者看来，行为意思要能够表征概念的特性，要么单独表征特性，要么与其他要件结合表征特性，然行为意思显然不具备单独表征意思表示概念的功能，那么它亦不具备构成作为意思表示唯一主观要件的能力。其要么与表示意识组合，然表示意识已经从主观要件中摘出，要么其单独作为主观要件，就前文所述，构成要件要具备概念的区分功能，可单独的行为意思不具备表征概念的能力。所以，行为意思也只能从意思表示的主观构成要件中摘除，意识表示不需要主观要件。管见以为这个论证过程存在漏洞。存在漏洞的地方在于依作者的主观认知，行为意思既然不能单独表征概念，亦丧失与其他主观要件结合的可能性，所以行为意思无法作为单独的主观构成要件，但其实不然，行为意思存在与客观行为形成复合型组合的可能性，但是在书中的论述中该种可能性被抹除了。事实上，作为客观要件的"表示行为"与作为主观要件的"行为意思"，在概念上其实已经互相包含对方，既称之为表示"行为"（Handlung）而非机械的"身体动作"（Korperbewegung），必在行为人意志控制下作出。而称之为"行为"意思——"承载表示行为之意思"，其意义来自于外部行为实施获得。[2]由此，可说明脱离内部的行为意思而独立判断是否存在外部的表示行为绝无可能，《法律行为论》在意思表示的构成要件处可能存在一个小小的瑕疵。

三、法律行为之解释方法

在法律行为的解释方法板块，杨代雄教授所著《法律行为论》与弗卢梅的《法律行为论》有细微区别，一者是杨教授通过对意思表示解释和法律行为解释的概念区分，将法律行为解释拆分成更细微的意思表示解释来进行论

---

〔1〕 参见黄立：《民法总则》，中国政法大学出版社 2002 年版，第 235 页；陈自强：《民法讲义Ⅰ——契约之成立与生效》，法律出版社 2002 年版，第 217~218 页；朱庆育：《民法总论》（第 2 版），北京大学出版社 2016 年版，第 198 页；梁慧星：《民法总论》（第 5 版），法律出版社 2017 年版，第 176 页。

〔2〕 参见朱庆育：《民法总论》（第 2 版），北京大学出版社 2016 年版，第 198~199 页。

述，而弗卢梅则是从法律行为的大概念出发进行解释。从论证来看，前者的论证相较于后者的论证更详细、更具有体系性。这一方面是弗卢梅认为法律行为无需考虑体系解释，[1]而杨教授深受萨维尼之体系法学影响，强调解释的体系要素。[2]另一方面是杨教授受拉伦茨《法律行为解释之方法》的影响，[3]将法律行为进行了更底层的细化。在此处，《法律行为论》先将法律行为拆分成数个意思表示，再就数个意思表示分别来进行解释，最后依照体系性原则来进行组装，这样的方式，显然更细腻，也使得相应的法律行为解释因更贴合实际而更具有解释的生命力。

杨代雄教授所著《法律行为论》的创新之处在于补充性解释和任意性法律规范适用的论断，在意思表示存在漏洞之时，如何判断漏洞填补时进行的活动是补充性解释还是任意性法律规范填补？作者认为，尽管补充性意思表示与任意性意思表示规范适用之间存在模糊区域，但是两者之间仍有根本区别，不可相互替代。[4]然而拉伦茨恰好与之相反，拉伦茨认为这两者相互判别的依据在于"真正的"解释试图查明单个具体的意思表示的含义；而补充性解释除此之外还查明整体行为的含义，这个整体行为以多个意思表示为基础，并可能具有比诸个单个的意思表示更为广泛的含义。两者概念之区分在于法律上的权衡，难以精确判断，模糊场景中可相互替代。[5]管见以为，这里确实存在相对模糊的区域，更应认同拉伦茨之说法，认为一定条件下两者可替代。

再往下走，如果意思表示存在漏洞，且相关的任意性规范也存在漏洞，该如何解决漏洞填补的顺位问题？在这个问题上，书中对补充性意思表示解释和任意性法律规范解释的顺位进行了现实讨论，相较于传统的只停留于法律的补充领域的观点，做了进一步的探讨，完善了该领域的讨论空白。

---

〔1〕 参见杨代雄：《法律行为论》，北京大学出版社 2021 年版，第 245 页；[德] 维尔纳·弗卢梅：《法律行为论》，迟颖译，法律出版社 2013 年版，第 362 页。

〔2〕 杨代雄：《萨维尼法学方法论中的体系化方法》，载《法制与社会发展》2006 年第 6 期。

〔3〕 参见 [德] 卡尔·拉伦茨：《法学方法论》（全本·第 6 版），黄家镇译，商务印书馆 2020 年版。

〔4〕 参见杨代雄：《法律行为论》，北京大学出版社 2021 年版，第 238 页。

〔5〕 参见 [德] 卡尔·拉伦茨：《法律行为解释之方法——兼论意思表示理论》，范雪飞、吴训祥译，法律出版社 2018 年版，第 99 页。

综上所述，在法律行为的解释方法板块，杨代雄教授所著《法律行为论》在弗卢梅《法律行为论》的基础上实现了超越，搭建了体系化的法律行为解释框架，并提出了一些开创性的学术观点。

四、结语

《法律行为论》是我国民法学法律行为理论的皇皇巨著，填补了我国民法学法律行为研究领域的论著空白。该书立足民法基本原理，结合我国《民法典》法律行为规则与司法判例，借鉴比较法上的规范与学说，对法律行为的基本问题进行了深入考察和研究。[1]管见以为，如果想要对中国的法律行为基础理论进行研究，该书将会是很好的阅读材料。

（高家农　西南政法大学人工智能法学院）

---

[1] 语出王泽鉴，详见杨代雄：《法律行为论》，北京大学出版社2021年版，序言部分。

论法律经验研究的质性分析：社科渊源及典型进路
——读陈柏峰《法律的经验研究方法》

　　一切研究之要务在于寻找到与其研究对象相适应的研究方法，法学研究也应如此。我国开展法治进程的时间并不长，在制度设计、法律文化和理念上具有一定程度的移植和外来特征，与中国传统社会规范的适应性仍有待加强。对此，当代中国法律研究不能仅仅关注规则与经济的适应、法律与体制的配合，更应当注重法律与群众价值观念、思想意识等质性因素的结合。

　　陈柏峰教授在书中提出的法律经验研究方法，汲取了法律社会学研究、社会人类学研究和华中村治研究三大研究传统，依托社科流源的滋养形成了整体论的分析视角，法律经验研究由此具化出法律生活秩序的典型进路，利用社会科学的整体论视角，从法律与利益的互动切入，深入考察法律生活秩序的复杂面向，这不仅为法律研究者提供了一种全新的研究工具和方法，也为当前中国法治研究提供了有力的理论支持和实践指导。

一、质性分析：当今法律研究的重点考量

　　多数学者将法律研究方法概括为三类：价值分析、规范研究、实证研究。其中，法律实证研究又分化为质性研究和量性研究，前者侧重运用多元化的资料收集策略，对法律现象进行全面且深入的探索，通过与研究对象的交互以获取对其行为和意义的整体性理解，此种对于法律问题的质性分析即称为法律经验研究。[1]这样一来，广义的法律实证研究就分为法律经验研究和狭义法律实证研究（下文所称"实证研究方法"均指狭义的法律实证研究）。

　　当今中国处于社会转型期，法律研究的视角也需与其相适应。法律经验

---

　　〔1〕　陈柏峰：《法律的经验研究方法》，社会科学文献出版社 2024 年版。

研究方法中的质性分析对于法律研究具有不可替代的关键作用。法治建设在转型过程中不断摸索前行，法律制度的完善固然是法治进步的重要基石，但转型过程中涌现的新旧法治观念的冲突、民众与立法者法律思维的碰撞等现实问题，同样对法治效果的稳固与深化具有决定性的影响。这些问题不仅反映了转型期社会的复杂性和多元性，更揭示了法律研究者对此进行关注和解析的必要性。因此，法律研究亟须对转型时期的社会性质、传统观念与法律制度的融合与冲突、法治进程中多样的法律现象等质性因素进行充分考量。

针对质性因素的研究重点在于对法律与社会、人类之间的互动所产生现象进行整体性考察。然而，横向比较三种法律研究方法论，价值分析研究关注法律存在的正当性基础，为现行法律的基准或法律理论的构建寻找哲学上的正当价值理念，[1]回答"法规是否应当创制"的问题；规范研究重在审视"法律应当如何阐述"，[2]其方法主要以评判为主，比较并取舍不同国家、不同法域规则对于解决社会问题冲突所使用的"论据"，并对此进行识别和反思，由此展现出针对同一问题不同法域所采用的多样化实践智慧，[3]以供思考与借鉴；实证研究强调用数据对理论假设进行量化分析，从而进行验证。[4]前两种方法重于对法律规范本身的探析，对于社会现象等质性因素则较少涉及。而实证研究虽与经验研究同属实践性方法论，均强调客观观察在认识活动中的重要性，但其对于质性因素的分析仍有所欠缺，原因有二：其一，基本范式的缺陷。实证研究大多依照"预设—中立观察—数据整理—验证理论假设"的基本范式展开，[5]但其预设部分常受到既有法律规范的预先束缚，在研究起始阶段便欠缺从人文社科视角对于质性因素的考量，"缺乏更大的问题意识和理论关怀"。[6]其二，对本土化研究的欠缺。传统的实证主义方法论重视"主客二分"，在把握中国社会的日常生活世界的"理""心""性"方

〔1〕 胡玉鸿：《法学方法论的属性定位、发生契机与体系构造》，载《学术月刊》2023 年第 4 期。

〔2〕 ［荷］扬·斯密茨：《法学的观念与方法》，魏磊杰、吴雅婷译，法律出版社 2017 年版，第 50~51 页。

〔3〕 参见胡玉鸿：《围绕法学研究方法的理论争议及其辨析》，载《政法论坛》2023 年第 3 期。

〔4〕 白建军：《论法律实证分析》，载《中国法学》2000 年第 4 期。

〔5〕 参见何挺：《刑事司法实证研究：以数据及其运用为中心的探讨》，载《中国法学》2016 年第 4 期。

〔6〕 强世功：《中国法律社会学的困境与出路》，载《文化纵横》2013 年第 5 期。

面有所欠缺，一些存续千年的社会思想或许并未被正式确定为法律规范，但确实起到了维护社会秩序的作用，对于此类因素的研究，实证量性分析很难实现。[1]

相较之下，法律经验研究可以突破传统实证主义方法论的局限，能够对质性因素的考量作出回应。原因有二：其一，法律经验研究侧重对目标对象及其所处的背景有质性了解，在研究起始时即要求研究者运用社科知识和社会现实经历所形成的"经验质感"对法律现象的宏观背景、社会基础等质性因素进行初步判断，形成问题意识，再通过大量田野工作对法律现象及其相关联因素开展广泛调研，最终提炼、概括出研究成果。因此，对质性因素的深入判断与分析贯穿着经验研究的全过程。其二，对研究对象及其相关主体"精神世界"的强调使得法律经验研究方法在进行本土化研究时具有先天的优势。法律经验研究广泛吸收社会科学知识论与方法论，采用文化、历史、习俗等视角，对中国法治实践的社会基础、资源条件进行全方位、综合性考察，深入法律现象及其关联因素的本质，形成面向中国的法治研究成果。

二、社科流源：法律经验研究的理论与方法论渊源

当今法治发展仍处于不完全成熟阶段，法律经验研究对于质性因素的深入剖析使其在理论和实践意义上占据重要地位。质性分析何以成为法律经验研究的关键特征？主要原因在于法律经验研究方法以社会科学理论为其渊源，充分吸收社科视角的研究范式，法律经验研究在理论与实践层面均积极融合了社会科学的研究传统，从而营构出与中国实际紧密相连的研究路径。

具体而言，《法律的经验研究方法》得益于法律社会学、社会人类学以及华中村治研究等三种学术传统的共同构建与滋养，为其提供了跨学科的广阔研究视野。

（一）法律社会学研究传统

法律社会学的研究范畴涵盖法律和社会的各种问题和现象，其学术传统十分悠久。自20世纪20年代，法律社会学研究开始在中国逐渐发展。法社

---

[1] 参见费孝通：《试谈扩展社会学的传统界限》，载《北京大学学报（哲学社会科学版）》2003年第3期。

会学对于法律经验研究的流源启示，从经验研究对"社会规范"和"社会环境"的关注得以体现。

"社会规范"作为法社会学的描述对象之一，受到了法律经验研究的关注。法律与社会规范之间在内容和从公信力的来源方面有着密切的关联，[1]二者在社会的不同层面共同规制着公民的行为。法律经验研究受法社会学研究滋养，同样将此种具有指引效用的规则纳入考量范围。[2]在调研时综合对社会秩序的考察，对社会规范进行质性分析，以此对法治的运行过程、制度对社会系统施加影响的方式进行研究，从而将复杂社会实践的规范意义传递给法律系统。

此外，法律经验研究遵循科特威尔对于法社会学的实证方法，重视对社会环境的全面测度。经验研究以正确把握法律制度在社会生活中发挥作用的条件、机制为旨归，要求研究者不仅需要对制度规范进行详尽的描述，同时必须深刻洞察制度所处的具体环境。[3]就此而言，经验研究主张从个案出发，将视角置于法律背景下的宏观社会关系，对法律现象进行一般性讨论。

综合了法社会学理论与方法论的法律经验研究与囿于规范解释论的研究风格形成显著对比，拓展了法学研究的理论论域和方法空间。在当今社会性质、社会秩序以及人们的思维观念、行为方式都面临快速转变的背景下，法律与质性因素的复杂关系研究亟需法社会学的方法论助力。因此吸收了法律社会学研究传统的法律经验研究深嵌时代需求，相较于其他法律研究方法，存在更大的时代机遇。

（二）社会人类学研究传统

社会人类学研究通过对民族的深入考察，以提炼人类文化的特殊现象与共通性质为旨归。由此可见，与法律的规范研究范式不同，人类学的研究方式偏向"质性"，人类学家往往深入研究对象，深度理解其文化机制与文化现象，最终呈现出对某一历史时期人类社会的质性描述和理解。法律经验研究通过汲取社会人类学的研究传统，营构了以质性分析为核心的研究视角，具

---

〔1〕 杨帆：《法社会学能处理规范性问题吗？——以法社会学在中国法理学中的角色为视角》，载《法学家》2021年第6期。

〔2〕 陈柏峰：《法律的经验研究方法》，社会科学文献出版社2024年版。

〔3〕 胡玉鸿：《法学方法论的属性定位、发生契机与体系构造》，载《学术月刊》2023年第4期。

体表现在经验研究方法对社会人类学"他者的眼光"的有效运用上。

人类学中所提"他者的眼光"，旨在强调用异文化审视本文化的窠臼与局限，即跳出固有思维，以旁观者或局外者的视角看待研究问题。在法律经验研究中，"他者"的含义应作何理解？由于不同社会群体间的法律观念与知识架构存在差异，法官、律师以及法律研究者的理论架构、思维方式因其专业性而构建出法律经验研究的"自我"视角，[1]社会大众基于传统生活所认可的朴素价值观、行为意识等，构成"他者"视角，此为法律经验研究视域下"自我"与"他者"之含义。

基于社会转型以及法治迅速发展，法学研究者与未接触过法学理论的民众之间在法律知识储备与思维习惯方面存在一定距离，法律在"他者"与"自我"视角下的差异，构成影响中国法治基本问题的质性因素，对这一因素的调研与探究，是重要且必要的。在此背景下，法律经验研究吸收法律人类学"他者的眼光"研究视角，力矫"自我的眼光"之弊，呼求法治实践调查站在社会主位视角，深入群众生活对法律现象进行调研，以此理解社会大众之法律观念与生活世界，从而在研究成果上突破专业研究者的学术局限与固有思维。

（三）华中村治研究传统

华中村治研究是华中科技大学中国乡村治理研究中心所从事的乡村治理研究，其强调驻村调研。[2]华中村治研究是法律经验研究的首要方法论渊源。具体而言，华中村治研究传统所蕴含的"村庄视角"和"政策实践视角"可为法律经验研究提供启发与具体指导。

何为"村庄视角"？在村庄生活的实际环境中理解多种村治现象是村庄视角的研究重点，村治与法治的共通点为法律经验研究适用"村庄视角"提供了基础：二者都是发生在特定的时空与生活逻辑之中，与社会传统生活是密不可分的。因此无论是对于村治还是法治现象的研究，均不能与社会生活剥离。鉴于此，法律经验研究把重点首先放在对社会现象建立关联性认知，在

---

〔1〕［美〕劳伦斯·M. 弗里德曼：《法律制度——从社会科学角度观察》，李琼英、林欣译，中国政法大学出版社 2004 年版，第 227 页。

〔2〕参见《华中科技大学中国乡村治理研究中心》，载《华中农业大学学报（社会科学版）》2017 年第 2 期。

此基础上深入剖析所产生的法律现象，探索制度在司法实践中的内在运作机制，"村庄视角"的整体论研究路径为法律经验研究提供了宝贵的方法论资源。

政策实践过程视角有助于法律经验研究理解法律实践过程。乡村治理研究核心关注"不同政策在不同类型的农村如何实践"，并以此对政策的制定以及运行形成指导性研究成果。其主要目标是形成能够增进理解中国乡村社会的研究成果，尤其有益于剖析理解现代化进程中的制度和法律文化在农村实践的过程、机制和后果，并依此提出改进农村政策的意见和建议。[1]从村治类推法治，法律经验研究也可以法律在社会实践中的过程为切入，探讨各种因素在法律运行过程中的影响程度及作用机制。

村庄视角与政策实践过程视角为法律研究提供了丰富的场景化资源，得以为经验研究所借鉴。此外，华中村治研究的发展背景和学术环境带有浓厚的本土色彩，即秉承本土化视角，要求研究者应当站在特定人群的立场，理解他们在中国法治进程中的获益或受损、认识和困惑。因此，华中村治研究给予了法律经验研究不可或缺的思维范式借鉴。

三、典型进路：法律生活秩序——以利益为切入

法律经验研究的具体进路多种多样，多数源于社科知识论的"质性判断"研究方法均可为法律经验研究提供模式借鉴。陈柏峰教授基于学术经历和体会，耦合上述三种研究传统的社科特性，阐发了法律生活秩序和法律运行过程两种具体理路。其中，法律生活秩序进路彰显着法律经验研究的特点，其强调对法律有关的社会生活的条理、次序和状态进行质性分析研究。

我国为法治后发国家，立法的主要目标在于通过法律来调整社会生活结构，往往由中央政府及其工作部门担任执法主体。然而，由于社会生活的复杂性和多样性，法律对社会所发挥的指导和规范作用尚显不足，[2]此时，社会生活原本的条理与次序虽不具有制度上的合法性，但却在社会心理层面对人们的行为起到实质性的规范指引效用。法学研究长期以来习惯于使用潘德克吞体系去分析法律现象、构造法律关系，这与中国法律实践现状难免存在

〔1〕 贺雪峰、董磊明、陈柏峰：《乡村治理研究的现状与前瞻》，载《学习与实践》2007 年第 8 期。
〔2〕 陈柏峰：《法律的经验研究方法》，社会科学文献出版社 2024 年版，第 36~48 页。

些许抵牾，[1]欠缺从现实生活出发，把握生活次序与研究对象的相互影响，较难形成具有本土化意义的研究成果。因而，在法律制度与社会价值系统完全契合之前，将法律介入后的生活秩序与社会内生秩序进行综合分析实为法律研究不可忽视的关键考量，此为法律生活秩序考察之必要性。

"不再去问社会是如何平静地解决纠纷的，而是要问，在特定的时间和地点，个体和群体是如何利用法律资源来达到他们的目的的。"[2]这是1985年斯达与科利尔对法律人类学的有关表述，其研究取向与法律生活秩序进路异曲同工，但要探析现行法律制度与宏观文化脉络之间的联系与隔阂，实非容易。此时，可以法律与多种社会因素的互动现象为切入，下文以法律与利益的相互影响为例，从利益视角深入理解法律生活秩序的复杂面向。

利益是法律形成与发展的内在驱动力，法律则是对利益的确认、界定与分配。[3]法律对社会的规范功能主要是通过对利益的调整控制来实现的。[4]利益本身的正当性和道义性产生于民众的日常生活之中，因而不可避免地蕴含多样性与冲突性，加之前述"隔膜"的存在，部分领域通过的法律对社会生活的影响深度和广度仍与预设效果存在差距，出现"新的规则体系虽然具有政权赋予的合法性，但较难在社会生根"的现象，[5]法律制度下的利益指涉与社会传统的利益内涵出现差异时，法律的调整功能呈现出空缺状态，此时固有的社会规范便成为群众实现权利声张和利益索取的依据，从而使"成文法"与"民间法"在面对利益保护时出现了不同程度的效用。发挥补充型利益调整作用的"民间法"常表现为某种传统社会的固有观念或历史记忆，而无论何种规范或习俗，在利益博弈的过程中都可能被个人或群体引用，由此即营构出法律生活秩序的错综布局，如何处理该复杂性？法律经验研究将从社会科学知识论与方法论的视角给出满意的答卷。

人类学对质性分析的强调以及华中村治研究的村庄视角，均强调整体性

---

[1] 参见陈柏峰：《"祖业"观念与民间地权秩序的构造——基于鄂南农村调研的分析》，载《社会学研究》2020年第1期。

[2] 参见赵旭东：《秩序、过程与文化——西方法律人类学的发展及其问题》，载《环球法律评论》2005年第5期。

[3] 胡玉鸿：《关于"利益衡量"的几个法理问题》，载《现代法学》2001年第4期。

[4] 付子堂：《法律功能论》，中国政法大学出版社1999年版，第82页。

[5] 陈柏峰：《法律的经验研究方法》，社会科学文献出版社2024年版，第108页。

考察，这可以为法律与利益互动的经验研究提供有效的方法资源。在探析法律生活秩序时，理解与制度规范所附着的生活境况和秩序形态需要对特定社会群体的基本生活单位进行全景透视，深入对研究对象的实地感受，适用整体论视角，"用一种社会事实解释另一种社会事实"[1]具体手段上，可以通过对特定人群或民族进行问卷调查、口头或书面采访等田野工作的开展，深入了解不同利益格局下，人们对"成文法"与"民间法"观念与抉择，从而孕育出充分回应转型期法治实践、扎根本土化视角的法律经验研究成果。

　　法律经验研究是理解当代中国法治实践的重要方法论，通过其丰富的社科流源可以勾连起更多的典型进路，因此鼓励法学研究者运用社会科学知识对经验研究的具体进路进行更新与创新，积极回应当下中国法治进程的现实需求。

（李怡霖　西南政法大学民商法学院）

---

〔1〕 ［法］E. 迪尔凯姆：《社会学方法的准则》，狄玉明译，商务印书馆1995年版，第62页。

第二编
欧陆法章

法律的沟通价值
——读胡克《法律的沟通之维》

　　法律源于实践，天然存在滞后性。在当代社会多元化趋势持续演进的进程中，各类社会元素不断更新迭代，社会现实更是变化万千，法律不可避免地滞后于社会的动态变迁，主流理论适应这些变化的滞后性则更加明显。[1]每一种理论都需被归置于社会情境中，并以此获得理解而后形成。学术中的概念形成与理论形成是一个过程的两个方面，概念和理论都是建构和理解现实的方式，是描述现实和建构现实的一种集合体。而法律话语体系是法学思想和理论的体系化表达，并为法治在国家治理中获取话语权提供了基础。法律话语的分析最早起源于古希腊修辞学，亚里士多德将其应用于诉讼，服务于政治和法律实践事务并彰显了语言的煽动和说服作用。[2]在现代社会，法律话语的研究体系不断扩大，从法律立法和法律文本的狭义研究，转向了语言与法律交叉领域的理论和应用研究，包括立法、司法、执法语言，甚至法律语言教学等多个方面。[3]法律话语构成了一个与普通话语不同的特殊体系，反映了法律人的思维方式，并通过法律人的书面和口头沟通方式在法律实践中得到体现。[4]

一、一种沟通取径的法律观

　　在当今社会，法律已经成为维护社会、保障公民权益的重要工具，其与

---

〔1〕　刘斐斐：《论哈贝马斯商谈理论论域下法律与道德的关系》，载《文化学刊》2020年第6期。

〔2〕　张清、段敏：《法律话语：一种特殊的话语体系》，载《外语教学》2019年第6期。

〔3〕　李江发：《论诉讼的交涉形态》，载《湘潭大学学报（哲学社会科学版）》2012年第2期。

〔4〕　邓正来：《回归经典个别阅读——〈西方法律哲学家研究年刊〉总序》，载《学术界》2007年第1期。

一般人的关系从未如此亲近，人们用许多不同的方式在描述着法律。首先，何为法律？尽管法律的历史源远流长，法学研究的成果也蔚为大观，但对于"法律是什么"这一基础性问题，却向来莫衷一是，始终未有一个标准的答案。学术话语的构建似乎不可避免地依赖于概念的表达，缺乏对事物的概念化抽象，就很难搭建起理论分析的基本框架。在凯尔森看来，法律是一套给定的规则，在形式上源自一个基本规范。[1]而依据法的自创理论和法律本体论来看，法律创造着它本身。[2]在当下政治实践中的法律被视为实现"社会工程"目标的一种工具和促进社会变革的一种手段，是俯瞰现代社会问题的一个观察视角。对于多数人而言，法律构成了一种合理的社会机制，用以规范和调整整个社会关系和人际关系。[3]实际上，法律并非描述着现实，而是规定着现实，或者更确切地说，规定着人们之间的行为，[4]为社会中人的行动提供了一种框架，既为行为提供了机会，亦对其施加了限制。而人的行动因世界联结体的属性暗含着人际关系，社会成员不可避免地会产生交流和互动，进而亦暗示着沟通。[5]因此，如果法律为人的行动提供了一种框架，那么法律也为人的沟通提供了一种框架。[6]沟通意味着"信息交换"，即联系。[7]以沟通来分析法律现象有其独立的法律价值，它采用多元分析方法，把法律理解为服务于人之互动的一种手段，而不仅仅是以自足为目的，因此它总是以一种开放式辩论交流的方式运用于不同层面和不同领域。[8]哈贝马斯早在20世纪80年代初期，便将沟通行动理论应用于伦理学、政治学和法哲学等领域，成功地避免了对相对主义和理性怀疑论的简化处理，并通过引入"沟通性"概念来替代传统的"实践理性"，通过持久开放且自由的沟通达到关于价

---

〔1〕 邓正来：《后形而上时代的"沟通主义法律观"——〈法律的沟通之维〉代译序》，载《社会科学》2007 年第 10 期。

〔2〕 [奥] 凯尔森：《纯粹法理论》，张书友译，中国法制出版社 2008 年版，第 36 页。

〔3〕 赵欣：《法学方法论研究之困境与路径探索》，载《北京警察学院学报》2024 年第 3 期。

〔4〕 牛子涵、熊明辉：《中国法律论证学的语用转向》，载《逻辑学研究》2024 年第 2 期。

〔5〕 贺翠香：《从道德到法律：论哈贝马斯商谈理论模式的进路》，载《马克思主义哲学论丛》2019 年第 3 期。

〔6〕 沈岿：《软法概念之正当性新辨——以法律沟通论为诠释依据》，载《法商研究》2014 年第 1 期。

〔7〕 武豹、吴学琴：《论中国式现代化话语体系的建构》，载《中国矿业大学学报（社会科学版）》2023 年第 1 期。

〔8〕 贾秋宇、张帅梁：《由唐至清中国古代法治传播途径研究》，载《新闻爱好者》2024 年第 3 期。

值观的某种共识，在这之中，语言占据着极其重要的位置。[1]此外，法律本身在根本上亦是基于沟通。[2]法律是基于社会实践而确立的，是一种人为参与发挥主观能动性的构建物，不同的个体基于不同的立场和角度，对其自然有不同的理解和认识。鉴于社会实践具有历史性特征，人们更加关注的是法律在实践中的运用即"行动中的法"，而非仅仅是法律文本本身即"文本中的法"。实际上，法律在具体行动中所展现的形态才被认为是具有现实意义的法律表现。立法者和司法者对于法律的运用并不总是一致的，对于普通大众而言更是难以统一，他们对法律也有自身的理解，既可能作出与司法者相似的判断，也可能会出现大相径庭的结果。而这个时候法律的确定性就会丧失，正确性就会存疑。此时通过国家强制力来解决认识上的不一致难以实现，只能通过沟通与交流来形成共识，"制造同意"。例如，强化立法者与公民、法院与诉讼当事人、立法者与司法者以及具体审判过程中的沟通。法律人之间的一种合乎理性的对话，是"正确"地解释和适用法律的最终保证。[3]最终，如果沟通主义法律观被认为是合理的，且合理性被理解为沟通的合理性，那么法律的本质即为沟通本身。沟通成了法律的存在方式，而不仅限于法律的文本形式。[4]这意味着，对于任何法律理论而言，其核心应当是人际互动与沟通，而不是个体或法律系统本身。[5]

二、法律话语的跨文化交流

随着经济全球化进程的突飞猛进和国际交流合作的日益加强，世界文明呈现出一种交互性的全球趋势，改革开放不断深化带来的涉外法务活动空前频繁，由此不可避免地存在法律话语的跨文化交流活动。[6]人们对于一种具

---

〔1〕 张法连、陈志君：《新时代中国法治话语国际传播新思维》，载《对外传播》2024年第1期。

〔2〕 张德森：《法范式之辨析与建构——简评〈中国法治的范式研究：沟通主义法范式及其实现〉》，载《河北法学》2022年第3期。

〔3〕 江必新：《严格依法办事：经由形式正义的实质法治观》，载《法学研究》2013年第6期；李桂林：《实质法治：法治的必然选择》，载《法学》2018年第7期。

〔4〕 宁杰：《新媒体时代的沟通主义法律观》，载《人民法院报》2013年6月26日。

〔5〕 白涛：《论我国法院司法解释权对法律形成的作用——以法的商谈理论、沟通主义法律观为进路》，载《学理论》2013年第14期。

〔6〕 孙国华主编：《中国特色社会主义法律体系研究——概念、理论、结构》，中国民主法制出版社2009年版，第5页。

有描述性理论框架的需求是一种理论建构，这种理论建构首先受制于特定文化背景下的普遍世界观。[1]这些需求不可避免地与特定的历史和社会现实相关联。法律与社会、传统和主流价值观有着根本的联系，并且理所当然地融入社会的一般文化之中。[2]这种文化可以被视为社会中广泛共享的信念、价值观和世界观的混合体，它包括了与人际交往相关的基本行为习惯和社会心态。[3]的确，文化不仅是一套既定的价值和规范，而且是一个持续沟通的过程，与一个群体或共同体的认同有着强烈的关联。也就是说，法律是一个国家文化体系的缩影和精华的提炼，是一种独特的社会现象，与诸多社会活动相互联系和相互影响。[4]甚至全球环境法律文化的形成，也离不开这些社会现象的作用。[5]不同的中西法律语言和法律文化涉及不同的向度和层面，包括历时和共时的维度，从而导致中西方有着不同的法律话语体系。[6]

法律翻译就是一个典型的法律话语跨文化交流的活动，涉及不同法律文化间的差异。法律语言作为一种服务社会的专业性语言，是理解法律文本翻译的基础，其价值高于普通语言。[7]在语义方面表现出明显的自纠性、规定性和确定性。在执行法律翻译的过程中，必须同时认识到中西方法律在某些维度上存在"文化共核"，并且需要根据文化差异的具体程度，采用包括非对等翻译、语义翻译以及寻求共同点同时保留差异等多样化的翻译策略，以确保翻译文本与源文本在法律功能上实现等效。[8]但由于不同语言体系及其所依托的文化背景的差异，使得翻译过程中的语义传递往往无法达到预期的精确度，常常会出现语义缺失、语义错位、语义理解障碍等方面的语义不对等

---

〔1〕［德］哈贝马斯：《在事实与规范之间：关于法律和民主法治国的商谈理论》（修订译本），童世骏译，生活·读书·新知三联书店2014年版，第487页。

〔2〕赵金萍、张新庆、胡洁：《100例护患沟通实案分析：伦理、心理和法律的视角》，载《中国医学伦理学》2022年第6期。

〔3〕翟浩、张一献：《司法改革背景下法律适用沟通交流机制的规范与养成》，载《贵州警察学院学报》2021年第1期。

〔4〕黄成松：《形式逻辑视野下的法本质》，载《北京城市学院学报》2021年第5期。

〔5〕李文龙、张法连：《国际传播导向下的法律翻译思维探究——以〈民法典〉英译为例》，载《外语与外语教学》2022年第6期。

〔6〕任文、李娟娟：《国家翻译能力研究：概念、要素、意义》，载《中国翻译》2021年第4期。

〔7〕彭洁：《法律翻译中的语义不对等与语义补充》，载《红河学院学报》2023年第3期。

〔8〕万如意：《"一带一路"格局下全球环境法律文化的交流融合》，载《区域治理》2019年第43期。

现象。因此，法律翻译作为法律沟通的一种形式，在其不断运作过程中对中国法学发展提供了重要参考，其背后反映的"沟通主义法律观"不再把视界限定在以"客观真理"为基础，仅强调法律条文及其内在逻辑的封闭式的"法律内部视角"，而是转向关注以"沟通"为核心的辩论交流过程，进而去关注由多数人参与的法律合法性的问题。[1]

总之，法律话语的跨文化交流促进了不同法律体系之间概念和术语的相互借鉴和交流，提升国家之间法律程序的适应能力，有利于国际法律标准和原则的形成以此更好地指导法律实践。

三、法律沟通与公平正义

在法律的价值追求中，正义是最为基本的价值之一，是社会价值观的高阶体现形式。但公平正义有着一张普罗修斯的脸，变幻无常，随时可呈现不同形状并具有极不相同的面貌。[2]纵观人类的审判史，也许维辛斯基的座右铭能真实地反映当时绝大多数法律人的内心信条，"我从不相信抽象的正义，服从当时的权威苟且地活下去，甚至不惜充当独裁者的帮凶，才是当时绝大多数法律人的第一信条"。[3]他们为了自己的苟活，可以让嫌疑人得不到律师的帮助，或者刑讯逼供或者长期隔离关押，可以以嫌疑人亲人命运为要挟让其认罪。甚至不经公开审判即判决被告人死刑并秘密执行。[4]可见，要想实现一次公正的审判，达到人们所追求的正义效果并非易事。随着法治建设的不断完善，公平正义是程序正义与实质正义的一致追求，两者共同承担着维护法律正义的核心地位，缺一不可，然而在司法实践中不能两者兼顾，要想实现程序正义和实质正义的共同追求面临着严峻的挑战，很难在实体法中落实。为了确保司法判决的一致性与正确性，迫切需要在司法机构之间建立一套

---

〔1〕 郭金平：《法治范式的沟通主义进路——简评〈中国法治的范式研究：沟通主义法范式及其实现〉》，载《燕山大学学报（哲学社会科学版）》2022年第3期。

〔2〕 何怀宏：《生命原则与法律正义——从长时段看罗尔斯的正义理论》，载《哲学动态》2021年第2期。

〔3〕 ［美］约翰·罗尔斯：《正义论》，何怀宏、何包钢、廖申白译，中国社会科学出版社1988年版，第186页。

〔4〕 何怀宏：《报的正义与分的正义——"西方正义理论译丛"总序》，载《中华读书报》2018年10月10日。

标准化的法律适用与交流机制。[1]该机制应确保司法群体能够实时掌握法律适用政策与标准，并能够持续对审判思维、经验以及法官职业技能进行交流沟通，以培养同质的法律思维模式，进而统一司法裁判的标准。法律适用沟通交流是法官确保法律适用统一的重要机制。有专家将"沟通"理解为一种工作方式，在刑事司法实践中，沟通不仅是工作方式，更是一种必须达到的工作要求。[2]比如在审判前可以通过庭前会议与律师充分沟通，审判过程中通过庭审询问、辩论、最后陈述等环节充分落实辩论原则，切实保障当事人的辩论权，最后起草判决书、裁定书等法律文书时需要清晰准确地表达审判结果和理由，也要求法官具备良好的法律沟通能力。因此，沟通主义法律观是对法律内在沟通之维的揭示，在解释力上更具竞争优势，其提供了法律合法化的框架。[3]如果在审判中公检法各部门只各司其职，彼此之间不进行充分的交流与沟通，必然会导致案件信息缺失、错位，无法保证法律的正确实施，从而可能导致不公正的审判。

此外，奉行沟通主义的法律观，并不意味着放弃司法权在法律认识上的主导地位，法律沟通主义也并不是完全否定法律的强制性特征，而是在尊重立法权的基础之上，把已经存在的沟通现象和逻辑，予以凸显和强调。法律之所以需要沟通归根到底是法律对于实效的追求。[4]设立沟通框架，从沟通视角来看待司法审判，并用相关机制和原理来分析和改进司法审判，能够引导和促进司法审判的有效进行。

四、结语

我国法治话语体系的建构是一个庞大的系统工程，全面推进我国法治话语体系的建构，不可能一蹴而就。沟通主义法律观为法律实证主义和法律形式主义都带来了知识增量，为人们审视法律提供了一个新的视角，在法律世

〔1〕 叶青：《程序正义视角下认罪认罚从宽制度中的检察机关沟通之维》，载《政治与法律》2021年第12期。

〔2〕 季卫东：《法律程序的意义》（增订版），中国法制出版社2012年版，第24页。

〔3〕 陆洲、陈晓庆：《中国法治的范式研究——沟通主义法范式及其实现》，中国政法大学出版社2021年版，第19~20页。

〔4〕 陈富国：《国家治理中国话语体系构建的基本维度》，载《中国社会科学报》2022年6月15日。

界中的沟通不仅可以立信、说服，更可以实现法律的"合法化"，对于各部门的缺失通过沟通得以补全，增强了法律的生命力。[1]让规则更多融合商谈性沟通，已经成为法律实践的偏好，未来有着成为一种合法化的路径的合理期待。此外，随着互联网时代的兴起，特别是新媒体时代的到来，新媒体话语日趋强势，功能日益突出，传播媒介的控制权逐渐发生转移，社会被管理者的话语权正在逐步加强，在一定程度上影响着司法信任和司法审判的独立性，如何正确地平衡媒体即社会舆论与司法信任之间的冲突，缓解法律与民意之间的紧张关系，加强沟通机制的建设成为树立司法公信和法律权威的必然选择。[2]沟通主义法律观以多元化的进路来考察法律的合法性，为法律实证主义提供了一个很好的取径，应坚持开放性的法治思维方式，在法律国际化的大环境之中，进一步开阔国际视野，持续深入推进司法体制改革，不断提升总结规律性认识，为我国法治话语体系的构建奠定坚实的基础，为世界法治的发展增添"中国元素"。

（刘平华　武汉大学法学院）

---

　〔1〕　孙自豪：《建构中国式现代化法治话语体系——第十四届全国法律修辞学学术会议述评》，载《河北法学》2024 年第 7 期。
　〔2〕　顾培东：《当代中国法治话语体系的构建》，载《法学研究》2012 年第 3 期。

法律思想的剖析与实践智慧的挖掘

——读拉德布鲁赫《法学导论》

形式上探讨法律的理论固然重要，而从哲学实质内容讨论法律也给人们提供了新的思路。社会生活需要秩序，所有的秩序都能在某种法则中找到对应，这也是人类认识世界的过程。拉德布鲁赫的法律概念，超越了实证主义法概念和自然法。在拉德布鲁赫的整个法哲学理论中，相对主义是贯穿其理论的主线。拉德布鲁赫提出，法律的价值目标不是唯一的，而是多元的，即法律哲学由三种价值组成：正义、合目的性和法律的稳定性。本文以法哲学理念为始，以拉德布鲁赫法律概念为体，试图剖析其法律思想，挖掘实践智慧。

一、法哲学背景下的法权概念

法权（recht）是康德法哲学的核心概念，它不单指主体拥有的具体的权利（right），而是意味着一种外在合法则性的整体公民状态[1]。而拉德布鲁赫的法哲学源于新康德主义，其法权概念奉行自然法则，认为法律法规并非人类的发明，而只是人类的发现。

（一）法律的外在性和道德的内在性二元思考

法律与道德都属于应然法则的范畴，但法律与道德的区分是必然的。道德对人提出的是观念上的要求，而外在的行为只能付诸法律的判断[2]。"任何人都不可能因思想绞死谁。"事实上，法律和道德的判断机制有着明显的区别：法律的判断是建立在外在行为之上的，道德的判断则根植于内在意图之

---

〔1〕 贺梓恒：《试论康德〈法权论〉之阐释路向——兼评契约论与自然法阐释》，载《重庆社会科学》2022 年第 3 期。

〔2〕 ［德］拉德布鲁赫：《法学导论》，米健译，商务印书馆 2013 年版，第 16 页。

中。法律与道德对利益取向的区别，还体现出它们外部与内部性质之间的区别。法的满足表现在外在行为是否合规上，而不论这合规是否来自对法的遵循或对罚的畏惧。但是，道德的要求远远不止这些，而是从内在层面去追求道德规范，也就是出于自觉性与道德义务感。

从主观目的上看，法律与道德一样都显示了外在与固有的差异。道德之主观目的来自个体内在之意向，是为了满足个体良知之需求而不是外在之强制。反之，法的主观目的是满足别人的利益与正当需要。道德实现无需外在于立法者或者执法机构，取决于道德立法与个体自主性。另一方面，法律的效力来自超越个人的法律权威，它依赖于外部的立法、执法和司法体系，以确保所有个人都遵循统一的法律意志。法则不同，它是在"他治"中进行。法律之效力源于个人以外法律设定权威，须有外在立法，外在执法与外在司法之关系，赋予全体人民以统一之意志[1]。

法律外在特征与道德内在特征永远不会截然分开。"很多时候法律和道德的分离还不是很清楚，特别是在把法律说成'道德最低标准'。"[2]法律一方面从某种程度上体现着社会基本道德观念和最低限度的道德保障，某些道德原则上升到法律规范中去增强法律的权威性。另一方面，道德为法律的实施提供内在的支持和推动，当人们内心认同和遵循道德，也有可能自觉遵守法律。

（二）法与国家的使命

该书阐述了关于法律和国家使命两种截然不同的看法，其中一种认为法律和国家都是为个体服务，更多的是一种个人主义的道德观念，而非其内在价值。另一类是超个人主义，支持自身价值独立。拉德布鲁赫将从该书伊始就阐述道德与法律的关系，总结提出"公正被视为法权的次要任务，而法律的首要任务则是确保法律的安全性，也就是追求和平"。拉德布鲁赫在其法哲学中通过终局性视角将正义与稳定融为一体，以确保二者的和谐统一，防止二者发生冲突，或在终局性框架内找到解决冲突的办法[3]。

---

〔1〕 高明明：《从二元论看法律与道德——〈法学导论〉的论述》，载《河北理工学院学报（社会科学版）》2005年第2期。

〔2〕 ［德］拉德布鲁赫：《法学导论》，米健译，商务印书馆2013年版，第21页。

〔3〕 任宇宁：《以拉德布鲁赫法律理念重构维稳思维》，载《理论与改革》2014年第4期。

在研究法律和正义的终局性与法律的稳定性之间的关系时，我们必须自问，在多大程度上可以放弃法律或正义的终局性而选择法律的稳定性，反之亦然。拉德布鲁赫在其《法哲学》一书中指出，法律的普遍性概念包含法律的正义性和稳定性这两个基本要素，而相对主义的法律概念也强调正义性的中心地位以及这三个要素之间的等级关系[1]。法律的首要任务是维护社会的和平与安全，这深刻反映了法律存在这一基石的重要性。在充满不确定性和潜在冲突的社会环境中，法律通过制定一套明确的、普遍接受的规则，为个人行为设定明确的界限和较低的门槛。这种和平不仅仅是没有暴力冲突，更是一种有序的、理性的社会氛围，它让经济、文化等各个方面能够顺利发展，是社会进步的前提条件。而公正是法权的第二大使命，凸显了法律更高层次的追求。公正意味着对每个人的平等对待和合理分配，它不仅关注结果的公平，也注重过程的公平。法律安全与公正这两大使命紧密相连，前者为后者奠定基础，后者则是对前者的升华和深化，共同推动着社会在法治的轨道上不断前行，实质上也体现了法律与国家的使命。

二、国家法概念的深刻剖析

随着历史的发展，制定法日益挤占习惯法的位置。但与此同时，一个亟待解决的问题出现了，制定法要以作为立法者的国家为前提，那么国家与制定法的关系就更为紧密。国家与国家法并非简单的因果关系，而是一种或同种处于不同视角之下的事物，两者就像机体和机制一样，很难彼此分离[2]。

（一）国家法：国家与国家法

拉德布鲁赫在书中从神圣罗马帝国着手，考察了各种各样的欧洲的宪法形态的开端——等级国家。世袭制的国家组织只能与超个人主义的国家相对应：超越个人目标的国家目标可能最好由代议制机构来实现，代议制机构的支配力不是来自个人，而是高于个人；而个人主义的国家支配力则需要合作制的国家组织[3]。国家不仅是法律的渊源，而且是法律的产物。国家以国家法为前提，反过来，国家法也以国家为前提。

---

〔1〕 〔德〕G. 拉德布鲁赫：《法哲学》，王朴译，法律出版社 2005 年版，第 74 页。
〔2〕 〔德〕拉德布鲁赫：《法学导论》，米健译，商务印书馆 2013 年版，第 53 页。
〔3〕 〔德〕拉德布鲁赫：《法学导论》，米健译，商务印书馆 2013 年版，第 56 页。

毫无疑问，人类历史已经发展到这样一个地步：无论是什么样的国家，都越来越需要宪法来治理[1]。从表面上看，它是自由国家主义，但实际上它是传统国家主义的延伸，其代价是在国际交往中对自由的极大限制。这种情况不仅体现在霸权国家的自主行动上，而且越来越多地表现为国家联盟。以国家的道德依附性和强大认同感为基础的国家主义法律观，以及由这种法律观衍生出的"普通法国家主义理论"。而随着国家权力本身日益超越宪法的界限，索吉库所强调的国家对习惯法的排他性依赖已被大大解构——尽管在法理规范的意义上，国家对习惯法的（压倒性）依赖仍然是一个不争的事实[2]。

国家是法律秩序的人格化。国家通过法律来组织和运行，国家法是国家意志的体现和规范。一是国家法提供国家生存与运行的合法性基础与规则框架，并规定国家机构设置，权力分配与行使方式借此对确保国家稳定有序作出巨大贡献。二是国家还使国家法具有了生命力与强制力。国家利用其建立的权力机构，以确保国家法得到实施和执行，维护国家的权威。

国家和国家法二者是相互依存、相互影响的。不仅国家不能游离于法外，法也需要国家来保障法的实施和效力。同时，更应关注法律的正义价值，那些被视为不符合正义的法律很可能会遇到合法性危机。

（二）国家法的作用与影响

拉德布鲁赫著书立说，着重以从俾斯麦宪法到魏玛宪法的发展为例，进行了诸多对比分析，国家法在这一过程中的意义是不言而喻的。《魏玛宪法》中富有艺术性的机制在于魏玛政府变成了建立在代议机构信任度之上、因而间接地建立在民众意愿之上，变成以代议机构为依托，以民众直接当选总统为合作对象的政府[3]。

首先，要明确的是，《魏玛宪法》在德国的历史进程中具有不可替代的重要性，特别是在国家架构和政治制度方面。它使德国成功转变为共和制国家，并建立起当时独一无二的共和制度。《魏玛宪法》在制定时，充分考虑了联邦制的架构、多党制的复杂性，以及国内和外交政策所面临的困境，并将英国

---

[1] See Adrian Vermeule, *Common Good Constitutionalism*, Polity Press, 2022, pp. 24-25.

[2] 谢晖：《论习惯法的国家立场与社会立场》，载《政治与法律》2023 年第 8 期。

[3] [德] 拉德布鲁赫：《法学导论》，米健译，商务印书馆 2013 年版，第 78 页。

的思想融入其中。美、法两国特色鲜明，由此构成兼容各种政治理念、对民主有特别详细规定的复杂总体。其次，《魏玛宪法》在全球宪法的发展历程中标志着一个重要的时刻。它第一次对公民基本权利与义务作出明确规定，体现出20世纪特征，在宪法中规定公民享有教育、文化、经济等权利。最后，《魏玛宪法》第一次对宪法保障制度作出明确的规定，赋予联邦法院以维护宪法的使命。这套制度的确立为宪法的执行和监控提供了坚固的法律支撑，确保了宪法的权威和实效性[1]。

对国家法功能的讨论：一是国家法的秩序构建功能，它建立起国家基本结构、政治体制与权力分配等制度，并为社会整体运行提供稳定框架；二是将国家法作为国家意志规范化的表述；三是国家法保障公民权利的功能。同时也起着协调与平衡各方面利益关系的功能。在纷繁复杂的社会里，国家法应该调和不同人群和阶层间的利益冲突并试图找到公平与合理的平衡状态。

三、私法中的实践智慧挖掘

在法学观察方法下，国家法为其他一切法之本源，在历史思考方法上，这一关系恰好相反：私法形成相对稳定之根基，国家法为最易改变之"上层建筑"[2]。从中所反映出来的公法和私法实际上并不是在字义方面那么分割，实际上它们之间存在着区别和联系，私法所具有的功能和价值同样重大。

（一）私法的基础与核心——权利

从罗马法出发，谈及与罗马法个人主义-利己主义的特点相一致，阐述"权利"以及"权利主体"等多个概念，这些都构成了私法体系的核心。在考虑权利的性质时，人们往往从不同的角度对其进行解释。一方面，权利被认为是法律赋予和保障的权力，这侧重权利在法律框架内的实质；另一方面，权利也被理解为法律保护的利益，如耶林所提出的，这更多的是指权利在被法律创设之前的基础。此外，将权利视为法律赋予的权力，更侧重该权力在立法机构实施后的法律效力；而将权利视为受法律保护的利益，则侧重立法

---

〔1〕 程华：《论德国魏玛宪法的二重性及成因》，载《中国人民公安大学学报（社会科学版）》2021年第6期。

〔2〕 [德]拉德布鲁赫：《法学导论》，米健译，商务印书馆2013年版，第85页。

机构在立法过程中赋予权利所依据的政策理由或立法依据[1]。权利主要分为两大类：对物权和对人权或者债权，亦即物权和请求权。

在德国的宪法理论中，基本权利既是"主观权利"，也是"客观权利"。其"主观性"可以从两个层面来理解：一方面，个人有权直接援引宪法关于基本权利的规定，要求权力机关采取或不采取某种行动；另一方面，必要时，个人可以诉诸司法机关保护自己的权益。把基本权利定义为"主观权利"的目的在于突出其作为一种权利的内在属性，因为"要求"构成了权利的基础属性。在主观权利方面，它的基本功能体现在"维护功能"上。鉴于宪法在基本权利方面的条文相对较为抽象，并未清晰地界定国家利益的本质、边界和前提条件，因此在一般情况下，个人不能直接根据基本权利条款要求国家给予特定的利益。只有当立法者颁布具体法律使国家福利内容具体化时，个人才会依据这些法律的规定向国家提出积极措施请求[2]。

权利，即法律秩序给予并维护的收益。当然权利并不是孤立的，它和法律体系密切相关。权利是规范的、强制的，是由法律予以肯定、保障的。拉德布鲁赫强调个体权利，主张个体自由，尊严和其他权利都应受到法律的重点保护。与此同时，他还意识到社会现实中权利的复杂性与动态性，其实法律受到多种因素的影响与制约。

（二）在《德国民法典》视角，考察私法的作用与价值

个人主义经济观念与经济思想已呈式微之势，新经济思想——国家对自由放任个人经济力量负有规范责任——尚未深入私法概念，《德国民法典》成了古典意义的"民法典"，它是反映资产阶级自由主义的时代精神[3]。

法权形式上的平等，自由等市民思想构成了《德国民法典》中财产法的根本理念。拉德布鲁赫曾指出：《德国民法典》并非20世纪的前奏，而仅仅是19世纪的终结。较之《法国民法典》，《德国民法典》在立法精神上具有保守性和后进性，而非激进性和先进性。《德国民法典》制定过程中，正处于自由资本主义向垄断资本主义转变的时期，但似乎其制定者并未察觉到这些转变，这或许与他们在一个较为封闭的环境中服务了20年有所关联，但不管怎

---

〔1〕 ［德］拉德布鲁赫：《法学导论》，米健译，商务印书馆2013年版，第92~93页。

〔2〕 张翔：《基本权利的双重性质》，载《法学研究》2005年第3期。

〔3〕 ［德］拉德布鲁赫：《法学导论》，米健译，商务印书馆2013年版，第99页。

样，这使得《德国民法典》在其核心理念上呈现出自由资本主义的特质。其实质是反对国家与法律对经济进行干预的自由，对契约进行干预，故有关劳动关系与消费者保障问题均未被采用。在欧洲，奥地利、匈牙利等国私法受《德国民法典》影响较深。[1] 由此可见私法的作用和价值：维护个人权利。私法是通过对权利义务的规定来维护个人财产及其他权利的；推动交易安全并通过建立交易规则来降低交易的不确定性与风险；维持社会秩序和化解个人之间的争端。

从法理上看，基本权利有其特有的"主观权利"与"客观权利"双重取向。主观上基本权利包含着深厚的"主观属性"。从价值层面上看，这种性质在私法上体现得淋漓尽致，私法既保障了个人财产权、契约自由和其他权益，又是维护其合法利益所必不可少的手段。另外，私法还推动了市场经济繁荣发展，并通过对财产细节等清晰标准的转移，确保市场交易安全和稳定进行，从而为经济持续健康发展打下坚实基础。

四、结语

在其他法哲学家和法律理论家醉心于形式上的理论时，拉德布鲁赫从法哲学实质内容出发，推演并加深对于法权以及各部门法的理解与实践。其中法学思想的时代烙印是不可避免的，但对于法律外在性和道德内在性的二元思考，国家与国家法的关系以及其中对于私法概念的阐述，值得后人挖掘其中实践智慧，剖析法律思想与逻辑模式。

（俞妍汐　西南政法大学人工智能法学院）

---

〔1〕 冯桂：《〈德国民法典〉的制定及影响》，载《广西大学学报（哲学社会科学版）》2005年第1期。

自然权利、意志自由与人与人之间的平等

——读卢梭《论人与人之间不平等的起因和基础》

现代性思潮的萌芽源于对教会法中上帝话语的破除。虽然启蒙运动以来先哲们已就法源基础、人的理性与价值、社会应然状态等命题建构过多种理论体系。但是或许是"这一世系事实上是虚假地为她捏造出来的"〔1〕这一缺乏可能性和实质科学性的局限，〔2〕这些理论架构无一能取得昔日上帝话语所居的广泛认同地位。自工业革命后，自由资本主义蓬勃发展，尤其是进入金融资本主义阶段以来，人类物质生产力指数式增长，人类社会矛盾却愈加突出。人类在理想价值上迷失方向，不得不将锚定物质财富的"权利保障"等视作理想信念。越是片面依赖实证的理性，就越是错失意志的自由：因为在数学物理语境下精密运算虽意味着未来可以准确推演，但若深究这些从客观实在之中抽象出来的数字的本源及意义，作为人类的我们只能以"概率"这一概念进行阐释。我们迷失了信仰的灯塔，将需求视作追求，〔3〕人与动物、人与机器的本质区别渐有淡化之嫌。迄今，个体以及社会的理想状态应该是什么、人应该如何驾驭物质财富、怎样的价值目标应该且值得被人类及人类文明驾驭物质财富去追求乃至实现等问题仍值得被进一步思考、探讨。

---

〔1〕 ［德］康德：《纯粹理性批判》，邓晓芒译，人民出版社 2017 年版，第 2 页。

〔2〕 ［德］欧根·芬克：《康德与现象学中的先验哲学思想》，周建昊译，载《清华西方哲学研究》2021 年第 1 期。

〔3〕 张一兵：《异化批判话语与总体人的价值悬设——列斐伏尔〈辩证唯物主义〉解读》，载《马克思主义与现实》2024 年第 2 期。

一、平等的前提与参照：自然权利新思

平等社会的特质在于每一位公民的自然权利都能得到充分保障。[1]卢梭认为，自然权利应在人的理性充分发展后出现，并在人能够以理性驾驭欲望时才实现，而并非简单地等同于人出于本性的行为活动。客观上看，卢梭对自然权利应然状态的思考或多或少地受到阿奎那的影响及霍布斯的启发。

中世纪法学家阿奎那不仅将法律分成四种类型后形成以上帝之法［lex aeterna］为核心的有机体系，还确立了实体形式唯一论，[2]并借助对信徒们的宗教胁迫将人类与基督教的确定性联系起来以回应实然政治状态的合理性、认可某些情况下作为社会共同努力的革命、承认已知法体系的可完备性。[3]至此，中世纪时期的法源与基督教义建立起紧密联系，信徒之间以身份的平等接纳社会分工带来的差异，此时人们追求的并非自由或权利，而是宗教的身份认可，以当时的社会状况而言，同一宗教分支下社会内部的大部分冲突得以化解。但这个体系随人类实践经验日趋丰富而逐渐遭到怀疑，最终被笛卡尔等启蒙运动的先锋推翻。卢梭的见解与之存有的共性是：他们都认为自然权利有一个外在的、普遍存在的评价标准，而后者能通过对可感知的事物或实然状态加以认识而为人们所掌握，[4]这与霍布斯所言自然权利源自人的本性迥乎不同。

霍布斯借鉴综合分析法回溯自然状态下人与人之间的关系，认为公权力约束成型前，人根据他的本性享有做一切的权利与自由。[5]洛克在此基础上进一步指出人的自然自由只以自然法为准绳，不受任何上级权力或意志的

---

〔1〕［法］卢梭：《论人与人之间不平等的起因和基础》，李平沤译，商务印书馆2015年版，第23~24页。

〔2〕杨文：《中世纪自然解释中的"实体形式"理论及其消亡》，载《自然辩证法研究》2023年第12期。

〔3〕Cavedon MP, Early stirrings of modern liberty in the thought of St. Thomas Aquinas, *Politics and Religion*, 2023; 16 (4): 567-84.

〔4〕［美］列奥·施特劳斯：《什么是政治哲学》，李世祥等译，华夏出版社2019年版，第189~191页。

〔5〕娄曲丸、丛涛：《论霍布斯的自然状态》，载《常州大学学报（社会科学版）》2023年第5期。

约束。[1]显然，霍布斯将源于人的本能而产生的权利与上帝意志割裂开来，从人性本身出发为自然权利的应然状态提供参照，论证组建国家的必要性——即为个人的利益免受他人行使权利而造成侵犯，[2]也希望通过公共权力改变个体行为的激励结构从而矫正和威慑个体的理性行为。[3]洛克进一步阐明人的自然权利有不受国家权力不法干涉的特质。他们的理论虽有权利意义不明的不足，但为个人权利的应然状态及社会秩序的正当性基础摆脱宗教话语后提供新的法理参照。

与霍布斯从观察人性着手想象自然状态的情形进而分析自然权利的应然状态不同，卢梭从人类形成之初——智力尚未完善的时期切入思考。在这个阶段，人的生活孤单懒散、器官粗笨而不灵敏；与动物一样，人有感官、观念和欲望；人的唯一特别之处在于人类精神的自由活动及附随于这种自由活动的自我完善的能力。[4]由于人与人之间的纽带十分松散，一个人对另一个人的压迫既难以实现也没有实现的必要。因此，卢梭认为这个阶段之下，每一个体都是自由且平等的。在自身欲望和环境使人类产生的需要的推动下，人类自我完善的潜能逐步被激发，智力渐趋完善，一些偶然的巧合帮助人们形成语言、建立社会。[5]值得注意的是，在这种原初的社会组织形态下，不同于霍布斯所言的人与生俱来的源于本性的自由与权利，卢梭提炼出人与人之间联系的纽带是自爱心和怜悯心。自爱是卢梭学说体系的基础。在铁和谷物的生产技术为人类所掌握前，人与人之间的关系存在着凭借石斧、小棚而维系的阶段。此时，人的自尊尚未成型，人们将自我保持的本能推及他人身上形成怜悯心。在卢梭看来，这是纯粹的天性运动先于思维的心灵运动的表现。[6]概言之，卢梭以自爱心、怜悯心替代霍布斯以自由、权利对原初状态

---

〔1〕 [英] 洛克：《政府论》（下篇），叶启芳、瞿菊农译，商务印书馆 1964 年版，第 15 页。

〔2〕 [英] 霍布斯：《利维坦》，黎思复、黎廷弼译，商务印书馆 1985 年版，第 94 页。

〔3〕 桑本谦：《私人之间的监控与惩罚——一个经济学的进路》，山东人民出版社 2005 年版，第 25 页。

〔4〕 [法] 卢梭：《论人与人之间不平等的起因和基础》，李平沤译，商务印书馆 2015 年版，第 58~60 页。

〔5〕 [法] 卢梭：《论人与人之间不平等的起因和基础》，李平沤译，商务印书馆 2015 年版，第 62~72 页。

〔6〕 [法] 卢梭：《论人与人之间不平等的起因和基础》，李平沤译，商务印书馆 2015 年版，第 74~76 页。

之中人与人之间关系即社会关系实质的描述。

这种变化一方面表明了卢梭对自然权利的理解：自然权利来源于自然法被人们认识、确立之后，而自然状态之下的社会不存在"权利"的观念，确定此时有自然权利的存在既不符合实际情况，也不能产生任何实际效果。[1]将权利放入人与人相互关联的语境下理解，有效克服自然法的地位确立前自然权利无意义性的窘境。另一方面，卢梭把自然权利的外延限缩于人类因无法忍受恶性自尊的极度膨胀而形成合意，以契约和法律确立起公共权力的地位之后，将"天性本能"从自然权利的内涵中抽离出来，强调社会形成以前人类自爱心的存在和自尊心的堕落，暗示通过自然教育引导人性之中自爱心苏醒或通过形成公意保护公民自由的可能。这是因为，卢梭认为人的自爱之心是与生俱来的，只是随着人类自我完善导致智力逐渐成熟、自尊形成并恶性膨胀，将人类引向堕落的深渊。特别是公权力机关形成以后，人类放任自尊奴役内心，自然权利渐渐外化为财产私有权，并与个人的天资、容貌、体力、技巧、功绩、才能等外在资质高度相关，使得人与人之间的地位开始分化。在此基础上富人对穷人的统治和奴役不仅进一步加剧人与人之间的不平等，还使得富人形成对这种组织形式的依赖，人类再也难以回到自尊泛滥、地位分化前的状态。[2]

既然自爱先于权利而存在且自尊对自爱的取代只是人类智力不完善之时伴随偶然因素影响而不慎滑入的陷阱，那么，在儿童阶段通过恰当的教育方法唤醒人们内心中沉睡着的自爱心就是可能的。更进一步，社会的形态归根结底取决于人的选择和行动，如果每位公民能够以被唤醒的自爱心统御放荡的自尊心，使权利的行使用于满足自身所需而非通过豪夺或劫掠加剧不平等地位以满足自尊所需，人类就可以充分地享有这种包含着正义内涵的理性自由权利。因为社会制度只能约束人而不能改变人，[3]所以这种公民内心的公正和自爱是平等社会所能拥有的最稳固根基。

---

〔1〕 张恒山：《权利：本能自由、本益禁侵与公意自由——古典自然法学权利观辨析》，载《行政法学研究》2023 年第 5 期。

〔2〕 ［法］卢梭：《论人与人之间不平等的起因和基础》，李平沤译，商务印书馆 2015 年版，第97~101 页。

〔3〕 ［法］卢梭：《论人与人之间不平等的起因和基础》，李平沤译，商务印书馆 2015 年版，第116 页。

二、平等的迷失与重建：良心下的自由

欲望、需求和环境中的偶然因素使得人类完善自我、不断开发自身潜能，逐渐产生分工合作并演化出文明样态。在人与人之间相互依存的社会形态中，盲目借鉴自然状态中个体的独立地位和自由处境并不切合实际。因此，公民自爱心的复苏、使理性统御自尊心是平等社会的根基，而通过立法者形成公意、借助权威话语解释法律则是平等社会得以实现的制度保障。《论人与人之间不平等的起因和基础》虽然仅仅指出人与人之间不平等的起因及其演化，并以自然状态为参照点明社会实然状态的不平等并不符合自然法。[1]但不难发现，在卢梭对人类社会向不平等状态滑落的阐述中，我们已能洞察他在后续著作中提出的自由社会和平等公民的实现路径的走向——在公民层面，通过自然教育唤醒自爱的天性，使自尊处于良心和理性的统驭之下；在社会层面，通过有效机制形成公意，以此确立公民意志的统治地位，使公民自由得以有效实现。

实际上，卢梭所持的观点已初具现今自然法体系的雏形。自然法理论由来已久、学说庞杂，自亚里士多德开创到菲尼斯的进一步革新，众多先哲都对自然法的价值基础和体系建构提出过自己的观点，而自然法的概念也并非一成不变。这里面既有人们所处的历史语境不同的原因，[2]也受不同人对自然权利这一概念理解不尽相同的影响。现代语境一般认为，自然法是以自然权利为目的、以平等关系为前提、以社会契约为途径、以实然法为桥梁、以公共权力为后盾的社会规制体系。[3]而在 18 世纪中期，相较于此前自然权利等同于基于天性的自由行动，卢梭否认人类的理性得到充分发展后仍然仅依凭欲望与自尊而行动是一种自由。在他看来，这是人类受欲望支配、受自尊奴役的表现；只有唤醒人类本性中的自爱心，使良心和理性驾驭于自尊和欲望之上，个人才能获得真正的自由。[4]显然，现代语义中对自然权利的理解立足于卢梭的定义之上，只是根据理性的实质将自由的界限具象化地解释为

---

〔1〕 ［法］卢梭：《论人与人之间不平等的起因和基础》，李平沤译，商务印书馆 2015 年版，第 123~124 页。

〔2〕 郑鸿根：《近代科学思想中的"自然法则"观念》，载《自然辩证法研究》2023 年第 1 期。

〔3〕 黄芳：《自然法：作为社会秩序主张的解析》，载《社会科学家》2021 年第 3 期。

〔4〕 赵敦华：《卢梭人性论的四个维度》，载《北京大学学报（哲学社会科学版）》2023 年第 4 期。

他人的自由。

然而当我们回到概念本身：自然状态之中的自由是人类智力尚未充分发展时不知道规划遥远未来、也不在乎他人眼光这一独特历史条件下的产物；自尊则源于人与人之间形成松散联系时萌生的对自身外在状态以及他人评价的关切，而竞争与报复则使得自尊渐渐异化并凌驾于理性之上。[1]就连卢梭也承认，人类进入文明社会以后抛弃自尊已不可能，[2]这似乎暗示着社会之中的公民必然存在自尊与自由的冲突，即自尊的产生似乎必然导致自由的丧失。

冷静分析卢梭的理论体系，不难发现答案并非如此。自尊作为一种获得尊重的渴望并非必须借助相对于其他人的优势实现，并非只能通过对他人的压迫与奴役实现，它还可以表现为一种寻求差异的渴望，通过多种领域发挥各自的才能而得到实现。[3]进一步而言，自尊完全可以摆脱欲望股掌而听令于理性，也可以将参照标准从外在的横向对比转向内在的自我超越。前者借助自尊心从蒙昧到理性的升华而实现理性意志的自由，后者则通过思维的转变挣脱异化的自尊施加于人们内心的枷锁。如是，通过唤醒人性中的自爱与理性，在已经走出自然状态的人群中建立平等、自由的社会关系并不缺失所需的思想基础。

如果说自爱心复苏后理性意志统御下的自由是平等社会形成的基石，那么能有效形成公意的组织程序则是平等社会的关键保障。在回溯管理机构沦落为专制统治的工具时，卢梭指出人们在原初状态末期希望通过契约形成公共管理机关而建立起平等社会的初衷，然而，公权力机构形成后，腐败的蔓延导致政府逐渐成为一种极端政权。[4]这是卢梭后期倡导的以公意为政治基础建立平等社会的理论渊源和重要参照。在具体的实现机制上，卢梭认为应该区分众意与公意，众意源于每个人的意志直接表达后大多数人共同持有的意见，公意则是个人意志之中去掉正负相抵消部分的总和。[5]归根结底，众

---

〔1〕 欧阳谦、贾丽艳：《卢梭的异化观及其文化批判》，载《广东社会科学》2019 年第 1 期。

〔2〕 [法]卢梭：《论人与人之间不平等的起因和基础》，李平沤译，商务印书馆 2015 年版，第 99~103 页。

〔3〕 王幸华：《卢梭论自尊与自由》，载《世界哲学》2023 年第 5 期。

〔4〕 [法]卢梭：《论人与人之间不平等的起因和基础》，李平沤译，商务印书馆 2015 年版，第 105~107、112~113 页。

〔5〕 [法]卢梭：《社会契约论》，李平沤译，商务印书馆 2017 年版，第 32~33 页。

意扎根于私人利益，而公意脱胎于公共利益。为将个人意志顺利汇成公意，卢梭引入了立法者。立法者客观公正地将公民意志中矛盾的部分消除，使得公意能够成为每个公民自由意志的总和，而若公意与个人意志仍有冲突之处，根源很有可能在于个人表达的意志背叛了个人理性意志的自由。此时，公意恰恰成为个人自由实现的保障。

针对这一实现机制的可行性，有反驳观点认为：不论是立法者的设置还是公民宗教的弥合，都未能调和公意与私意之间的张力，反而还带来立法者与公意、政治与宗教两组新的矛盾。[1]实际上，卢梭描述的立法者是客观的，他只负责"把每一个本身是完整的和孤立的个人转变为一个更大的整体中的一部分"，因此立法者本人自身的意志只能表现为作为公民表达的意志，而以立法者的身份表达的私人意志并不具有任何政治意义。另一方面，立法者动用宗教的原因是他"阐述法律时动用的笼统的语言和遥远的观念超出人民的理解力"[2]，也就是说，宗教只是便于一般百姓理解、信仰法律所依凭的手段，这种阐释本身不具备法律效力，地位的差别使其根本不可能与在公意基础上形成的法律产生冲突，也更不可能形成难以化解的紧张关系。归根结底，立法者的引入只是众意汇成公意的最后一步，众意的整合不单单靠立法者发挥作用。每个公民良心与理性的苏醒才是平等社会得以建立的根基。当每个公民都能理性地享用自由之时，公民意志只是理性意志自由的诉求。此时，众意的冲突并非根本性的，立法者能依据自然法之中的理性和公正清晰地找到众意的共同根基，并在此之上形成公意。

经过对人类从自然状态中平等自由的关系走向文明社会之中压迫奴役关系的过程展开合理推断及综合论证，卢梭以自然状态之人与人的关系为参照，萌生出以公民生于理性的意志自由为社会基础、以公意形成为制度核心的平等社会重建蓝图。在这样一个社会里，人类不仅能实现自然权利不受侵犯的消极自由，而且由于公意本身就是公民自由意志的集中表现，所以社会之中的每个公民都能实现理性意志的积极自由。意志自由的实现不仅意味着人与人之间平等关系的实现，还意味着社会之中的人将比原初状态之中智力未充分发展的人更加自由。

---

〔1〕 郭台辉、魏德伟：《卢梭论现代人的政治救赎及其失败》，载《学海》2023 年第 3 期。

〔2〕 ［法］卢梭：《社会契约论》，李平沤译，商务印书馆 2017 年版，第 47～49 页。

三、平等的构想与障碍：自然法的局限

卢梭的思想深刻影响了法国乃至世界历史的发展进程，在轰轰烈烈的法国大革命之中，卢梭的构想最终未能实现。这其中既有自然法自身局限性之因，也与时代及社会的发展趋势密切相关。不过，作为18世纪中期人类对科学与文艺进步反思思潮中的代表，卢梭倡导的思想理念对生活在今天的我们仍有启示意义。

自然法自身的局限是卢梭的构想未能实现的一大因素。自然法一经面世，就伴生自然法与实然法导向冲突的窘境。亚里士多德提倡以行为实施取代行为结果作为评价正义的标准，[1]但他未能化解这一冲突，因为实然法造就的不公虽体现在结果上，但其本质上仍是通过吻合实然法导向的不公行为造成的。在此冲突被不断讨论的过程中，衍生自然法的价值本源及其认识方式等疑难。

不论是从洛克的自然法学说，还是康德对人类理性边界及范围的讨论，抑或是菲尼斯对自然法的探讨，都能窥知自然法自身的理论短板：自然法依归的普世真理的可靠度难以被举证。鉴于人类认知范围的有限性，人们难以从宗教之外的其他渠道探知自然本身无秩序状态部分的规律与价值。目前，学界较合情理的解答是人相信自己值得做出某一主张，那么这个主张就是真实的。[2]换一种表述就是：人作为无限宇宙的有限部分，做自己想做的事无可厚非，[3]也就是说由于怀疑论建立在由实然推导出应然这一逻辑错误之上，故以人心中的共同理想作为自然法的价值来源比从自然规律中探知更有说服力。当今处理自然法此种不足的另一思路是通过划分自然建构与社会建构从而阐释自然法与实然法的价值导向不完全吻合的矛盾，但是此进路试图将价值划归为现象以阐释价值与现象的关系，有混同实践道德与本性道德之嫌。[4]

---

〔1〕 聂敏里：《古典实践概念与近代自然法传统——对古典美德伦理学的一个批评性考察》，载《中国人民大学学报》2021年第1期。

〔2〕 John Finnis, *Natural Law And Natural Rights*, Oxford University Press, 1980, p.90.

〔3〕 ［美］霍姆斯：《法学论文集》，姚远译，商务印书馆2020年版，第276~278页。

〔4〕 吴彦：《当代自然法中的政治理论——兼驳塔玛纳哈对自然法的批判》，载《浙江社会科学》2023年第11期。

对于自然法在认识论层面面临另一问题，二战后学界普遍认为：从事实层面的"实然"并不能说明规范意义的"应然"。[1]具体而言，通过观察人的行为或社会运行状态，并不能够解释人或社会应该遵循何种价值。对于事实与价值关系不证自明性概念的瑕疵，学界有声音主张可以尝试通过实践理性替代理论理性从而规避二者二分实况下的证明难题。[2]当然，除从行为模式探知道德价值以外，阿奎那曾尝试引入上帝本体阐释自然法价值来源这一途径。不过，此进路证成的正当性并非真正源于上帝恩准而是源于人对上帝的信仰：倘若我们承认上帝可能出于过失而恩准某项恶行，则我们已在实质上承认自然法独立于上帝而存在。另外，在现代社会，公然承认上帝或宗教的地位并将之作为价值来源难以被大众接受。具体到卢梭的理论上，自由意志的引入意味着经立法者之手，实然法的内容源于且等同于人们内心的共同价值。如果个人的意愿与法律冲突，就意味着个人意愿挣脱了理性的束缚、丢失了意志自由，此时法律恰恰是实现意志自由的保障。如是，卢梭对自然法与实然法关系冲突的症结做出较完美阐释，也通过自由意志解答自然法价值来源与其认识路径。但是，卢梭未能正视人与人之间经历或学识差异造就的价值观上的差距，也未能预见社会分工高度分化造成的人的行动不得不受制于并不等同于自由意志取向的各类契约或承诺。可以说，卢梭所处时代的视角局限性限制了卢梭理论在社会实际的可行性。

随着工业革命后资产阶级革命蓬勃发展，卢梭的学说体系不仅在理论上受到重视权威的分析法学派挑战，在实践中也遇到多重困难。

首先，从实证史观的角度，不论是霍布斯提及的前政治社会意义上的自然状态，还是卢梭口中人与人之间孤独而自由的自然状态，抑或是康德所陈述的非社会的社会性，都难以从历史中找到实证。[3]这使得自然法学派的政治哲学带有厚重的理论色彩，在实践层面缺乏说服力和话语权，[4]进而衍生

---

〔1〕 John Finnis, *Natural Law And Natural Rights*, Oxford University Press, 1980, p. 34.

〔2〕 胡悦、史彤彪：《论实践理性自然法之不证自明性》，载《浙江社会科学》2024年第3期。

〔3〕 陶文佳：《道德与社会形成的另一种假说——卢梭情感主义自然状态学说的创见及问题》，载《湖北大学学报（哲学社会科学版）》2021年第3期。

〔4〕 童海浩：《是否存在"自然法"这样的东西？——施特劳斯对历史主义的一个防御性回应》，载《常州大学学报（社会科学版）》2019年第6期。

西方政治哲学危机。[1]在这个过程中，偏重实证的历史主义借助社会理论中的共同体学说脱胎于自然法占据主导地位的社会哲学，更能有效化解卢梭理论体系中常被指摘的道德自由、公民自由和自然自由之间的紧张关系。[2]客观而言，受制于信史材料的有限性，卢梭不得不借助推想对自己的观点加以论证。虽然卢梭的设想并不一定与史实相吻合，但在《论人与人之间不平等的起因和基础》中，我们不仅能看到一个逻辑自洽的关于人的自由、权利以及人与人之间关系的应然状态构想正在萌芽，还能从其清晰有力的话语中感受到作者对社会实然状态和人类发展历程的深刻反思，切身体会到启蒙运动时期人们呼唤理性、自由、平等的思想暗流。

其次，从制度成本的角度看，卢梭倡导平等社会之中，公民的意志自由是其基础要素，公意的形成是其制度保障。然而，要想培养出爱弥儿式的哲人，需要教育者长期持续投入时间和精力，对于整个社会而言，这种途径所需的社会成本实在过于高昂。此外，为了形成公意，参与契约的各方需要充分表达各自的意志，[3]立法者也需要为此投入巨大的工作量，对于整体而言，制度成本高昂、短期回报有限、惩罚机制及效果捉襟见肘而造成个别成员违约容易带来较大损害的风险都是公意形成之际不得不克服的障碍。客观而言，契约的维持力量是惩罚。不同于经由公意缔结契约后惩罚权属于所有平等主体，合作协议的惩罚权力属于协议最初参与方，集权社会的惩罚权属于主权者。不难预见，后两者的惩罚机制显然更为有效，维系社会正常运转所需的制度成本更为低廉。[4]

最后，从社会基础角度看，卢梭的思想萌芽于18世纪40、50年代，受限历史视角所限，卢梭更倾向于将平等社会置于幅员有限、公民平等的邦国语境下展开讨论，这从该书开篇的献词便可见斑知著。然而，18世纪60、70年代以后，工业革命蓬勃发展，人类社会的分工进一步细化，人与人之间的

---

[1]　李荣山：《自然状态的历史化与共同体学说的兴起》，载《广东社会科学》2019年第6期。

[2]　[美]列奥·施特劳斯：《自然权利与历史》，彭刚译，生活·读书·新知三联书店2003年版，第287~288页。

[3]　张龑：《没有社会的社会契约——对卢梭公意理论与传统民意观的批判性考察》，载《清华法学》2012年第6期。

[4]　桑本谦：《私人之间的监控与惩罚——一个经济学的进路》，山东人民出版社2005年版，第90页。

不平等地位日趋凸显，随之发生的，是人与人之间由于经历、地位和学识差别加大而造成的人与人之间观念和意志的差异加深，价值观上的鸿沟客观上已成为建立平等社会的障碍。时至今日，公民地位较为平等、价值观念较为一致的国家往往都是从团结一心的民族革命中取得或捍卫过自身独立地位的国家；被动独立的国家内部往往很难自发形成较为统一的价值方针、更难以维系公民之间的平等地位；在一些工商产业高度发达、社会分工高度分化的国家，则往往面临政党冲突、民意分裂的状况。可见，随社会生产力的发展而生的社会分工精细化侵蚀着公意得以形成的社会基础，人与人之间关系的不平等地位愈发悬殊，卢梭的理论构想并不与时代发展趋势完全吻合，他倡导的重建平等社会的方式在实践中难以维系。至此，卢梭的构想注定难以在现代社会中变为现实。

可以说，自然法的实质要素（基本人类善、实践合理性各要求、道德规范）[1]已经决定了卢梭乃至整个自然法学派难以通过逻辑严密论证自身的价值渊源；卢梭激情充沛的文风展现出他对自由平等的热忱期待，但也造就其学说重构思而轻论证的弊病，[2]客观上导致其理想抛离了对实践成本和社会发展的冷静考量。卢梭和康德之后，边沁、萨维尼、黑格尔等法理及哲学新星竞相登场，对社会及法律应然状态、法律与权利的实质、自由权利的形态及自由与国家的关系等问题给出了自己的思考。

四、结语

《论人与人之间不平等的起因和基础》埋藏着整个卢梭思想体系的基础雏形。卢梭以其推定的自然状态为参照反思人类社会发展的实质，重新定义自然权利、提出重建平等社会的构想，近代自然法理论的内涵在此得以扩展，现代自然法理论的面貌在此基础上完善、细化。不可否认，除了脱离宗教话语后自然法本身在说理论证上的局限，卢梭思想也有自身的局限性。理论层面，卢梭的学说在城邦小型社会语境下展开，[3]难以适用于社会分工高度分化、全球各地各生产要素紧密结合的现代社会；实践层面，卢梭的思想仅仅

---

〔1〕 John Finnis, *Natural Law And Natural Rights*, Oxford University Press, 1980, p. 23.

〔2〕 黄继辉、刘晓：《卢梭对科学及文艺的自然主义思考》，载《当代文坛》2024 年第 3 期。

〔3〕 晏扩明：《马克思共同体思想的政治哲学渊源》，载《新视野》2023 年第 2 期。

停留在构思阶段，未能充分考虑制度成本以及制度创建应用于治理的内涵转变。但是，对于历史发展进程而言，卢梭的贡献不可磨灭，他对自然权利的新思考、对人与人之间应然状态的构想是对理性的疾呼，是人类现代性思想的里程碑，他对平等社会的构想至今影响着我们的政治社会；对于生活在现代社会的我们个人而言，《论人与人之间不平等的起因和基础》对欲望支配之下的自由和理性驾驭下的意志自由的辩证启示我们重新思考什么是真正的自由：以理性之光点亮生命灯塔、以理性意志自由实现生命的价值。

（刘隽鸣　西南政法大学人工智能法学院）

程序主义法律范式：哈贝马斯对法治国危机的解答

——读哈贝马斯《在事实与规范之间》第九章

在《事实与规范之间》的最后一章（第九章），哈贝马斯深刻批判了自由主义法律范式和福利国家法律范式，他认为这两种范式在合法化过程中存在根本性的问题。他试图从理论层面深入分析这些问题的根源，并提出一种新的法律范式，以期从根本上解决合法性危机。

在第九章里他系统地考察了程序主义法律范式作为新的正确范式的可能。对合适的法律范式的要求有：能符合对复杂社会的最佳形容；明确由平等公民共同体的自我构成这一最初的概念；能独立解决实践中关于立法、司法的问题；最重要的是，它能适应社会环境的复杂程度。

一、法律范式的转变：从自由主义法律范式到福利国家法律范式

韦伯对于法律的实质化趋势已经有了预测。所谓实质化，就是国家刻意通过立法与司法的手段来调节私法的财产分配效果，保障经济交易活动中的实质弱势者。[1]实质化产生于法律自由这个事实，也就是人们可以合法地做他们想做的事。

随着法律实质化的进行，法律的范式也开始转变，寻求新的法律范式也具有了必要性。今天的法律秩序既没有把资产阶级合适法的条件性纲领，也没有把福利国家的目的性纲领作为具有特权地位的规则形式，但它也绝没有随着组织规范和程序规范的扩展而充分卸除立法者管理复杂问题和具有自主逻

---

[1] 程德文：《走向程序主义的法律范式——哈贝马斯法律范式转变理论述论》，载《南京师大学报（社会科学版）》2012年第6期。

辑的功能领域的负担。[1]

(一) 自由主义法律范式的特点与分析

自由主义法律范式的特点是强调形式正义所具有的法律规则语义特征的重要性。自由主义倡导在法律面前人人平等的原则，主要关注形式上的平等。然而，对于实际存在的社会不平等，自由主义往往未能有效应对。这种对形式平等的强调基于一种假设，即追求私利的个人主义，它将个体视作一种抽象且普适的行动主体。这种看法倾向于忽略个体之间具体的差异性。[2]

雷泽运用社会伦理的分析框架，对自由主义法律体系中表面上平等实则不平等的法律关系进行了深入的解读，以此来合法化自由法律范式体系中的许多问题。这种领域理论意图借助"私人领域"这个社会学概念来强调主观私人权利的伦理核心。

同古典私法相联系的法律自由原则要求，"个人应享有对法律可能性和事实可能性的最高程度的自由来做他愿意做的任何事情"。[3]在这样的自由原则之下，产生了一种可能的自主生活方式，个体的地位和作用被凸显，一种私人核心领域显现出来。在这个领域中，不同成员的生活史在共同传统的框架中交织在一起。这种自由的实现只能通过法律，尽管它不受法律规则的支配。这种自由是实现真正共同体的关键。

领域理论用模糊的社会指标来代替用来对不同法律领域进行评价和系统划分的法律标准，也模糊了自由主义法律模式的缺点。在私法的层面上，一个自由且具有自主性的法律实体，其权利的形成与所有相关行为紧密相连。而这些权利的产生，源自政治上自主地阐释法律自由原则——这一原则在社会各个领域都得以体现。[4]由此可以得出的是，领域理论的视角无法全面地诠释诸多法律关系，而且划分的依据是施加的限制——需要提供重要的理由，而不是模糊且必然存在的。

---

[1] H. D. Assmann 在 Wirtschaftsrecht in der Mixed Economy (Frankfurt/Main 1980, Kap II I) 中对这场讨论作了概括。

[2] 程德文：《走向程序主义的法律范式——哈贝马斯法律范式转变理论述论》，载《南京师大学报 (社会科学版)》2012 年第 6 期。

[3] Alexy (1985), 317.

[4] 参见 [德] 哈贝马斯：《在事实与规范之间：关于法律和民主法治国的商谈理论》(修订译本)，童世骏译，生活·读书·新知三联书店 2014 年版，第 497 页。

私法领域的实质性变化，需要通过重新理解私人自主这一核心规范概念，并将其置于一个已经发生改变的法律范式中来解释。这表明传统的自由主义法律范式已不再适应已经变化了的法律实践需求。

（二）福利国家法律范式：在自由和公正之间寻求平衡

福利国家的法律范式是从自由主义法律范式的基础上发展起来的另一种法律范式，旨在对资产阶级形式法进行改良。在韦伯的传统讨论下，私法的实质化是福利国家范式法律的核心特征。法律现代化表现为基于形式理性的私法制度，用以保护私有财产。

福利国家法律范式出现的背景，是围绕自由主义法律范式产生的问题。第一，伴随着社会的日趋复杂化，各个行动领域展现出功能上的分工，而独立的行动主体也不再是完全可以自由行动，而是被限制在"委托者"的角色，并且受到系统自主运行中偶然性的制约。第二，在这种新的社会背景之下，产生了一种期望，即希望一个日益具备预防性和应变性的社会福利国家，能够通过行政权力的调节措施来正式应对社会复杂化带来的挑战。

意识到这种情况之后，发达国家实行了福利国家制度的改革，福利国家制度至少从理论论证角度上讲，不仅为公民提供自由行动的空间，而且要为他们提供在这个空间当中实现自己价值的条件。[1]福利国家制度的改革旨在通过提供必要的社会支持和资源，确保公民不仅拥有行动的自由，还能在社会中实现个人价值和潜能，从而深化对自由原则的理解和实践。

一个法律纲领，如果对来自限制国家补偿不平等的措施自由的副作用麻木不仁，则被证明是家长主义的。[2]福利国家的政治意志是一种俯察众生的家长主义照顾。通过这种关照，以控制和改造的方式对这些社会不确定性进行干预，来试图保证主观行动自由的均等分配。[3]正如私法实质化的过程。

福利国家法律范式是一种改良主义的实践，这种实践并没有改变规范性前提。这种新范式与法律上的自由原则是否相符仍是一个问题。

---

〔1〕《童世骏丨哈贝马斯论事实与规范之间的关系》，载 https://www.thepaper.cn/newsDetail_forward_8779384，最后访问日期：2024 年 6 月 15 日。

〔2〕参见［德］哈贝马斯：《在事实与规范之间：关于法律和民主法治国的商谈理论》（修订译本），童世骏译，生活·读书·新知三联书店 2014 年版，第 516 页。

〔3〕［德］哈贝马斯：《在事实与规范之间：关于法律和民主法治国的商谈理论》（修订译本），童世骏译，生活·读书·新知三联书店 2014 年版，第 504 页。

二、法治国危机：两种法律范式之对比与盲点

虽然福利国家的法律范式对自由主义的法律范式进行了改良和批判，但无论采用何种法律范式，都不能完全做到实质上的平等，对权利本质的认识存在误区。这两种法律范式之间的联系仍然紧密，且在互补中存在盲点。

（一）两种法律范式比较：法律范式中的个人权利和国家干预的界限

从自由主义的视角来看，私人法律实体在平等自由分配的架构内的行为限制，仅仅是类似于自然界中社会环境的不确定性状态。[1]一方面，福利国家的法律模式在理论上对传统自由主义法律模式进行了批判，强调通过国家政策来实现更广泛的社会公平和保障公民的基本福祉，这在理念上是一种进步。然而另一方面，福利国家模式与对自由主义法律模式和私法曲解的批判联系仍是密切的。这两种范式，都是由工业资本主义经济社会生产主义产生的。

福利国家法律范式的干预是更有力的，这种家长主义的政治意志更能对个人的自由造成危害。无论福利国家模式呈现出哪种形象，它都承认国家行动者和置于统治之下的行动者之间的竞争。从国家的社会调控能力与个人自主性之间的反向关联性来看，国家与个人在行动上的互动可以被视为一种竞争关系，其中一方的增益往往以另一方的损失为代价。

两种法律范式可以被看作拥有不同的理论视角：一种是理想主义；另一种是现实主义。理想主义视角认为国家具有广泛的政治干预能力，能够在其控制的社会中实现其政策目标。而现实主义视角则认为国家只是众多系统中的一个，其行动空间受限，必须在间接影响行为的狭窄范围内操作。根据这种模式，国家行动主体和私人行动主体之间的关系可以被视为一种零和博弈，即一个主体权力的增强往往以牺牲另一个主体的权力为代价。[2]

社会福利法是一种实质法，它规避了私法的缺陷，致力于关注和保护社会边缘群体的"实质"利益。尽管它试图通过国家的干预来实现更大的社会正义，但这种方式可能会对个体自由造成限制。行政权力扩张有侵犯个人自由

---

[1] ［德］哈贝马斯：《在事实与规范之间：关于法律和民主法治国的商谈理论》（修订译本），童世骏译，生活·读书·新知三联书店 2014 年版，第 504 页。

[2] 孔明安：《论法律的范式转换及其辩证法——从哈贝马斯的商谈论谈起》，载《国外社会科学》2018 年第 5 期。

的风险，个体权利可能仅转化为资源再分配问题，未解决自主性和公平性问题。

（二）权利的误解：福利国家与自由主义法律范式的批判

法律平等关注的是法律框架内个体基于个人意愿做出选择的权利，而事实平等则侧重法律对不同人群产生的实际社会影响。尽管法律自由的原则旨在保障个体权利，但在实践中，它可能成为不平等的根源。想要保障权利平等，但使用手段却是限制私人自由和权利的。本意是利用自由的授权，却转变成了监督和控制。

事实平等和法律平等之间的正确关系最终需要公民自己来确定。程序主义法律范式强调同步保障具有平等权利公民的私人自主与政治自主，这是实现基本权利的要求。一种法律，在根据关于正义问题和自我理解的问题，合理化手段的问题还有利益平衡问题等表达一种共识时，它才是在实质的平等对待意义上具有内容上的普遍性。

福利国家法律范式的根本目标在于实现社会机遇的公平分配，旨在保障每位社会成员都能接受到公正的对待。这种权利的均等分配基于一个原则，即承认所有人都是自由且平等的社会成员。在这种范式下，公正被理解为分配正义的体现，但这种做法有时会牺牲个人自由。解放的许诺和人类的尊严与这种公正分配的前提是联系在一起的。福利国家法律范式的平等尊重角度之下的主体拥有对平等权的主张。在一个法律共同体中，只要一个人的自由必须以压制另一个人的自由为代价而得到，就没人是自由的。[1]这样来看，这种模式能产生的共识不具有普遍意义，对实现实质平等仍有距离。

自由法律范式与之互补的错误，在于把正义归结为一种对权利的平等分配，即将权利同化为人们分割和占有的物品。[2]这种把权利同化为物品的范式，注重对权利的运用——合法地运用，满足形式上平等却忽略了公民个体自由。公民在参与立法实践时，只有共同行使公共自主权，才能实现主观权利的平等分配。

在福利国家法律范式和自由主义法律范式的对比中，它们共有的问题容易被忽视，成为盲点。这种错误是两者在理念上的共通之处：将法律上的自

---

〔1〕 参见［德］哈贝马斯：《在事实与规范之间：关于法律和民主法治国的商谈理论》（修订译本），童世骏译，生活·读书·新知三联书店2014年版，第517页。

〔2〕 参见［德］哈贝马斯：《在事实与规范之间：关于法律和民主法治国的商谈理论》（修订译本），童世骏译，生活·读书·新知三联书店2014年版，第517页。

由构建错误地视为一种"分配"，并将其与平等分配所获得或被指定的物品混为一谈。

艾丽斯·M. 杨的批判明确指出了这个问题：权利是关系，不是东西，它们是建制上确定的规则，明确什么人可以相对于彼此做什么。[1]正义应该不仅仅涉及分配，也需涉及为个人能力和集体交往和合作之发展和行使所必需的建制条件。[2]

三、程序主义法律范式——应对法治国危机的可能之路

福利国家的法律范式与自由主义的法律范式之争，可以理解为平等对待各种标准之争。这场争论已经具有反思性质。在规范层面，程序性法律范式强调的是法律平等与事实平等之间的关联性，以及个体自由与集体自由的双重关联。一些对待标准平等化的政治争论必须以商谈的方式进行，而程序主义范式所重视的，则是进行此类争论的所有公共论坛。[3]

法律与行动者的内在关联仍是重要的。所有法律归根结底都要回溯到自由、平等的法律主体相互承认的体系。[4]程序正义法律观的关键在于，通过新的交往形式来使具有同源地位的公民，表达和捍卫他们的私人自主和政治自主。这样的法律秩序才能达到合法的程度。两种私人自主的形式法已经被证明它们的保障是不充分的。

（一）程序主义法律范式的两种成分

规范成分——商谈的法律理论。在商谈论视角下，法律的合法性源于民主法治国中的商谈性意见和意志形成过程的程序化和交往预设的建制化。这意味着，法律是通过开放、平等的讨论和决策过程来实现合法化的。只有通过协商模式，才能实现法律的创制者与接受者的统一；实现权力的拥有或权力分享的合法化。[5]

---

〔1〕 I. M. Young, "Justice and the Politics of Difference", Princeton-1990, 25.

〔2〕 I. M. Young, "Justice and the Politics of Difference", Princeton-1990, 39.

〔3〕 [德] 哈贝马斯：《在事实与规范之间：关于法律和民主法治国的商谈理论》（修订译本），童世骏译，生活·读书·新知三联书店 2014 年版，第 513 页。

〔4〕 [德] 哈贝马斯：《在事实与规范之间：关于法律和民主法治国的商谈理论》（修订译本），童世骏译，生活·读书·新知三联书店 2014 年版，第 506 页。

〔5〕 孔明安：《论法律的范式转换及其辩证法——从哈贝马斯的商谈论谈起》，载《国外社会科学》2018 年第 5 期。

法律论证的程序从实用问题的商谈开始，经过政治伦理的商谈阶段，最后在道德论证的审视中达到收尾。这一过程既确保了法律有实用价值，也融入了道德考量。因此，法律论证并未与道德论证割裂，而是将道德议题的辩论内化于法律论证及其建制化的过程中。[1]

描述的成分——交往的社会理论。交往的社会理论将法治国的政治体系视为众多行动系统中的一部分。这个系统能够解决社会整合问题，并弥补可能的不足。它通过建制化的意见和意志形成过程，以及非正式的公共讨论来发挥这种作用。[2]这种系统需要通过基于市民社会的公共领域，根植于与之呼应的生活世界情境中，以便为全社会整合问题。

程序主义法律观建立了规范性考察和经验性考察之间的联系。在这种法律观下，作为媒介的法律交往可以将复杂社会作为一个整体进行概括，使交往行动中的认可结构从单纯互动的层面传递到抽象的有组织关系层面。

（二）合法化问题的解决

在法律的合法化问题处理中，采用反思性态度至关重要。福利国家与自由主义的法律模式在权利实现上的具体性，往往掩盖了私人自主与公共自主间需具体分析的关系。通过反思性态度审视法律，可以突破传统思维模式，揭示具体主义在抽象逻辑上的局限，这需要建立各种不同形式的沟通和交往机制。用反思性态度对待紧迫的问题、恰当的法律类型和必要的理由，不仅影响对法规纲领的民主的产生，而且影响对这些法规纲领的进一步处理。[3]

反思性地对待法律，要求议会立法者首先做一些元层次的决策，围绕决定的制定和产生结果。民主过程的程序条件是程序主义法律范式最值得保护的程序条件。通过程序条件，政治公民可以参加政治商谈，表达所需利益。由司法部门将这些法律论证商谈作为补充，然后作出决定。同时还需要进行另外一种合法化要求，从而满足批判性法律论坛面前扩大的辩护义务。法律公共领域制度化，摆脱对专家文化的依赖，提高敏感性，公共争论的焦点可

---

〔1〕 孙要良：《在事实与规范之间：对哈贝马斯法的合法性思想的一种规范性考察》，载李晓兵主编：《哲学与社会》（第6卷），人民出版社2013年版。

〔2〕 参见［德］哈贝马斯：《在事实与规范之间：关于法律和民主法治国的商谈理论》（修订译本），童世骏译，生活·读书·新知三联书店2014年版，第538页。

〔3〕 ［德］哈贝马斯：《在事实与规范之间：关于法律和民主法治国的商谈理论》（修订译本），童世骏译，生活·读书·新知三联书店2014年版，第540页。

以是有争议的原则性判决这些是重要的关注点。

在现代行政中，政府需在多方面权衡和选择，专家治国模式已显得力不从心。需通过程序法建立合法化过滤器，确保决策正当。民主机制如公众参与和听证会等补充议会和法院监督，提升透明度和公正性。这样，行政决策不仅遵循效率，也符合法治，维护公共利益和社会正义。反应性行政监督并不是多余的，程序性法律范式促使立法者重视法律之动员的条件，使人们关注权利行使从而使得法律政策有效。

随着非合法权利的日益独立化，唯有一个怀疑性强、适应性高、警惕性足且资讯充分的公共领域，才能有效地影响议会的决策过程，确保法律的正当性。

因此，"法律建制化的人民主权和非建制化的人民主权的普遍结合和互为中介"[1]是程序主义法律范式的核心。在程序主义法律观之下，政治公共领域虽然不是政治核心，但通过培育规范性理由对政治体系产生影响。通过选举和政治参与，公众意见被转化为一种能够影响决策的力量，它不仅为立法者提供了行动的授权，也确保了行政行为的合法性。同时，公开的法律批判对法院进一步发展法律施加更严格的论证义务。

程序性法律范式并非空洞的，它强调市民社会与政治公共领域，为民主过程赋予新意义。在复杂社会中，稀缺资源非效率或导控能力，而是自然资源和社会团结，后者需通过交往自决实践再生。

程序主义法律范式不偏向任何特定的社会理想或政治选择，而是强调法律主体作为政治公民在特定条件下就问题及其解决达成共识。这一范式期待形成所有参与者的共同自我理解，而非仅限于法律专家。它倡导自主性观念，即人们服从的法律应是他们基于共识自行制定的，这体现着事实性与有效性间的张力，是随社会文化生活形式的语言构成而必然存在的。程序主义法律范式本身也处于讨论之中，需根据社会变迁进行重新考察。

（冉星月　西南政法大学人工智能法学院）

---

〔1〕 Maus（1992），203ff，Maus，"Basisdemokratische Aktivitäten und rechtsstaatliche Ver. fassung"，Th. Kreuder ed.，*Der orientierungslose Leviathan*，Marburg 1992，99-116.

司法运行的逻辑和意义

——读克拉玛德雷《程序与民主》

皮罗·克拉玛德雷是 20 世纪意大利诉讼法学界的泰斗人物，他刚刚出生的时候，一个统一的现代意义上的意大利诞生还不超过 40 年，在他壮年时意大利还未完全从君主制下摆脱便又沦落到墨索里尼的法西斯统治之下。二战结束后，意大利通过民意公投的方式废除了君主立宪成立了共和政府，随即他又投身到了新共和国的宪法执行中。

一、程序公平——获得正义的权威方式

"法律程序规则实质上只是由逻辑和常识的原理被转化成为有约束力的规则的技术结论"，[1]法律程序规则中的逻辑思维并不是仅建立在哲人思想上的空中楼阁，它的基石建立在人类自然禀赋的理性中，通过理性的归纳总结出的生活常识构成了司法程序运行的底层逻辑。这些理性与常识在众人思想的交织与碰撞中逐渐沉淀，逐渐凝结最终达至真理，这些真理中所蕴含的"普世价值"，最终又成为司法代表正义这一推论的正当性来源。这些理性的归纳离不开人的参与，离不开生活现实的制约。那么从某种程度上来说这就是对民族习惯和社会习惯的总结。但习惯里不仅包含理性，习惯里同样有着本能的影子。理性源于一种逆本能的思考，即将简单的问题复杂化、现象化；而人的生物本能则是要求人脑将复杂的问题简单化，将抽象事物具体化，以此来减少生存的压力，防止大脑的机能被过多地用于与生存与繁衍无关的地方。逆本能的理性思考铸就了人类的文明发展，顺本能的生物活动保证了人类物

---

〔1〕 ［意］皮罗·克拉玛德雷：《程序与民主》，翟小波、刘刚译，高等教育出版社 2005 年版，第 1 页。

种的延续，它们都对人类社会发展作出了巨大的贡献。但是正如上面所说正义是理性的产物，但是理性归纳的基础并不是纯理性的，习惯是思维与理性的交织。这也就导致了如果没有对这些理性归纳进行规范和挑选，那么它必然会将本能带入其中从而影响司法的正义性。为了避免这种情况的发生就必须为其制订相应的标准，那么在这种情况下其标准势必由国家来制定。正义的提供，牵涉国家的权威与声望。因此国家不会允许国家提供的正义的方法沦落为个人偏好的即兴创作和奇思妙想，所以虽然司法裁判源于人们的理性，但他却是国家践行的专有权和职责。

"理性是国家标准的理性，正义自然也就是官方的正义，受到国家管制。"国家制订的司法程序，从理性中获得正义又从正义中获得权威。正义的实现需要程序的公正履行，那么程序的公平自然就成了获得正义的权威方式。从克拉玛德雷的话中我们也可以窥视到一部分有关于法律演化的历程。从法律演化的过程中我们可以看到法律确实是在从本能多于理性到理性超越本能的一个过程，从以眼还眼的同态复仇演化到现在的现代刑法思想的过程中可见一斑。

他也在一定程度上论证了法律、正义与国家之间的关系。这是一个很有趣的问题。他认为这三者是互为一体，相辅相成的，把三者分开讨论本身就是错误的思考方式，属于只见树木而不见森林。国家的管理与人民的理性并不是处于一个对立的层面，他们也没有意识到正义并不是不受束缚的野马而是平易近人的良驹。国家与法律需要程序来进行联系，国家与人民需要正义来联系，程序与正义需要公平来联系，三者缺一不可，不可分割。

二、职责在上——司法判决与情感

法律与政治的关系是一个很有意思的问题，有人说法律是当权者维护自己利益的帮凶，也有人说法律是大众意志的凝结，是正义的伙伴。这两点其实并不是一个二元对立的关系，当权者需要通过法律来凝聚权威，自上而下以保证国家的平稳。但是同时法律又必须反映民众的需求与意志，自下而上从基本上维持社会的安定。法律与国家的统一性，必然将法律与政治联系在一起。现代法律解释也表明，立法规范的多重含义无法通过立法者意志获得统一，最后还需要法官的解释来确定其含义。那么作为司法裁判中的价值考量者与解释者，在司法判决中发挥着绝对作用的法官，他并不是一台用于计算审判结果的工具，他是一个自然人，是一个社会人，处于社会影响和国家公权力管辖下的他，作出的判决结果自然即会受到政治的影响也会受到其所处的社会环境的影响。

法官与当事人之间虽然没有利益纠葛，但是他与判决结果之间却有着或大或小的联系。在上述的情况下法官并没有把自己的判决建立在先定的规则上，而是把自己作为一个政治人，把政治气候作为了自己判决的来源。这样政治就会变成法律里面的潜规则，成为法学理论学家口中的司法造法行为。法官的宣判便不再是知识和智慧的产物，只是对已经存在着的事物的认知，那么判决结果就失去了公平正义的来源。同时克拉玛德雷也认为面对这些情况法官都不能从法律中找到现成的答案，只能要求法官从内在的正义感中寻求解决案件的方法。判决不是一盘盘现成的预制菜，法官去"热一热"就好了，而是必须由法官制作，以供品尝。"不要把自己的职责化约为司法三段论的行为"，[1]在司法三段论中：如果 A 行动发生，就会导致 B 司法判决。那么法官需要做的就是去证明，证明已发生的行为具有 A 类型的特征。那么就应该提供 B 类型的司法判决。[2]依照这样的判决方式，法官的工作是如此的简单。他以法律为庇护，让自己免受政治的粗鲁和混杂的干扰。他以司法三段论作出公平的、合法的判决。但判决结果却未必同正义走在一条道上，公正的判决未必与公意一致，未必与正义同行，它只是同法律一致的判决。这实际上就是程序正义与结果正义之间的竞合问题，虽然"从法律精神上说，如果必须把它们排一下次序，程序正义无疑处在优先的位置"。[3]但是我们也不能就此忽视结果正义是司法审判的永恒追求。

所以以上的两种判决方法都不能带来正义的判决结果，而非正义的判决结果可能就会把罪不至死的人送上绞刑架，让恶贯满盈的暴徒逃脱法律的严惩。现如今互联网的发展使得法律判决的过程更加透明化，信息的传播也会使得判决结果的影响力无限地扩大，对社会产生严重的影响。那么问题来了，

---

〔1〕 ［意］皮罗·克拉玛德雷：《程序与民主》，翟小波、刘刚译，高等教育出版社 2005 年版，第 24 页。

〔2〕 ［意］皮罗·克拉玛德雷：《程序与民主》，翟小波、刘刚译，高等教育出版社 2005 年版，第 20 页。

〔3〕 曹保印：《程序正义重要还是结果正义重要？——从一次法庭旁听经历说起》，载《同舟共进》2009 年第 4 期。

对于这些超出判决结果之外造成的额外影响应该由谁来承担呢？是法官，还是立法者？若是受到政治的干扰过多，那么法官就会陷入麻木，不负责任的官僚主义中。"他看到的只是桌上的厚重文件，他唯一的考虑就是找寻权宜之计，以把这些文件转送到另一位官僚的桌上，借此使自己摆脱进一步的烦扰。"[1]立法者亦是如此，他们选择了对自身责任的紧迫召唤的无动于衷。如果这样，那么法官和立法者都只是在用司法三段论来相互推诿把责任推给对方，法官与立法者的内耗让司法无法进步，用虚伪的思考来抚慰自己的良心。"当他们都能安全入睡的时候，那个无辜的人却在绞刑架上摇摆。"[2]

那么怎样的法官才能够尽心尽力地践行自己的责任，作出正确的判决呢？克拉玛德雷给出了自己的答案。

我们需要有道德、有灵魂、有经验且独立的法官。在法治下法官应该在自己的良心中找到法律的寄身之处，当他把普遍的法条转化为具体的命令时，该命令必须与自身情感如出一辙。司法判决的依据应该是法官良心过滤之后的法律而不是法典上机械的法条。但是判决结果也不应该只是依靠法官的良心过滤，而是需要法官在追寻法律的真谛的过程中，用判决的结果反映出社会的良知，解读出他的同胞希望法律实现的普遍目标，兼顾自己的良心和社会的良心，由此形成法官自己的灵魂和道德。我们要清楚"法官是司法戏剧的主角，但司法过程不是法官的独白，而是对话和交流，是建议与回答的提出和采纳，是起诉与答辩、攻击与回应、主张与反驳的互动"[3]。

法官的独立并不是把自己关进司法三段论的象牙塔里。克拉玛德雷认为法官在判案时应该像一张白纸，他不应该将自己作为一个私人的生活痕迹带入判决中，只有在他忘却私人经历的价值时，他在法律中所具备的良知和道德才会起作用，从而转化为"经验准则"。仅仅是让法官摆脱个人关系网是不够的，因为他还受到层级的控制。法官作为司法权的行使者，他独立行使审判权；但作为公务员，他被受制于雇用他的公务的纪律，其顶头上司是司法

---

〔1〕［意］皮罗·克拉玛德雷：《程序与民主》，翟小波、刘刚译，高等教育出版社2005年版，第25页。

〔2〕［意］皮罗·克拉玛德雷：《程序与民主》，翟小波、刘刚译，高等教育出版社2005年版，第26页。

〔3〕徐昕：《司法过程的性质——评卡拉玛德雷的〈程序与民主〉》，载《二十一世纪》（香港）2008年12月号。

部长，司法部部长又会自然地受到政治的影响，从而影响到法官们。克拉玛德雷认为这种混合状态是危险的。在意大利共和国的制宪会议上有人提出废除司法部部长，从而断绝这一条干扰通道，但是最终被否决，因为这只是一种饮鸩止渴的做法。从克拉玛德雷的观点来看，归根结底法官最容易受到政治的影响的因素，无非来源于法官对职业前景的期望以及维持生活的需要。司法部长的影响只是这一渴望的具象化，哪怕废除了司法部部长，只保留由法官组成的自治委员会，同样不能保障法官的独立与自由，"法官不再靠遵从司法部部长观点的方式显示其政治殷勤，但仍然会存在尊重高级法官观点的职业殷勤"。[1]服从主义的锁链依旧不会赋予法官独立与自由。

对于突破服从主义，克拉玛德雷提出了三个方法，即合议制、判决过程和结果公开以及法官平等制度。在合议制下，判决结果由多位法官作出，由法官们的一致意见去削弱单独一位法官的压力。在面对具有政治意义的案件时，法庭就能够获得一定的勇气，去克服顺应服从主义以谋求个人利益的企图。但是合议制又会类似于司法三段论一样，削弱单个法官对案件判决的责任感，使得每一位合议庭成员免受不公正判决的重负。对此，就需要公开司法判决的过程和结果。秘密的判决会使得法官不会去在意不同的声音和良知的拷问，多数的判决实际上变成了全体一致的判决即合议制的非人格意志。判决的公开可以让社会的良知照亮法庭的阴暗角落，人民对正义的期望会让法官想起自己肩负的责任，听到社会良知的呼唤。同时民意也可以成为法官的后盾，让法官有勇气突破服从主义，并且让想要法律服从于自己的人收回自己的触手。

最后，法官的平等化，克拉玛德雷列举了英国的法官制度——法官之间不再存在高级法官与低级法官的区别，所有法官一致地享有同等的待遇，不存在晋升一说，法官的自豪感以及获得感不再由职务晋升带来，而由自己的名誉、人民的支持带来。由此法官将会突破服从主义、权威主义的束缚成为一名真正的有道德、有灵魂、有经验且独立的法官。

司法判决的结果的正义就在此刻获得了保障。法律制度就不会再继续一味地钻入"程序正义，结果合法"的牛角尖，而是走向"程序正义，结果正

---

〔1〕 〔意〕皮罗·克拉玛德雷：《程序与民主》，翟小波、刘刚译，高等教育出版社 2005 年版，第 33 页。

义"的大道。

三、理性危机——多数和权威是否代表正义

"在现代所有的程序法中，无论是刑事还是民事案件，理性意见都被认为是判决的必要条件。"[1]克拉玛德雷在书中强调理性意见的主要功能是解释功能，或者也可以说成教育功能。法官在发出理性见解时，不只是对当事人发出命令，也是在通过命令中的理想去感化他，从而让当事人认可判决结果，以此来保证判决结果的正义性。

正如本文第一段所说，理性归纳最终可以形成普遍适用的真理，只要结合当时的社会环境和历史时期，没有人会对其正确性表示怀疑。正因为其有如此大的价值和能力，所以必然会有人提出疑问，理性从何而来？理性的危机从何而来？在回答这个问题之前有必要先结合现实来纠正一些关于理想的错误认识。一些人认为理性的危机来源于理性自身的缺陷，二战之后，全球陷入了对理性的质疑和反思中。艺术家用他们的抽象画作来质疑理性，剧作家用荒诞戏剧来质疑理想，作家则源源不断地写出反传统的现代主义文学作品来对理性进行反思。这些后现代主义思潮被视作"是对在启蒙运动中被弱化、边缘化的非理性的思想更高意义上的回归"。[2]理性仿佛成了酿成二战的根源，特别是纯理性主义。德国和日本通过"理性"的思考，得出了只有消灭、奴役其他人类才能够为自己留出足够的资源和生存空间的"理性"结论，这成了法西斯主义和军国主义对外侵略扩张的理论依据。乍一看这好像是合理的，但是最终的结果却证明这是完全错误的。因此在战后才会有那么多的人反对纯理性，他们认为这是理性的缺陷，我们需要更多的人性。

那么自带"缺陷"的理性还能够成为司法正义性的来源吗？仔细想想法西斯的念头是理性的吗？并不是，其理论归根结底是为了生存，而在第一段我们已经论证过生存应该被归纳为本能，而本能不属于理性。法西斯的理论更像我们上面所说的习惯，一种思维定式，一种刻板印象，一种理性与本能

---

[1] [意]皮罗·克拉玛德雷：《程序与民主》，翟小波、刘刚译，高等教育出版社2005年版，第40页。

[2] 周旋：《浅析后现代主义视野下的理性危机》，载《郧阳师范高等专科学校学报》2014年第2期。

的杂糅物，与真正的"纯理性"大相径庭，纯理性里已经包含了人性，理性的危机自然不会来源于此。克拉玛德雷经历过墨索里尼统治下的意大利，见识过法西斯的残暴与野蛮，在书中他提到一个有意思的事情，墨索里尼倒台以后政府换了不少人，但是法院却几乎没有人事调动，法院的判决依旧受到人民的认可，由此得出理性的意见并非来自权威，所以理性的危机也不会源于此。

而相对的理性意见是否来自大众，对此《乌合之众》的作者古斯塔夫·勒庞一定会第一个跳出来用绝望且无奈的声音喊出，"群体就是正义，数量就是道理"。[1]群体是狂热的，在面对一些司法案件时，群众的大部分呼声往往是非理性的。人性中的非理性会在这种缺乏统一指导的群体中迅速放大，进而会使理性被狂热所取代。于是有人在逆流中大喊，"司法判决独立绝对不可以被群体意志所裹挟"。所以司法判决中的理性意见自然不会是来源于群体。那么理性意见的来源就只有一个，那就是法官本身，理性的危机也同样来源于此。理性意见因为其价值的独特之处，使得不少法官把理性意见作为说服自己作出正确判决的由头，判决不再是说理的结果而是它的前提。在以说理来推进审判时，法律的目的就变为：其一，使判决的三段论结构显而易见；其二，劝服审判当事人相信，在逻辑框架的刚性链条中，武断行为已经没有了存身之所。这就导致法官在表达判断逻辑之前，判决就已经诞生了。理性意见成为法官依靠司法三段论判案的"免死金牌"，成为法官伪善的权宜之计，失去了其本身应该有的意义。

对此，克拉玛德雷认为有必要保持法官的"感觉"与推理能力的"结合"，在提示判决的直觉与证明判决的推理之间获得所期望的融合，从而确信理性意见是判决的真正理解而不是虚妄的滑稽模仿。去思索立法者意图，去寻找他必须从其所代表的社会集体良知中寻求灵感，让人们充分理解法律的意义和力量，从而避免理性意见的危机。

四、司法过程——对司法的辩证思考与人文关怀

克拉玛德雷用全书的最后两章来重点介绍了司法过程，在这两章中主角从法官变为了司法活动中的当事人。他强调面对法官，当事人并不是消极地

---

〔1〕 ［法］古斯塔夫·勒庞：《乌合之众：大众心理研究》，冯克利译，中央编译出版社 2017 年版，第 9 页。

服从，而是在履行义务时同样拥有权利。"当事人是人，是拥有权利和义务的主体，他们在法官面前并非无能为力，并非只需消极服从；相反，他是自由公民，在法官面前，既承担需履行的义务，也享有应受保护的权利。"[1]法官的意志并非至高无上的，它会受到当事人权利的影响。当事人有权自由地表达他的观点，也有权要求法官、要求执法者聆听他的声音。一场诉讼不应该只是以法官为中心，其中心应该围绕当事人和法官展开。若缺乏对诉讼人在诉讼关系中地位的保护，缺乏其对法官的反击手段，那么在司法程序中法官就会成为暴君一样的角色，当事人是人还是畜生对他来说都无所谓。法官不会去追求与被控方的合作，这样的法官就不该被称为法官，而是纠问官。"在这里，调查官、检察官、法官的职责集于一身——纠问官；在他面前，被控方并不是人，而是迟钝的物，是可怜的肉身，只该承受折磨和摧残。"[2]司法审判的过程也就成了纠问式的过程。

那么司法审判的结果就再一次成了单一意志的专断行为，"它进行审判，只是为给早已形成的判决提供假想的事后证明"。[3]

法院同当事人的关系就如同政府与议会反对派的关系一般，克拉玛德雷举了一个例子，他说在不列颠议会制度中，存在着有组织且负责任的反对派。这些"陛下最忠诚的反对者"受到高度的重视，一个观点只有从各个角度去分析才能得出他的对错。因此反对者其实是合作者，他的反对可以帮助并揭示错误，培育人类更大进步的竞争精神。同理，对立的当事人在司法过程中也是必不可少的，"这不是因为他加剧了当事人之间的仇恨和争斗，也不是因为他使律师有更多的机会展示辩才，而是因为他帮助了司法和法官：法官发现全部真相的最有效且最容易的方式是从各个方面来考察案件，这必须借助于当事人的对立主张并存的局面"。[4]

---

〔1〕 徐昕：《司法过程的性质——评卡拉玛德雷的〈程序与民主〉》，载《二十一世纪》（香港）2008 年 12 月号。

〔2〕 ［意］皮罗·克拉玛德雷：《程序与民主》，翟小波、刘刚译，高等教育出版社 2005 年版，第 56 页。

〔3〕 ［意］皮罗·克拉玛德雷：《程序与民主》，翟小波、刘刚译，高等教育出版社 2005 年版，第 57 页。

〔4〕 ［意］皮罗·克拉玛德雷：《程序与民主》，翟小波、刘刚译，高等教育出版社 2005 年版，第 59 页。

对于律师与法官之间的关系，克拉玛德雷也给出了自己的见解，他推崇法官从律师中选任的英国式制度，法官被认为是律师职业的继续和自然实现。他认为在这种模式之下法官与律师可以更好地相互理解，曾经做过律师的法官可以容忍理解律师的一些表演性行为，而未来可能成为法官的律师则会更加深刻地理解裁判的困难和错误裁判带来的影响。"律师相信法官，因为以往法官和自己一样做律师；法官相信律师，因为明天律师可能坐在法官席上。这样，律师与法官的关系就将实现良性循环。"[1]

在保护当事人地位的过程中，法律赋予了双方当事人平等的地位，在现代法律制度中也通过法庭辩论和上诉程序来保证当事人的抗辩权。但是很不幸的一点在于，民主制度只保护了当事人政治和公民权上的自由。这时穷人就会发现自己处于极为不利的地位，因为他缺乏将这些自由变为现实所必要的经济手段。法律赋予了当事人申请律师辩护的权利，但是富人可以通过金钱获得最好的律师团队，而穷人则只能在法律援助站里期待一个可以为他免费辩护的人的出现。经济生活中的不平等顺着辩护制度的通道涌入了司法程序中。很多人对此表示失望与无能为力，似乎自从私有制诞生的那一天起，财产多寡带来的不平等就是命中注定的。

克拉玛德雷也说："当穷人因为法庭上'法律平等地适用于所有人'的美好祝福给予他温暖时，他却发现自己的金钱无法实现这一假想平等，那么这漂亮的措辞就会成为酸涩的嘲讽。"[2]如果不想要自由与正义变成空洞的词语，那么就要所有公民在起点上必须有最低限度的社会公平和财政手段，以保障他们可以获得身为公民的政治自由中获取实质的效益，那么在司法中就应该设立"无条件的辩护权"。

现代的免费法律援助机制，为穷人提供了律师，却也剥夺了他自己选择律师的机会。此外"由于国家法律援助制度是一种公益性制度体系，律师所提供法律服务均是无偿的，所以，这将在一定程度上降低律师参与法律援助工作的积极主动性。同时，多数法律援助机构或社会组织的工作人员所具备

〔1〕 徐昕：《司法过程的性质——评卡拉玛德雷的〈程序与民主〉》，载《二十一世纪》（香港）2008 年 12 月号。

〔2〕 ［意］皮罗·克拉玛德雷：《程序与民主》，翟小波、刘刚译，高等教育出版社 2005 年版，第 67 页。

法律知识水平，很难达到独立完成案件办理的标准，这将使最终法律援助效果大打折扣"。[1]无条件的辩护权并不是指任命二流或者三流律师为穷人辩护，而是指只要富人拥有选择优秀律师的权利，穷人也要一并拥有。那么为了实现这种权利，克拉玛德雷在书中强调的一种方法就是免费法律援助的提供应该委托给法学院，无力支付费用的人可以从那里任教的优秀法律人才中选择适合自己的律师，法学生也可以利用这种机会获取法律实践经验。

五、尾声

至此我们已经走完克拉玛德雷眼中的程序与民主的道路，克拉玛德雷的书更多的是一种对现行制度的反思，他的论证缓慢但是却面面俱到。他用其所学的知识和生活的经验去讨论法律程序中的一些误区，他不是一味地批判，他只是在给出导致这种现象的根源，他在批判过后也会给出自己的解决方法，这就是他为什么是一个实干家而不是一个批判家。他从程序的视角讨论民主、讨论法律、讨论正义，联系政治体制来反思司法制度，"程序的形式复杂性并不必然意味着真诚的信服"，[2]可谓是对每一个国家法治程序敲响的警钟。

（谢张奇　西南政法大学民商法学院）

---

〔1〕 曹彬远：《新时代法律援助制度的发展及实践创新——评〈法律援助制度研究〉》，载《科技管理研究》2023 年第 6 期。

〔2〕 ［意］皮罗·克拉玛德雷：《程序与民主》，翟小波、刘刚译，高等教育出版社 2005 年版，第 63 页。

探析萨维尼法理观与现代法治体系的互动

——读萨维尼《当代罗马法体系》

　　谈及一般法的产生依据是什么，不同时代的学者给出了迥异的回应：古希腊文明黄金时代，柏拉图在《法律篇》中提出正义论，指出正义滥觞于人类心中高悬的道德明镜并演化为规则，森严的阶级分工体系下法律权威旨在维护城邦利益。19世纪实证主义思潮在欧洲大行其道之际，奥斯丁将法律权威解读为习惯性的命令和服从等一种没有理性的事实，即"威胁命令说"[1]。同时代哈特所著《法律的概念》则是对这一观点的推翻与重新陈述，其称法律的真正依据在于整体社会承认基本关键规则，这一规则将立法权赋予特定的人或集团[2]。而在20世纪60、70年代，伴随美国社会思潮变革和意识形态分歧所引发的迷惘与动荡，德沃金在其著作《法律帝国》中断言"法律是一个事实昭然的问题"[3]，并提出法律的整体性予以阐释……不同的解读随时代更迭被赋予了不同的价值和使命。本文基于对萨维尼《当代罗马法体系》这一著作的通读，从历史与现实的交汇点出发，探索萨维尼的法理态度与现代法治体系的交相辉映之道。

一、法理重构：时代变迁中的法治动态

　　揆诸历史，萨维尼摒弃了古典的精致考古式探究与自然法学的抽象演绎路径，毅然投身于一项既复杂又极具典型意义的课题，成功地将新兴法学愿景——构建一个逻辑严密、架构完整的法律系统——以典范之姿付诸实践。

---

〔1〕　[英] 约翰·奥斯丁：《法理学的范围》，刘星译，商务印书馆2022年版，第22页。

〔2〕　[英] 哈特：《法律的概念》，张文显等译，中国大百科全书出版社1996年版，第15页。

〔3〕　[美] 德沃金：《法律帝国》，李常青译，中国大百科全书出版社1996年版，第9页。

此举超越了当代诠释的浅薄与古文献的单纯历史回溯，转而聚焦于构建意志内在连贯性的核心原则，并凭借萨维尼卓越的诠释技艺与文化敏感度将此体系予以深度诠释，使之成为一场精神层面的、近乎美学化的整体构造。

在探讨生活关系演变时，萨维尼强调"直接体验与深刻洞察"。他揭示："法律，在民族共同意识中，并非孤立抽象的规则堆砌，而是作为相互交织、生机勃勃的法律制度之直观体现。当逻辑规则的需求浮现，这些规则必先经由全面审视的人为提炼，方能成型。"质言之，法律扎根于人类社会生活的土壤之中，若将其从所依存的社会关系中剥离，法律科学将失去其立足之本，必将陷入片面与狭隘。在此语境下，"直观"作为哲学范畴，是指主体内在一种超越个别、把握整体联系与动态平衡的能力，它促使人们将个别现象与普遍规律置于相互依存的逻辑框架内。这一转变标志着"直观理解"取代了"逻辑剖析"而成为其法学方法论的新支柱。生活关系因此得以通过人为的"直接体验与深刻洞察"，借助"法律关系"的媒介，最终铸就"法律制度"的稳固基石。

基于对法学框架的深刻思考和社会现状的冷静洞察，萨维尼提出"民族精神说"以更深入地探讨民族精神的普遍渗透与共同作用，这实为实在法得以孕育的源泉。此民族精神，非抽象规则之堆砌，而是蕴含于民族集体意识之中，表现为一套有机联系、充满活力的法律制度体系。[1]当此需求在逻辑层面得以正视时，法律规则则经由人为设计的程序，基于整体视角的直观洞察方能成型。通过审视民族生活对法律的深远影响，我们不难发现，时间的沉淀赋予了法律信念以强化之力。法律信念在民族精神中历久弥新，亦通过实践的检验而逐渐明晰。[2]法律从理念的初发心特定形式的塑造下过渡成为共识，法律的变迁之道蕴含其中。正如语言在不断演变中展现其生命力，法律制度亦在时间的流转中历经着形成与变革。[3]此过程既受内在力量的驱动，又独立于偶然与个人意志之外，于矛盾中达成微妙的平衡。法律作为自然整体的产物，根植于民族精神的普遍渗透，满足着社会的深层需求，萨维尼如是说。

---

〔1〕 ［德］萨维尼：《当代罗马法体系Ⅰ》，朱虎译，中国法制出版社 2010 年版，第 18 页。

〔2〕 ［德］萨维尼：《当代罗马法体系Ⅰ》，朱虎译，中国法制出版社 2010 年版，第 23 页。

〔3〕 ［美］布莱克：《法律的运作行为》，唐越、苏力译，中国政法大学出版社 1994 年版，第 154 页。

此外，萨维尼将"民族精神"与"法律科学"相融合，据此勾勒出一幅法律从萌芽、演进到成熟并持续革新的动态循环图景。此流转过程不仅保障了法律体系的科学性基础，亦赋予法律以鲜活的生命力与多元开放的特质，于学理层面与现实高度构建出一个自洽的自我演化系统。若罔顾科学性及其他特性而单从"体系化"或"历史性"维度出发对萨维尼的理论与方法进行片面审视与批驳，均显傲慢且不公。[1]唯有全面审视其法学思想的多维面向，方能准确把握其理想之高远、影响之深刻。

二、权利平衡：超越文本的法治探究

在西方法律思想演进的进程中，作为19世纪与古典自然法学派分庭抗礼的历史法学派的代表法学家，萨维尼可谓象征了一个时代。他推动了国际私法及现代民法，尤其于物权法领域的发展上颇有建树。然其思想深处的两大核心观念——对法典化审慎态度的阐述以及对法律民族精神的狂热推崇，却时常引发学界的广泛讨论与争议。深入剖析萨维尼及其历史法学派的思想精髓与理论渊源，是全面、客观评判其历史地位与影响的关键。

萨维尼对罗马法的研究造诣极深，他基于罗马法的视角，进一步阐发了自己的法律观念。他认为，罗马法好似习惯法，其精髓大多源自内部自然生发的过程，而非外部强加。[2]因此，只要庞大且完备的法律体系能够有效运作，编纂法典之举便非必需，即便在条件成熟之时亦然。回溯罗马古典法学家的时代，编纂一部完善的法典却并非难事：例如，伯比尼安、乌尔比安及保罗等法学巨擘，他们思想的广度和深度均位于当时时代的顶峰，既具备编纂的意愿也拥有相应的能力，却未见其有编纂法典之行动。直至6世纪，当社会文化整体衰退，法律体系几近凋零之时，编纂法典的提议方才浮现。萨维尼强调，真正的法学家应具备双重素养：一是深厚的历史功底，能洞悉各历史时期法律之细微；二是系统的思维能力，能整体把握法律条文中的概念、规则与原则。

罗马法在形式上采用诸法合体的样态，以《十二铜表法》为典型代表，

---

〔1〕〔德〕霍尔斯特·海因里希·雅科布斯：《十九世纪德国民法科学与立法》，王娜译，法律出版社2003年版，第18~40页。

〔2〕〔德〕萨维尼：《当代罗马法体系I》，朱虎译，中国法制出版社2010年版，第68~72页。

其体系核心构筑于纷繁的个别诉权之上，构建出一个与权利中心主义法律体系截然相异的诉权导向架构。可以说，在现代权利法体系的语境下，权利居于首地，诉权紧随其后，权利犹如自然生长的果实，诉权则如同被法律接纳的后来者。[1]权利赋予了个体在法律框架内相对于他人的意志主导权，一旦此领域遭受侵犯，个体可向作为国家法律守护者的机构提出申诉，寻求法律救济，而国家则作为援助之手介入其中。因此，法律秩序在本质上可视为权利秩序的体现。相较之下，在罗马人的诉权法体系中，权利秩序并非直接展现为个体所明确享有的各项具体权利，而是根植于个体提出司法裁决请求的能力之中。这意味个人在法律上的主张效力是基于其能够针对特定事项向他人提出司法裁决请求的能力。由此，这种所谓的权利秩序，实质上是一种通过司法追索机制实现的请求权序列，它赋予了个人通过司法程序追求公正与正义的权利。

谈及法治架构，萨维尼秉持独到的系统论视角，认为规范民事诉讼的法律框架由民事诉讼程序与实体性诉讼法两部分构成，这与罗马私法时代法律体系的综合形态有所不同。他强调："国家承担着为每位权益受损者提供法律救济的责任，这一过程所遵循的规则即为民事诉讼程序，其本质上属于公法范畴。"同时，萨维尼将民事诉讼程序法待为诉讼程序理论和公法学的研究对象，因此将其排除在《现代罗马法体系》之外。质言之，在萨维尼构建的现代罗马法体系中，由于实质诉讼法意义上的民事诉讼法属于实体私法的有机组成部分，因此其现代罗马法体系在实质上是包括民事诉讼法理的私法学体系。[2]其中权利与义务的博弈中二者绝非简单对立，而是分别位于法治天平上的两端，通过精细的调整与平衡以实现个体权利与社会秩序的和谐共生。

三、法律伦理：正义与道德的法治交融

作为法治概念中亘古不变纠缠上千年的课题，若说道德是由高悬于人们内心的律令外化而来，深植于公民认知与行为层面的觉醒；那么正义则是意

---

〔1〕 陈刚：《萨维尼实质诉讼法理论及其现实意义》，载《法律科学（西北政法大学学报）》2016年第6期。

〔2〕 陈刚：《萨维尼实质诉讼法理论及其现实意义》，载《法律科学（西北政法大学学报）》2016年第6期。

志外化于身凸显于行为层面的准则与规范。"适中宽和的精神应当是立法者的精神。"[1]正义与道德作为法律的双重生命，是存在于法律发展和历史内核的一种统一和谐、循序渐进的法理，是理想与现实的分野，以法学家的系统概念分析孜孜以求为驱动力形成的技术因素保证制约和渗透的力量。

政治正义作为人类社会政治价值体系中的普遍法则，在中国特色社会主义的语境下，尤为鲜明地彰显出其政治价值的精髓。根植于中国传统文化的深厚土壤，政治正义承袭并弘扬了仁爱、民本、公正与大同等核心思想。随着新型社会结构与经济基础的崛起与演进，马克思主义政治正义观跃然成为引领中国特色社会主义政治正义追求的灯塔。[2]建立在唯物史观之上的政治正义观紧密关联于具体的物质生产模式，其内涵随着社会生产力与生产关系的变革与特定的政治经济利益格局之中动态调整。[3]政治正义不仅是政治权力合法性的基石，更映射出法治建设进程中执政者致力于维护社会公平与自由的制度愿景与价值追求。[4]在此框架下，道德正义作为民心所向的集中体现，与制度正义相辅相成。道德正义为制度正义提供价值导向与伦理支撑，而制度正义则通过其刚性约束，强化并弥合道德正义在实践中的缺漏。二者协同作用共同推动政治正义目标的实现，构建和谐有序的社会图景。

"在不确定中找寻相对确定"，[5]正义与道德的平衡在现实案例中屡见不鲜："电车难题"中道德规则指引与功利价值比较成为困扰法律界数十年的难题，道义论与功利论争执不休：道德是一种自律而非他决，法律亦绝不能沦为纯粹的工具。近年来人肉搜索的罪与罚亦让我们思考道德批判与隐私保护的限度界定问题，其中焦点问题是隐私权和知情权、表达自由的冲突。法律是平衡的艺术，它保证正义应按照正当程序去追求，否则正义初心很可能结出非正义恶果。"世纪审判"辛普森案则指明实体正义无法企及，程序正义注定存在缺陷，我们唯有在两者之间寻找一种平衡，或是通过程序正义来追求

〔1〕［法］孟德斯鸠：《论法的精神》（下册），张雁深译，商务印书馆1963年版，第287页。

〔2〕石仲泉：《构筑党和国家长治久安的制度建设——中国特色社会主义政治体制改革之路》，载《前线》2020年第2期。

〔3〕蒙象飞：《利益共享、制度正义与价值共识——当代中国政治认同建设的三重困境》，载《云南民族大学学报（哲学社会科学版）》2019年第1期。

〔4〕［美］约翰·罗尔斯：《政治自由主义》，万俊人译，译林出版社2000年版，第14~15页。

〔5〕罗翔：《法治的细节》，云南人民出版社2021年版，第10页。

实体正义，方能避免狂热与激情所引向的不正义。[1]在性侵犯罪中，强奸罪从一种侵犯风俗的犯罪到被认为是一种侵犯女性自治权的犯罪，"最大限度反抗标准"过渡为"合理反抗标准"又到"肯定性同意标准"，法律层面开启女性视野有助于女性从作为社会第二性长期受到剥削与欺凌到夺回更多话语权这一进程的推动，这又何尝不是法律正义的一种诠释？2020年《校花》这一艺术作品引发的争议将艺术与法律约束推至风口。须知穆勒说出"天才只能在自由的空气里自在地呼吸"背后依托的是其所信奉的功利主义。而阿克顿的告诫振聋发聩："自由并不意味从道德中获得解脱。否则人类在追求自由的时候反而会受到更大的奴役，这种自由之路沾满血污。"[2]艺术当然不可无拘无束，人的尊严是其一以贯之的永恒追求：在对这些经典法律问题进行理性判断中思索正义与道德的法治边界，在对法律规范的分析与公众良知的叩问中锤炼出真正温良的法律心声。

人们往往向往直接而纯粹的真理，却对真理背后的逻辑路径及其潜在争议持漠视态度。须知真理从不是单一明确、清晰无误的大道，而从来被谬误与苦痛包围。回溯19世纪莱茵河畔，萨维尼从苦难的人事中突围，在战火的爆发中觉醒，以天才般的恣纵与自信锤炼真知，开辟自己的思想道路，其著作以其深刻的批判性在法律发展路径上刻下了浓墨重彩的一笔。虽然后世理论发展验证了其民族精神理论的时代局限性与学理空白性，但法学的演进是研究手段不可或缺的试炼。基于此，本文在现代法治维度下探析萨维尼的法理，挖掘其当代价值延续，不仅为法律原则徐徐铺陈开的内在逻辑脉络赋予生命力和温度，亦是对其鲜明的多元特性的回应、对迢迢前路的展望与升华。

（高亦悦　西南政法大学人工智能法学院）

---

〔1〕 罗翔：《法治的细节》，云南人民出版社2021年版，第139页。
〔2〕 罗翔：《法治的细节》，云南人民出版社2021年版，第294页。

探求法律在今日法秩序的规范意义

——读拉伦茨《法学方法论》

在法律的生命周期中，法律解释如同灵魂般贯穿始终，除对法律字义的阐释说明之外，更是对法律精神和价值取向的传递与实现。法律解释的必要性源于法律语言的模糊性、法律规定的抽象性和法律漏洞的存在。现实中法律适用是一个对向交流的过程，案件应予适用的法律规范文本往往因为具有模糊性和多义性而很难准确地适用，即使是某些较为明确的概念仍然会欠缺明确界限的要素。[1]这种语言规范上的疑义会导致办案普遍模糊性的结果，解释作为法律适用的一种技术，需要运用其对法律进行解释以确定是否适用。[2]同时，立法者立法时无法预见到所有可能会发生的现实情况，当新的情况出现时，求助于语词本身之外的某些东西对于解决争议问题来说是必要的。[3]虽然法律解释经常是由法律适用引发的，但它绝非仅限于法律适用的话题，而是促成法律实践的法律规范意义的基本看法。法律解释作为一种媒介行为，是联结立法者意图和司法实践的桥梁，在综合考虑案件事实的情况之下，将应予适用的规范内容尽可能精确化，把有疑义的文字和语言变得可以理解，以此达致法律适用的正当性。[4]因此，法律解释的最大谜团往往被认为是来自"解释"部分，而忽略了"法律"部分，是关于解释而非法律的话题，这样导致的结果是无法从整体上理解法律解释的争议。[5]法

---

〔1〕　［德］卡尔·拉伦茨：《法学方法论》，陈爱娥译，商务印书馆 2003 年版，第 193 页。

〔2〕　刘现珍：《论法律解释的可接受性》，载《法律方法》2024 年第 3 期。

〔3〕　王云清：《制定法解释中的新文本主义》，载《法律科学（西北政法大学学报）》2024 年第 5 期。

〔4〕　［德］卡尔·拉伦茨：《法学方法论》，陈爱娥译，商务印书馆 2003 年版，第 194 页。

〔5〕　陈景辉：《法律解释中的"法律"》，载《中国人民大学学报》2024 年第 4 期。

律并非一成不变的，在不同历史时期、不同社会背景下呈现出多样性与复杂性。法律解释的核心任务在于对法律文本中的模糊不清之处进行阐明，以及针对存在竞合关系的多个法律规范，明确各自的适用界限。[1]法律追求的终极旨归，是在现行法律秩序框架下，探寻法律的标准化意义。为了实现这一目标，必须综合考量立法者在历史背景下的制定意图及其具体的规范构思。[2]

一、法律的意义脉络标准

法学系以处理一系列法规范的学问，其主要任务是探讨法律的规范意义，法律解释被认为是关于意义的，只有有意义的事物才能成为解释的对象。[3]人类作为意义的赋予者，使得法律区别于纯粹的自然物，成为解释的合适对象，但是并不是所有类型的法律都是法律解释的对象。因为法律解释通常始于法律本身的语词和文本，会涉及文义、立法者和立法者意图，也就是说法律解释的对象往往是以文本化表现出来的法律即成文法，法律解释的理论焦点集中在文本和立法者意图之上，而习惯法和判例法可以通过非文本化的方式进行表达且不是自由意志行动的结果。[4]故从法律适用和法律实践角度分析来看，法律解释的对象应当是成文法。

成文法不仅是以文字表达出来的法律，也是立法活动的结果。[5]成文法的意思是否就是它文本的意思，其语词本身构成了法律适用的起点，但是否也构成了法律适用的终点恰恰是成文法解释争议的核心问题。[6]在现实法律实践中，成文法的含义和内容受限于它的文字和文义，其语词经常无法预见到世界的复杂性，有时候仅仅遵从规则字面的含义会导致缺失正义的结果，甚至最佳的法律规则有时候在当下的案件中也会导致不公正的结果。富勒曾坚持主张："对于法律适用来说，仅靠法律规则的语词本身无法决定它是否属

---

[1]　[德]卡尔·拉伦茨：《法学方法论》，陈爱娥译，商务印书馆2003年版，第207页。

[2]　张洪新：《法律解释的缺环》，载《天府新论》2018年第1期。

[3]　陈景辉：《法律解释中的"法律"》，载《中国人民大学学报》2024年第4期。

[4]　黄泽敏：《法律方法的体系构造》，载《中国法学》2024年第3期。

[5]　于洋：《法律解释中的词典解释及其运用规则》，载《法学》2024年第5期。

[6]　[美]弗里德里克·肖尔：《像法律人那样思考：法律推理新论》，雷磊译，中国法制出版社2016年版，第166页。

于清晰的情形。"〔1〕也就是说，当一种表达方式依其语言用法有多种意义的可能性时，在具体案件的情况下应当选择何种意义可能性就需要考虑法律的意义脉络。〔2〕拉伦茨所指的意义脉络是"诠释学上的循环"最简单的形式，〔3〕其本身是一个体系的要素，毋宁是一个多层次且复杂的系统。在确立文本的脉络意义标准时，首要之务是考量文本所处的具体上下文关系，此乃解读任何涉及意义的对话或文献的必要条件。通过对上下文脉络的诠释分析，可以明确特定文段的解释路径，从而促进不同法律规范之间逻辑上的连贯性与事理上的一致性，获取适切的法律意义构成了拉伦茨所称的法律内在体系。在多种字义可能性解释中，尽管有助于维持该规定的解释应当优先考量，但这些解释因形式的模糊性和目的的不规整性其价值都是有限的。〔4〕意义脉络的问题本身指向了目的性标准的探讨，唯有留意到规整的目的，考虑到立法者的意图以及法律外部体系的一些指示才能对法律意义脉络的体系性进行深入的把握。〔5〕

二、法律解释规则的认识界定

法律文本的语言因具有弹性表达方式而与数理逻辑和科学性语言相异，它并不具备清晰的外延界定，同一用语在不同法域甚至同一法规范文本中存在多样化的语义内涵。法律解释的多元性，除源于法律语言本身的不确定性，在很大程度上归因于一个远比法律规范语言的刻板表述更为错综复杂的社会生活现实中，语言本身无法全面预见到所有可能的法律适用场景。〔6〕这种解释上的歧义性，体现了法律语言学的局限性，即在法律语用学（Forensic Pragmatics）的框架下，语言的表达力在面对无尽的法律实践情境时，不可避免地呈现出其预测能力的局限性。〔7〕立法者在立法时都不会与其时代的法律

---

〔1〕 ［美］弗里德里克·肖尔：《像法律人那样思考：法律推理新论》，雷磊译，中国法制出版社 2016 年版，第 169 页。

〔2〕 ［德］卡尔·拉伦茨：《法学方法论》，陈爱娥译，商务印书馆 2003 年版，第 205 页。

〔3〕 ［德］卡尔·拉伦茨：《法学方法论》，陈爱娥译，商务印书馆 2003 年版，第 204 页。

〔4〕 ［德］卡尔·拉伦茨：《法学方法论》，陈爱娥译，商务印书馆 2003 年版，第 207 页。

〔5〕 邱成梁：《法律适用过程中的可辩驳思维》，载《西部法学评论》2014 年第 3 期。

〔6〕 王彬：《结果导向的法律解释及其控制》，载《济南大学学报（社会科学版）》2024 年第 1 期。

〔7〕 邵长茂：《执行案件法律适用方法论》，载《法律适用》2023 年第 11 期。

观分离，随着时间的演进，生活关系如此多样且在不断地变化之中，某些问题的重要性渐渐减退，某些新问题日益重要，规范适用者必须始终与该当法秩序的整体和解释规则相适应。[1]在一定程度上，法律解释是一个时代问题，法律解释者都希望能够在法律中寻获时代问题的答案，但是没有一个解释可以主张它是终局性且可以适用于任何时间的。[2]不存在绝对正确和绝对终局的解释，只能主张其在一定范围和时间内解决规范矛盾，说明规范的规整脉络本身，使其适用符合立法者的目的和规范意义。文字表达的意思范围总是有限的，其文义很难完整准确地描述一个应然的法律规范，即使是确定的字面意义也不总是一个斩钉截铁的过程。[3]

法律解释规则作为法律解释的一种工具或者技巧，指引了法学解释的适切思维路径，[4]多数情形涉及对法律规范的具体阐释，在司法实践中针对法律规范文本中的概念、语义以及条文间的相互关系等方面，逐步演化出了一套特定的适用规则。这些规则立足于法治原则，通过运用法学原理来阐明法律意义，探讨事实情境下的法律内涵，构成了一套思维规则。这套规则体现了司法决策过程中积累的经验智慧，它是司法活动在进行法律推理和判断时所依赖的思维方式。[5]从法治思维的视角来看，法律解释规则是法治思维的基本要素之一，法治思维依赖于法律解释规则的运用以达成其实际运用目标。法律解释规则与法律规则本身所具有的严格逻辑构造有所区别，法律规则更多地体现了对法律规范内涵的阐释与适用逻辑，需要以整体系统为基础来论证和推理。法律解释规则是法律解释学的范畴，每一个法律解释因为解释方法相异在不同语境中对应的解释规则也存在差异。此外，适用法律解释规则的过程其实本质上是为了寻求一种最佳规范意义，但不同的司法从业者对每一个法律的解释也是不同的，司法裁判不可避免会有不确定的风险。[6]解释者往往习惯于采取符合自己法律思维，有助于自己解决当下案件情况的规则而且规避一些晦涩难懂的规则，从而导致法律解释规则本身的规避性。法律

---

[1] 卢俐利：《论法律解释中的法律论证》，载《逻辑学研究》2023年第4期。
[2] [德]卡尔·拉伦茨：《法学方法论》，陈爱娥译，商务印书馆2003年版，第195页。
[3] 苗炎：《论司法解释的性质和效力位阶》，载《中外法学》2023年第2期。
[4] 杨铜铜：《论法律解释规则》，载《法律科学（西北政法大学学报）》2019年第3期。
[5] 杨铜铜：《论法律解释规则》，载《法律科学（西北政法大学学报）》2019年第3期。
[6] 张琼文、朱振：《法律解释中的意图与权威》，载《南大法学》2023年第3期。

解释规则为法律人提供了直接的思维引导，同时规制了解释的主观能动性，减轻了结果的论证负担。[1]

三、认识法律解释目标即真理

法律解释是法律适用过程中的重要程序，几乎贯穿其始终，甚至可以毫不夸张地说，法律解释的过程就是法律适用的过程，[2]是促进法律正确适用的一个方法，其不仅具有工具价值，还有一定的价值导向。拉伦茨认为："方法论往往会导致哲学。"研究方法论会与相关哲学相互影响并处于一个共思的体系之中，故法律解释不仅是一个法律观点，更是法哲学观点。法律解释的目标是一个古老的问题，同时也是法律解释理论中的核心问题。追溯至19世纪后半叶，相关法哲学与方法论领域的文献就已经围绕法律解释的目标展开了两种主要观点的讨论：一种观点主张法律解释的目标在于揭示立法者的心理意图，即意志论；另一种观点则认为应致力于解析法律文本内蕴的客观意义，即客观论。意志论者强调，法律系由立法者所创立，其体现了立法者的创造可能性，法律文本所传达的自然是立法者的意志表现，立法者对于法律解释最具有发言权和解释权。客观论强调法律的安定性，法律一旦进入适用阶段之后与立法者应当是分离的，立法者面对多样和不断变更的社会关系不可能完全且准确地预见，但是当新的情况出现时法律必须提供相应的答案。字义在法的续造中仍然占据重要的位置，当放弃部分法的安定性时，仍需要尽最大可能去尊重残余法的安定性。[3]这个时候，人们遵守的是法律而不是立法者，如果每次出现疑义的时候都去深入挖掘立法者的意图，收集立法资料再进行法律适用将会是一个非常复杂且艰难的过程。也就是说，随着时间的推移，在法律适用的过程之中法律逐渐展现出了自己的生命力，它是一个精神上的存在，与时间一齐演进。[4]两种观点均有其部分道理，彼此博弈的情况在现代法学中仍然存在，不同的解释者因内心所认同的法律意旨不同，选取解释的方法和解释风格自然不同。

---

〔1〕 郭春镇：《法律解释的公共性》，载《中国法学》2023年第1期。
〔2〕 解永照：《论法律解释的目标》，载《山东社会科学》2017年第3期。
〔3〕 夏立安、钱炜江：《论判决中的后果考量——一种法律之内寻求社会效果的进路》，载《社会科学战线》2011年第10期。
〔4〕 ［德］卡尔·拉伦茨：《法学方法论》，陈爱娥译，商务印书馆2003年版，第198页。

法律是立法者意志的具体化，此中既包含了其主观的想法和意志，同时也不可避免地涵摄了客观存在的社会现实，主观论和客观论的差异更有力地证明了法律解释的价值的多样性，不能对两者进行排序。因此，不能将两者毫无保留地接受，也不能将两者毫无保留地抛弃，只有将两者结合起来综合列入考量，才能充分了解法律的规范意义，这个意义是一个思考过程的结果。法律的本质在于其合理性，基于这个理由，如果坚持从法律规范本身字面意思来适用会产生不公正、不合理结果的法律的行为无疑是荒谬的。当法律规范本身无法达到公平公正的结果时，法律解释不得违背法律文本、立法意图并不得损害法的稳定性，在这些情形中，不应将文本奉为终极目标和圭臬，在法官裁判的过程中，只要法官不依自己的想象来操纵法律，追求个案正义的依然是一个恰当的考量因素。[1]法官在追求更合理裁判结果的目标下，可以适度偏离法律条文的字面意思。拉伦茨法律解释理论强调解释的正当性即在总结分析争议焦点的基础之上，运用各种理论和方法来解决法律适用的困境，让各要素之间相互合作起来，表达出规整与法理念间的意义关联。法律应当以追求适合事理的规整为目标，质言之，规整本身以适用事物的结构，符合客观目的的标准，以一种逐渐接近的方式达致正义思想与法律解释的相容。

四、结语

法律语言不能达到像逻辑符号那样的精确度，它总是需要被解释。解释的过程往往都蕴含着目的，是不断在复原法律目的的所有可能性中在当下情况中最佳的可能性。[2]法律的目的在于实现公正正义，而不在于法律文本本身，因此当法律不能实现公正正义的目标时，公正正义本身便是超越法律的判决依据。[3]在具体司法裁判中需要综合考虑双方当事人合理的愿望达致双方利益均衡，当适用某一观点可以获致一种促成事理一致性的解释，那么这种解释可以被法官用作其认为"正当"的裁判依据，法官可优先选用此观点以

---

〔1〕［美］弗里德里克·肖尔：《像法律人那样思考：法律推理新论》，雷磊译，中国法制出版社 2016 年版，第 6 页。

〔2〕彭中礼：《司法裁判过程中的事实解释》，载《厦门大学学报（哲学社会科学版）》2021年第 4 期。

〔3〕刘星：《西窗法雨》，法律出版社 2013 年版。

促进法规范意义的完成。在一个法秩序内，评价矛盾有时必须接受矛盾。[1]法律解释在法律实践中居于核心地位，法律适用的过程可以说是一次法律解释，其具有重要的理论意义，法律解释本身存在一定的主观性和不确定性，因此会出现解释精确度高低的现象，此时需要保持法律解释透明性和可审查性，保持适当的制度宽容性。拉伦茨强调，法律解释对于阐释和促进法律的规范意义发挥着举足轻重的作用，与其他科学具有同等重要的地位，涉及法律的正确适用，影响着法律的公正性和合理性，对我国的法律解释实践具有一定的启发和借鉴意义，借鉴拉伦茨的法律解释理论有助于提高我国法律解释的规范性。

（肖琼芳　西南政法大学民商法学院）

---

〔1〕　王琳：《所有法律适用都涉及法律解释吗?》，载《华东政法大学学报》2020 年第 3 期。

"法盲"的形成与悲剧

——读卡夫卡《审判》

当法律承载着自由和平等等现代人权理念一路高歌猛进时，我们却时常忽略那被"法门"阻隔在外的"法盲"们。作为法学博士的卡夫卡，便用《审判》塑造出一位从被莫名定罪直至执行死刑均站在"法门"外的"法盲"约瑟夫·K（以下简称"K"）。故事中，本应当呈现出正义女神一面的法律却成了书中画家塑造的"狩猎女神"，既用无名之罪紧盯K，又躲在法律系统的密林中令K难以捉摸。他深陷法律程序之中，寻找到法院杂役的妻子、律师和画家等欲求从该诉讼漩涡中逃脱，最终还是只能发出"像一条狗"[1]的呼声后死于法律之手。卡夫卡在书中并未直接写明K成为被法律排斥的"法盲"且沦为"悲剧"结局的缘由，却也提供了一种"法之门外"的隐喻作为分析该缘由的素材。本文将以《审判》一书为分析文本，阐述当代法律世界"法盲"的形成机制及其悲剧性的逻辑，为法律的发展提供新的反思视角。

一、塑造"法盲"身份的缘由

在K与教士的对话中，教士向其讲述了一个关于"法的看门人"的故事。看门人在回应一个"自乡间来的男人"进门的请求时曾说现在还不能放他进去。该寓言结尾处看门人声明该"法门"是专为该乡下人而设，却在一开始禁止其进入"法门"一窥法的全貌。K就像这个乡下人一样，其因莫名的罪名被执行法律程序，但当他想要探求其所犯罪行时却始终得不到法律的回答。这样的荒诞虽型塑了像K一样一无所知的"法盲"，却也营造着法律的神秘

---

〔1〕　［奥］弗兰茨·卡夫卡：《审判》，文泽尔译，天津人民出版社2019年版，第284页。下文如若从书中直接引用的语句，不再标注脚注。

感，让 K 因对未知的焦急而积极参加到法律程序之中，也同时让司法官获得了权威。下文便从"法盲"和"司法官"这对关系着手，厘清二者关系的同时分析"法盲"的塑造机制。

为更好理解二者关系，不妨先了解中国古代中"法盲"的缺失。在此时期，由于资源的限制等原因，取代"法盲"概念的"文盲"大量存在，"即使是在经济较发达的、教育较普及的地区，当时恐怕真正具有阅读能力的也不过十分之一二。如果再算上边远地区和深山老林中的民众，恐怕连这个比例也难以达到"。[1]在此种情形下，"万般皆下品，唯有读书高"显得尤为真实。读书人成为整个"士农工商"社会评价体系中的最上层，文盲在此时甚至是可耻的。[2]然而在某种意义上讲，他们并非法盲。在"家国同构"的中国古代社会中，"为国之本，在于为身。身为而家为，家为而国为，国为而天下为。故曰以身为家，以家为国，以国为天下。此四者，异位同本"。[3]忠、孝、仁等传统伦理既是家庭中的道德约束，也是法律实践的裁判依据。而对于这些纲常伦理，无论书生还是文盲，均懂得谋反和不孝等违背人伦道德的行为是违反中国古代法律的。"公道自在人心"是对当时百姓"法律意识"的最贴切的描述。从中不难看出，老百姓于诉讼中所需的道德知识和法律知识，均可直接从日常生活的常识与直觉获得，专业的法律教育在当时是不需要的。[4]因此，自中国古代的"秘密法"不再由贵族垄断后，法律对百姓而言其实已经丧失了神秘性，并不像现代人面对法律时那样遥不可及。然而，在百姓对法律祛魅之后，中国古代司法官的权威却没有被消解。

正如上文所言，在当时的等级制中，读书人成了具有优越感且得到整个社会认可的阶层。而由于中国古代的司法官一般是于科举中获得职位，因而其也被赋予了崇高的权威性。另一方面，如瞿同祖先生所言，"古代法律可说全为儒家的伦理思想和礼教所支配"，[5]自汉代以来，中国古代的司法官接受的是以四书五经为中心的儒学教育，其中既有常识教育，更有道德教育。所以，司法官既是书生，更是道德模范。在推崇"德治"的意识形态中，司法

---

〔1〕 葛兆光：《〈时宪通书〉的意味》，载《读书》1997 年第 1 期。

〔2〕 在《儒林外史》中，胡屠户因为是文盲，就畏惧来范进家中道喜的乡绅。

〔3〕 许维遹：《吕氏春秋集释》（下），中华书局 2009 年版，第 469 页。

〔4〕 伍德志：《文盲、法盲与司法权威的社会效力范围变迁》，载《法学家》2019 年第 3 期。

〔5〕 瞿同祖：《中国法律与中国社会》，中华书局 1981 年版，第 326 页。

官自然因被赋予的"崇高品德"的标志而被广泛尊敬。司法权威因而在道德中确立了自己的存在。

而若对比中世纪以"神明裁判"裁决案件的西方，则会发现"法盲"的存在。然而该时代司法官司法权威同样不是来源于法律本身，而是其所具有的宗教性。毕竟，在中世纪的欧洲，神权和王权并存，神权因为群众的普遍信仰甚至在精神权威上超越了皇权。这也导致包括国王在内的各级封建主，都要求教廷裁决案件。[1]对于教会法的解释权被牢牢掌握在教皇手中，包括国王在内的民众在某种意义上都可以称为"法盲"，但教皇这位"司法官"权威的来源更多是其作为宗教领袖的魅力，而非教徒对教会法的未知而产生的恐惧感。

至此，再重新审视 K 所处的现代法律世界时会发现，一方面，文盲被逐步改变，儒家意识也非统治思想，司法官已经不具备如中国古代那般的崇高地位；另一方面，司法官不再依照教会法裁判，更非作为宗教领袖而受到广泛的崇拜，司法官权威的塑造因而成为现代法律系统需要解决的问题。而法律排斥普通群众，塑造"法盲"，在一定程度上便能够增添法律的神秘感而继续维持司法权威。"法盲"因此被动地成了强化司法权威的"牺牲品"。而在此目的之外，法律自身的演进也在不断塑造着"法盲"的身份。

二、"法盲"身份的形成机制

虽然上文阐述了法律系统有塑造"法盲"身份的必要性，但现实中法律系统并非刻意去追求此目的的实现，而是由于社会的发展，法律不得不在实体、程序以及法律语言上产生远离普通民众的倾向，从而加速了"法盲"的形成。

在《审判》中，K 所犯罪行是一个贯穿全书的谜题，而不知其罪名的看守和玩忽职守的法官，可以视作法律实体复杂化的一种极端的象征——看守无法理解法律，所以只能用懈怠的态度向 K 说"尽管如此，我们还是有本事看出来，我们效劳的那些高级机构，在下达这次逮捕命令时，肯定已经有了充分的逮捕理由，犯人的情况，也早就调查得一清二楚。在逮捕你这件事上，

---

[1] 郭义贵：《略论西欧中世纪的教会与教会法》，载《福建政法管理干部学院学报》1999 年第 2 期。

是没有任何差错的"。法官无法理解法律，所以其只能选择以其看得懂的低俗小说《格蕾特自丈夫汉斯处所受的折磨》作为审判依据。在此意义上，K、看守和法官均站在"法之门外"，只是层级有别。

而卡夫卡预言的这种法律实体"复杂化"趋势，正是现代法律发展的必然。随着社会生活的不断展开，法律上的纠纷已经不仅仅停留于传统刑事纠纷和民事纠纷。各类新兴的行政法、知识产权法、商法等法律知识已经无法被民众心中的"公道"直接感知。纵使是刑法，也因为罪名的立法倾向从伦理犯转向行政犯而不断变得复杂。现代刑法中诸如帮助信息网络犯罪活动罪等罪名明显不同于传统犯罪，其不法的直观性和可感性较低，犯罪的危害常难以被公众直接凭经验和感觉直接认知，被害人的形象变得稀薄。[1]这就会出现像K那般对于自己被审判的罪名一无所知，最终因自己看不清道不明的罪名被法律"制裁"。正义已经不可能再是"杀人偿命"和"欠债还钱"那般朴素，法律作为包容的体系必定会随着社会的进步而不断更新。甚至当代业已出现"效率"即"正义"的法经济学理论，其所定义的法律"不仅是一种定价机制，而且是一种能造成有效率资源配置的定价机制"。[2]

另一方面，为确保审判结果能够在限制恣意和确保理性选择的前提下进行，诉讼法的司法程序的遵循亦即程序正义的实现显得至关重要。[3]为保证该目的的落实，法律程序也因而逐渐变得精细且复杂。以我国为例，审判经历了立案、审判和执行合一到分立的过程，法律程序在社会进步中愈发规范。在我国社会早期，各类诸如服毒、铁火神判均是审罚合一。在服毒神判中，如果被诉之人毒发而死，则证明其有罪，应该对其予以处罚，但在审判过程中其实已经对其作出了处罚，因其已毒发而死；如果被诉人毒歇而苏，则证明其无罪，则不需要对其处罚。[4]随着宗教权威的消逝，神判退出历史的舞台，这也标志着审罚合一转向审罚分立。而立审合一则一直持续到20世纪90年代，该阶段的中国司法并没有区分立案和审判两个阶段，虽然是出于缓解审判力量不足的目的，却导致了立案标准不统一、同案不同立、选择性立案

---

〔1〕 周光权：《转型时期刑法立法的思路与方法》，载《中国社会科学》2016年第3期。

〔2〕 ［美］理查德·A. 波斯纳：《法律的经济分析》（下），蒋兆康译，中国大百科全书出版社1997年版，第909页。

〔3〕 季卫东：《程序比较论》，载《比较法研究》1993年第1期。

〔4〕 叶英萍、李春光：《论神明裁判及其影响》，载《法学家》2007年第3期。

等起诉"难与乱"的问题。[1]最终到 1997 年，最高人民法院出台的《关于人民法院立案工作的暂行规定》第 5 条才最终确立了人民法院实行立案与审判分开的原则。随着两次司法程序从"合一"到"分立"的进步，程序正义所追求的对权力的限制等价值才得以实现。然而该变化的另一个侧面却是复杂的法律程序，各种程序日趋专业化，民众进入法律程序时必须跨越一道道"法门"，没有具有相应法律知识的人的领路前进，其只能像《审判》中那个乡下人一样"望门兴叹"。

在法律完成了实体和程序的华丽转变后，与之相搭配的专业"法言法语"也随即出现。在现代法律的审判书中，法官不可能再援引四书五经的道德知识抑或《圣经》的宗教语言作为裁决的依据，而是必须依照各类独特的法律语言来书写自己的裁判理由。且法律语言为了限定法官的解释权，其作用不再是像日常语言和其他专业用语那样仅仅帮助理解所指实务，"而是以某种权威性限定和控制理解"，[2]这就导致法律语言的理解必须建立在对法律知识的基础之上，了解该词汇所聚焦的特定含义。诸如过失、未遂等法律词汇有的虽然在日常生活中存在，却已经超脱了原本的含义，而像诉讼时效、产权等词汇则完全是法律语言的独创。法律语言也搭建了一扇阻隔群众的门，阻隔着他们理解和探求法律。

因而，随着法律的演化，现代法律的实体、程序和语言已经逐渐"去日常化"，走上了自己独特的发展道路。当其自豪于其体系的独特性时，却也塑造着一个个不理解法律的"法盲"们，他们可能会有着 K 的命运，自认为无罪却被宣判有罪，自认为能够快速通过法律程序，却在对于他们而言奇怪的程序之中迷失。法律虽然必须遵循这样的进程，但这并不等同于其具有正当性，法盲们的悲剧需要得到重视和反思。

三、"法盲"的悲剧与反思

当"法盲"们沦为司法权威的牺牲品时，其自身的非理性行动也在造就着新的悲剧。这不仅是其自身命运的悲剧，还是法律系统的悲剧。

---

〔1〕 段文波：《起诉条件前置审理论》，载《法学研究》2016 年第 6 期。
〔2〕 杨建军：《法律语言的特点》，载《西北大学学报（哲学社会科学版）》2005 年第 5 期。

（一）权力关系的劣势者

在 K 找寻律师帮忙时，其还遇到律师的另一位委托人布洛克，而这位商人由于其诉讼的进展几乎是全仰赖于该律师，他"已经不再是委托人"，而几乎成了"律师养的狗"。律师在 K 面前羞辱布洛克时，他没有反驳；乃至律师的助手莱妮命令他时，他仍没有反抗。这种委托人身份地位的异化，揭示的正是"法盲"们在应对法律工作者时地位的失衡。他们在应对自己的诉讼时，由于对于法律一无所知，只能依靠一个个在"法之门外"的看门人，听令于他们，乃至服从于他们。

当事人即使想自己启动诉讼，也不得不依靠所谓"法律精英"的普法而获得相应的法律知识。问题在于，这种"普法"同样预设了一种权力观，其通过"限制一种人人知道的知识以及其他的可能性"来确立对法盲的局部支配。[1]法盲是被放逐在法律之外的，似乎必须是需要通过"法律精英"的力量才能够重回自己的法律世界之中。将"法盲"单纯视为需要被教化和宣传的对象，在某种意义上是脱离民主语境的普法模式。

"法盲"不应当成为法律演化中被牺牲的客体，而应是积极与法律互动的主体。虽然法律打着向好向善的旗号不断在更新，但这并不意味着被法律排斥在外的"法盲"只能止步不前且噤若寒蝉。像 K 一样的"法盲"们的法律意识应当被看见。他们应当可以用"为权利而斗争"[2]的方式参与到法律的运行之中，将自己的利益诉求通过民主机制转化法律。他们不只是被动地等待普法，更可以主动地参与立法。

（二）司法权威的对抗者

在遇到律师之前，K 为尽快摆脱这无名之罪的审判程序，曾找过法院杂役的妻子、护士来帮忙。在遇到律师之后更是抛弃这位专业的法律工作者，信任画家可以为其脱罪的"无罪"许诺。面对这神秘且庞大的法律之网时，K 最后还是诉诸非正常程序的"人治"途径，其原因正在于对于他而言，"人治"是可以理解且具体的，而"法治"则是抽象且不可知的。对于寻求确定

---

〔1〕 凌斌：《普法、法盲与法治》，载《法制与社会发展》2004 年第 2 期。

〔2〕 ［德］鲁道夫·冯·耶林：《为权利而斗争》（畅享版），刘权译，法律出版社 2023 年版，第 1 页。

性的人类而言，这无可厚非。然而该过程却大大消弭了司法的权威性，K 对于人治的期待也在法治国家的语境下化为泡影——K 最终还是被法律制裁了。

无独有偶，中国电影《我不是潘金莲》中的李雪莲同样因"法盲"而成为司法权威的对抗者。电影中的李雪莲因单位分房政策问题跟丈夫商量假离婚，而丈夫却与他人真结婚，李雪莲为讨要说法，欲求法院判处其与丈夫的离婚行为无效，却被法院判处败诉。不服判决的李雪莲从此开始了上访的生活，欲求借助"权力实现自己的正义，甚至试图借助权力干涉法律的正义"[1]，结果却仍是以丈夫的意外死去告终，其诉求仍然没有得到实现。李雪莲此种运用权力机构漏洞的做法，被学者视为"民众法治观念的退步"的象征[2]，但此看法却忽视了"李雪莲"们的一种恐惧——像"秋菊"那般只能慨叹自己对法律的无知，只能望着村长被抓走而满脸困惑。[3]

在这个过程中，法律似乎只认为自己依据规则裁判即可，矛盾是否解决则显得无关紧要。而在此案中，也是在正当程序下依据证据作出的正确裁判，却不仅导致司法权威受到了极大损害，也让政府官员从县长、市长到省长等人员付出了大量的时间和精力的成本。当法律将自己视为无需反思的对象时，实则也是抗拒了民主语境的探讨，其自身也会付出巨大的代价。李雪莲有义务去理解法律，可问题在于，作为公民的她，其诉求与困惑也应是法律系统所需要回应的。法律反省时不能仅仅止步于对秋菊无知的批判，否则这样的法律仍是拒绝与作为公民的"法盲"交流。而当前我国司法的各种诸如调解等多类别的纠纷解决机制，正是对于各个"法盲"的回应，这才是一种呼应公民困惑的做法，不是仅仅止步于李雪莲的自省，否则法律仍然是止步不前的。

四、结语

卡夫卡的《审判》不仅仅是奥匈帝国法律的寓言，也是当今法律发展的预言。K 作为一位站在法门之外的"法盲"，没有见过法的样貌，且成为"至

〔1〕 陆宇峰：《现代法治的"为"与"不为"——从"李雪莲"的两项诉求说起》，载《浙江社会科学》2017 年第 7 期。

〔2〕 夏莹：《李雪莲不是秋菊：试看民众倒退的法律意识》，载《光彩》2017 年第 1 期。

〔3〕 苏力等著，陈颀、强世功编：《秋菊的困惑：一部电影与中国法学三十年》，生活·读书·新知三联书店 2024 年版，第 66 页。

上之法"的猎物后死于无名审判。整本书的隐喻似在诉说"法律"成为无上之神时，也是民主的价值消亡之时。法律在其自身的发展过程中已经不断变得复杂，存在法律移植现象的中国法律系统更应有自己的反思。"秋菊的困惑"和"李雪莲的悲剧"不应当再是法律在解决矛盾时出现的情况，民主语境的探讨中也不应只有法律对于"法盲"的排斥。当法律不再将自身的复杂性视作正义，放下身段与公民进行交流时，法律的信仰也才会真正深入每个群众的心中。

（林志凯　西南政法大学经济法学院）

第三编
英美法潮

文明发展之下的法律控制

——读庞德《通过法律的社会控制》

罗斯科·庞德创造性地从社会学的角度去分析"法"这一现象，为当代法学研究提供了一种新的研究视角。在庞德所处的时代，资本主义快速发展，逐渐向垄断资本主义过渡，西方社会的各个方面都在经历一场巨变，法学理论也随着现实而发展。为顺应个人利益逐渐向社会利益倾斜的趋势，庞德在对分析法学派、历史法学派、哲理法学派观点进行批判分析的同时，结合沃德和罗斯关于社会力量和社会控制的学说，提出了自己的法律社会控制论。

他在著作《通过法律的社会控制》中提出"法律是一种在司法和行政过程中使用的权威性法令来实施的高度专门形式的社会控制的制度"的深刻观点。可以说，庞德倾向从一种动态整体的观点去理解法律这一控制手段。法律不再是单一、静态的条文，而是作为一种始终要随着社会的变化而不断完善的动态制度。

一、逻辑前提：法律作为社会控制手段的必然性论证

社会控制服务于社会秩序，并且随着社会不断变化，永恒的控制手段并不存在。法律之所以能成为当下社会控制的主要手段，主要有两点原因：一是人类内在的本性需要外在控制，依赖强制力的法律恰好满足了这点；二是道德、宗教等手段难以适应社会发展。

庞德对人类的本性持中立的态度，认为人类的本性"一方面是相互合作的社会本性，另一方面是自我扩张的个人主义本性"。[1]"个人主义本性"体

---

〔1〕 沈宗灵：《现代西方法理学》，北京大学出版社 1992 年版，第 290 页。

现为个人主义，利用现有的手段去积极谋取利益来实现自身发展。尽管文明要求在有机团结的社会中存在某种同一的信仰与价值观，但这是不现实的。[1] "社会本性"体现为集体主义，个人更多地从集体去考虑问题时，更关注整体利益，注重社会和谐。两种本性注定存在"有限"和"无限"的张力。这种张力无法仅靠自身去缓和，需要外在的一种支配力去调节。那么，对人类内在本性进行控制就十分必要。

法律能够对人类本性实现外在控制，离不开强力。法律依靠政治组织的强制力来约束人们的外在行为。如何去理解政治组织背后的强制力？庞德从实用主义的立场出发，认为强制力只是一种手段，就像法院不是为了使用权力才去审判案件，手段使用是否得当还需要看个人的主观意志。在强制力的行使上，庞德更倾向于自然法学派的观点，反对不根据任何原则随意地使用强力。法律依据一定标准行使的强力更容易使别人服从，可以减少个人与群体之间的矛盾与冲突，实现对内在本性的有效限制。

理论上的控制在现实中有许多种表现方式。庞德的社会控制理论在借鉴罗斯原有理论的同时，又有所发展。根据罗斯的观点，舆论、法律、信仰、社会暗示、宗教、个人理想、礼仪、艺术乃至社会评价等都应当属于社会控制的范畴。[2]而庞德则对控制方法进行了限缩，着重分析宗教、道德和法律这三种社会控制的主要手段。

三种主要控制手段在历史上不同阶段所产生的支配力也不尽相同。在开始有法律的时候，三者似乎没有区别，以至于在希腊城邦文明当中，人们也通常只用一个字词来表达宗教礼仪、伦理习惯、调整关系的传统方式、城邦立法，并把所有这一切看作一个整体。随着后来伦理的发展，道德也逐渐发展起来，甚至在某些阶段，道德可以和法令相等同。但道德自觉终究不能适用于所有人，道德的作用始终有限。宗教的发展则更为明显，当西罗马帝国崩溃时，教会在相当长的一段时间内居于统治地位。在中世纪后期，教会法庭和教会法律，同国家的法院同等地分掌对调整关系和安排行为的管辖权。甚至有时国王尊严也不得不让位于上帝权威，国王只能匍匐在上帝脚下，"卡

---

〔1〕[法]埃米尔·涂尔干：《社会分工论》，渠东译，生活·读书·新知三联书店2013年版，第73~93页。

〔2〕[美]E. A. 罗斯：《社会控制》，秦志勇、毛永政译，华夏出版社1989年版，第44页。

诺莎之辱"便是最好的例证。宗教的影响力与教权的兴衰息息相关，一旦教权衰落，宗教的影响力也会大打折扣。直到 16 世纪，情况有所变化。随着教权不断衰落，社会政治组织蓬勃发展。法律在强制力的加持下逐渐成为社会控制的主要手段，而道德与宗教成为从属于国家的法律的补充手段。

道德没有强制力作为支撑，对社会成员的约束性普遍较弱，在生产力尚不发达的原始社会可以作为一种主要控制手段。而到了封建社会，教权强大，宗教逐渐成为西方社会主要控制手段。随着近代社会理性的发展，宗教也难以处理日益复杂的社会关系，逐渐让位于法律。道德与宗教难以适应社会的发展，法律也在不断发展中成了维系和增进文明的工具。[1]在多种手段当中，法律是"被社会所运用的最特殊而又最完善的控制机器"。[2]

二、逻辑中介：法律作为动态制度实现社会控制

庞德在本书第二章"什么是法律"当中以对怀疑论和伊壁鸠鲁主义的反驳开篇，展开了自己对于法律的理解。无论从法律的内容还是法律的任务来看，庞德笔下的法律都是一个动态的制度。

从内容来看，法律并不是孤立的、静态的规则体系。在庞德的观点中，法律有三种表现形式：法律秩序、作为行政和司法判断依据的权威性条文和司法过程。而庞德为避免混淆，给这三种形式作了一个更为直观的定义——"社会控制"。

社会控制的实现就是这三种表现形式发生作用的过程。首先，法律秩序是一种有条件地使用强力来调整关系和安排行为的制度。强力为已有的法律制度带来一种现实的权威，这使得社会成员表现出外在的服从。那么，制度的维持便得到了基本保证。其次，近代民族国家迫切需要一系列法律规范，这些规范包括宪法、法律、行政法规等，而构成这些法律规范的是作为行政和司法判断依据的权威性条文。这些明确、清晰的条文体现了立法者的技术和理想，很好地回应了一些社会上的难题。当事人在诉诸法律后，能够找到合理的解决方法，这自然会让人们更加信服法律。社会成员发自内心对于法律的信服，可以成为法律权威的最终实际渊源。正如卢梭所言："法律既不是

---

〔1〕 ［美］罗斯科·庞德：《法律史解释》，邓正来译，中国法制出版社 2002 年版，第 212 页。

〔2〕 孙文恺：《社会学法学》，法律出版社 2005 年版，第 194 页。

刻在大理石上的，也不是刻在铜表上的，是刻在公民的心里的。"最后，依照规范解决纠纷、将条文运用到实际则是司法过程的主要内容，将条文运用到实际。这个过程需要有效的法律实施机构和法律体系，这些机构和体系负责执行法律和解释法律，从而更好地维护法律秩序。如果权威性条文被妥善使用并且司法过程公正合理，那么社会成员便会自觉遵守已有的规范。强制力的存在，也为法律处理社会问题提供了有力保障。因此，法律作为一种社会控制手段才可以很好地发挥作用。

从任务来看，法律更具有灵活的特征。庞德站在实用主义的立场上去理解法律，关注法律的实际效用，主张法律应在维持现有秩序下对利益进行调整。在这种情况下，法律被认为是社会的一种工具，用于解决人们之间的冲突、维持社会秩序和保护个人权利。而调整多方利益就成了法律的任务。

一方面，每个阶段法律所关注的利益不同。在 18 世纪的欧洲，个人利益是法律所要迫切保护的对象，社会利益和公共利益则处在次要位置。政府作为公共利益和社会利益的代言人，在这一时期处处受到限制。典型代表就是亚当·斯密在《国富论》中曾强调政府应该充当一个"守夜人"的角色，尽可能地发挥市场的作用。而在庞德所处的时期，社会利益和公共利益则处在更为重要的位置，工人运动蓬勃发展，代表个人利益的垄断企业受到打压。不同时期，社会所倾向的利益不同，法律的侧重点也应随之发生转变。

另一方面，有时人们所提出的要求并不固定地属于一种范畴，因为同一要求可能基于不同的地位被提出，这就导致利益划分的困难。庞德举了他人窃取手表的例子来阐明这个道理。如果从个人来讲，这涉及的是个人的物质利益；如果站在社会层面来看，这涉及的就是保障占有物的社会利益。至于其他尚未被承认的利益，庞德并未否认其存在，认为时代的变化也会导致利益的划分产生变动。同时，社会中也存在一些人或群体会借用"社会利益"的名义利用法律攫取利益、侵犯他人权益。[1]因此，法律必须具有灵活这一特征，才能从多个角度回答好利益归属的问题。

---

〔1〕 邓正来：《社会学法理学中的"社会"神——庞德法律理论的研究和批判》，载《中外法学》2003 年第 3 期。

三、逻辑终点：回归对作为社会控制的法律的自觉性反思

一个良好的控制应当是自发的。[1]法律控制本质是一种制度的运行，这种制度的持续运行离不开"良法"这一前提。而法律背后的价值理念则是一项重要标准。那么，对于法律价值尺度的自觉性反思就显得十分必要。约瑟夫·科勒曾说过："由于文明的不断发展和进化，法律也必须与文明的变化相适应，永恒的法律是不存在的。"[2]法律应该与时俱进，其中法律的价值尺度更应该与时代保持一致。如果法律自身的评判标准都不能契合时代要求，那它终将会被时代抛弃。

庞德曾说过："价值问题虽然是一个困难的问题，但它是法律科学所不能回避的。"在调整各种利益之间的冲突时，必然要涉及取舍标准的价值尺度问题。庞德承认没有一种普遍适用的价值尺度，但他却提出了三种解决价值问题的方法：经验、理性和公认传统性权威性的观念。

一种就是经验，这一点一直被人们津津乐道。霍姆斯就曾说过："法律的生命向来不是逻辑，而是经验。"[3]经验在实际当中的用处，远比我们想象的要多。例如在如何处理好个人利益与团体利益这个问题中，法学家们无法在理论上找到一个合适的解决方法，但在实际中，妥协的经验往往能使这个问题迎刃而解。"真理大部分是用先前的真理所造成的"，[4]法律当中所蕴含的真理亦是如此。先前的正确经验可以被视作真理，这种做法会减少许多阻碍。在庞德的观点下，经验作为一种解决价值尺度问题的主要方法，可以有效地减少阻碍和解决困难。

另一种可贵的是理性，它可以对现实给出一种较为成熟的解决方法。理性往往在经验的基础上得到发展，并在发展的过程中不断被经验所考验。最能体现理性的就是法学家们提出的法律假说。当新的请求出现时，法律假说可以作为依据去评判哪些请求可以允许，哪些可以舍弃。不过，需要注意的

---

〔1〕 [美] E. A. 罗斯：《社会控制》，秦志勇、毛永政译，华夏出版社1989年版，第325~327页。

〔2〕 [美] E. 博登海默：《法理学：法律哲学与法律方法》，邓正来译，中国政法大学出版社2004年版，第141、161页。

〔3〕 [美] 小奥利弗·温德尔·霍姆斯：《普通法》，郭亮译，法律出版社2021年版，第1页。

〔4〕 [美] 威廉·詹姆士：《实用主义——一些旧思想方法的新名称》，陈羽纶、孙瑞禾译，商务印书馆1979年版，第109页。

是，这些法律上的假说与特定时间和地点的文明有着严格的对应关系，假说的适用需要条件的成熟。一旦条件发生变化，假说的适用将不能满足现实的需要。这时就需要利用经验去评判和解决。可以说，经验和理性二者紧密相连、不可分割。

最后一种价值尺度是公认的、传统的权威性观念。这实际上可能只是以往旧的社会秩序更加理想化的一幅图画，并按照当前社会被不断润色。以往的观念下的理想蓝图并不能完全贴合当下的社会光景。格劳秀斯依照 17、18 世纪现实所构思的国际法早已脱离现实，指导 18、19 世纪的法律理想也不适应 20 世纪的近代社会。很明显，权威性观念从诞生之日起就已经落后于现实，这并不为社会法学与时俱进的观念所兼容。

"用经验来发现，用理性来发展"，这是庞德在综合三种方法以后对法学家和司法工作者提出的建议。就像康德曾说的："思维无直观则空，直观无概念则盲。"[1]思维与过往感受结合才能产生知识，经验与理性相互配合才能为法律找到正确的价值尺度。毕竟"法律秩序不能停顿下来"，发展的现实需要妥当的处理方法。永恒的法律并不存在，法律背后的价值尺度也需要经验和理性去不断考量。

四、结语

"法律毕竟是法律"的金科玉律被打破，法律制度离不开政治、经济和社会生活。[2]法律也应该随着社会生活不断变化，借助完善的程序和制度来实现调节社会利益，维护社会秩序的目的，这种观点也体现着社会学法学派的"工具主义法律功能说"。[3]

"一种社会事实的功能应该永远到它与某一社会目的的关系之中去寻找"，[4]法律亦是如此。随着社会不断变迁，法律适应社会的发展，成为社会的主要控制手段，而道德和宗教则成为法律的补充手段。这不是偶然，而是社会不断发展的必然。其中，庞德笔下的法律不再是孤立静止的条文，而

---

〔1〕 ［德］康德：《纯粹理性批判》，邓晓芒译，人民出版社 2017 年版，第 48 页。

〔2〕 赵震江主编：《法律社会学》，北京大学出版社 1998 年版，第 3 页。

〔3〕 汤唯：《法社会学在中国——一个学说史的反思》，华东政法学院 2005 年博士学位论文，第 43 页。

〔4〕 ［法］E. 迪尔凯姆：《社会学方法的准则》，狄玉明译，商务印书馆 1995 年版，第 135 页。

具体表现为法律秩序、作为行政和司法判断依据的权威性条文和司法过程。也可以说，此处的法律更像是一套运行着的制度。这套制度为了协调各种利益不断调整，体现了其灵活性的特点。需要注意的是，无论现有的法律多么正确，我们都需要时时检视。任何法律的价值衡量尺度都要契合时代要求。庞德承认没有普适性的价值尺度，转而提出了解决价值尺度问题的三个方法：经验、理性和权威性观念。变动的现实需要有效的方法，庞德给我们的方法就是："用经验去发现，用理性来发展。"

随着时代的不断发展，有许多学者对庞德的观点提出疑问。有学者认为庞德将法律的性质和功效混为一谈，道德问题也被悬置起来。[1]有的学者认为庞德笔下具有实用意义的法律就一定是"善法"。[2]也有学者认为庞德的社会控制学说在具有普适性的同时却难以解释"阶级控制"的社会控制类型。[3]但不管怎样，庞德的观点仍有其独特价值。

庞德的观点富有实用主义色彩。在他的观点当中，整个社会是一条凹凸不平的小路，法律就是那填洞补坑的锤子，而法学家和司法工作者则是拿锤子的工程师。这个比喻可以很好地体现庞德所强调的法律工具主义价值，作为工具的法律最终还是要服务于整个社会乃至文明的发展。庞德的观点诞生于社会转型时期的美国，对于当下处于新的历史时期的我国来说，仍然具有借鉴意义。

（刘世佳　西南政法大学政治与公共管理学院）

---

〔1〕 杨晓畅：《社会正义抑或个人自由？——庞德利益理论根本诉求的探究》，载《法制与社会发展》2010 年第 1 期。

〔2〕 路艳娥：《庞德利益学说解读及其启思》，载《武汉理工大学学报（社会科学版）》2010年第 1 期。

〔3〕 陶永峰：《庞德社会控制论研究》，湘潭大学 2007 年硕士学位论文，第 29~30 页。

动态法律观视野下的道德审视

——读富勒《法律的道德性》

  法律和道德的关系是人类史上无法回避也无法达成一致意见的问题。西方对于法律的道德性这一问题的思考可以追溯到古希腊时期。柏拉图主张法律就是为了把不正义之人改造为正义之人；[1] 在亚里士多德看来，正义、善、美德是法应有的特质，他主张的"良法"概念很长时间内对西方思想史的发展产生着极其重要的影响；[2] 而斯多葛学派的主张使得"坚持法律应以道德为基础"的观点占据主流。进入 20 世纪中叶，西方思想界关于法律道德性的探讨是围绕着自然法学派和分析实证法学派的理论交锋展开的。而以本书作者富勒为代表的当代自然法学派，则直接诉诸道德。富勒主张法律是一项使人类的行为服从规则治理的事业，并将其视为一种"有目的的事业"。[3] 在他看来，法律同时具有"外在道德"和"内在道德"。[4] 外在道德指的是法律体系的建构应当与社会的道德观念和崇高理想保持一致性；所谓内在道德是指道德内在于法的概念之中。一个有效的法律必须具备这两种德性，否则就丧失了法律的存在资格。

一、一场法学界的深刻论战与理论创新

  在当时的法学界，围绕着法律与道德的关系问题，实证主义法学与自然法

  [1] 张乃根：《西方法哲学史纲》，中国政法大学出版社 1993 年版，第 10 页。

  [2] [古希腊] 亚里士多德：《政治学》，吴寿彭译，商务印书馆 1965 年版，第 138、199 页。

  [3] 孟祥虎：《道德使法律成为可能——富勒〈法律的道德性〉研读札记》，载《政法论坛》2020 年第 4 期。

  [4] 刘云林：《法律的道德性：依据及其价值》，载《南京社会科学》2001 年第 9 期。

学两大流派展开了激烈的学术论战。实证主义学派主张法德分离,[1]认为法律只是主权者的命令,其实质与道德价值没有直接联系;而自然法学则坚持法律与道德紧密相连,认为法律的本质在于其必须体现公正、合理以及道德原则。[2]这场争论不仅涉及法律的本质和来源问题,更关系法律的合法性和有效性问题。

在这场论战中,英国法理学家哈特提出了著名的代表实证主义法学的"法律规则说",认为法律是由人们实际遵守、人们实际上遵行、法律被人们实际遵行、人们实际上遵守法律以及法律被人们实际遵行等要素构成的。[3]而富勒批判和反驳了哈特的观点。"法律道德性"这一概念最早源于富勒的《实证主义与忠于法律——对哈特教授的回应》。[4]

在该书中,富勒对法律与道德的关系问题进行了深度剖析。他认为法律并非仅仅是一系列由政府权威发布的命令,法律更多体现的是一种内在的道德准则。该道德准则不仅是法律得以存在和有效施行的基石,而且体现了法律公正性、合理性和道德原则。此外为了强调道德和法律这种联系的重要性以及二者间的相互作用,富勒提出了"法律道德性"这一概念。

另外,富勒认为对良好秩序的追求也是极其重要的。自然法学派的其中一个中心要旨便是使人们共同获得那些社会秩序原理的旨意,即人们共同拥有一种美好的生活。基于此,在富勒主张的"法律道德性"在"内在道德"指引下,使法律不仅发挥着稳定社会的作用,而且在进行有目的事业过程中体现程序正义的精髓。于是,富勒提出程序自然法,向其中注入"内在道德"的精神内核,探索"某些构建和规范人类行为的规则系统的方式"。

二、富勒道德二元论:内在道德与外在道德的对比

富勒提出了"两种道德"的理论架构,即"愿望的道德"和"义务的道

〔1〕 孙笑侠、麻鸣:《法律与道德:分离后的结合——重温哈特与富勒的论战对我国法治的启示》,载《浙江大学学报(人文社会科学版)》2007年第1期。
〔2〕 王家国:《法律与道德"结合命题"何以可能?——兼评富勒的"内在道德"学说》,载《杭州师范大学学报(社会科学版)》2014年第3期。
〔3〕 [英]哈特:《法律的概念》,张文显等译,中国大百科全书出版社1996年版,第1页。
〔4〕 林海:《"哈富论战"的规则观与法治径路争议——自"告密者案件"而始的理论回溯》,载《学海》2008年第6期。

德"，二者各自代表了不同的道德范畴，并在实质上有所区分：愿望的道德聚焦于理想化的道德境界，体现了人类对于美好生活的憧憬和追求。它致力于刻画一种至善的生活的道德，既要求达到卓越的道德标准，又追求充分实现人之力量的道德，其出发点在于人类所能达到的最高境界；而义务的道德是从最低点出发，"它确立了一系列基本原则，使有序社会成为可能或者达成特定的社会目标，它不会因人们未能完全实现其潜能而加以责备"。[1]

换言之，愿望的道德是指如若达到法律的更高的要求，将得到来自法律的奖励；义务的道德是指遵守法定的义务，即达到法律的最低要求，一旦主体突破最低标准，就要受到来自法律的惩罚。[2]因此，两种道德的区别是法律奖励和法律惩罚：法律对于符合"愿望的道德"的行为会给予奖励；未达到"义务的道德"所设定要求的行为，法律给予惩罚；法律对于处于两种道德之间的行为既无奖励也无惩罚。[3]

富勒将"义务的道德"视为法律存在不可或缺的基石，它构成了法律制度稳定运行的基础，[4]而愿望的道德是法律制度在不断完善过程中想要达到的理想境界。当法律未能满足"义务的道德"的要求时，整个法律制度的稳固性将受到严重威胁，如同大厦失去基石般摇摇欲坠。而未能达到"愿望的道德"的标准，虽会使法律制度显得有所不足或"变质"，但其本质结构仍得以维持。虽然两者的标准不同，但都是"义务的道德"和"愿望的道德"内在目的的反映。

三、合法性原则——动态法律观视角下呈现多变、灵活形态

富勒认为："法律的内在道德决定合法性原则，它对于从事法律工作的人而言具有自然法的意义。"[5]无论是法律的内在道德还是法律的外在道德，都需要通过合法性原则体现他们的价值观念。正因为两种道德存在差异，所以

〔1〕 [美]富勒：《法律的道德性》，郑戈译，商务印书馆2005年版，第11页。
〔2〕 喻中：《比较法理学视野中的韩非法理学——以富勒〈法律的道德性〉为参照》，载《四川大学学报（哲学社会科学版）》2023年第4期。
〔3〕 张征珍、邹顺康：《富勒论法律的道德性》，载《道德与文明》2007年第6期。
〔4〕 王淑荣、隋政航：《富勒划定法律义务界限的法理学策略》，载《社会科学战线》2019年第4期。
〔5〕 张智：《论富勒"合法性原则"的道德性与制度化》，载《河北法学》2011年第6期。

分别以二者为内核的合法性原则也显现出不同的优势与局限之处。

首先我们来看作为"义务的道德"的合法性原则。"义务的道德"是法律制度最低限度的合法性，换言之，"义务的道德"是一个法律制度必不可少的部分。因此作为"义务的道德"的合法性原则具有强制力，但这种强制力在法律实践中并不能发挥出更强大的作用，一方面在于作为"义务的道德"的合法性原则往往并没有以确定的法律形式固定下来，另一方面在于"义务的道德"约束的是没有达到最低限度要求的行为，它所发挥出的效果最多止于：大家不违反法律。

正是基于"义务的道德"的局限性作用，在法律实践中，合法性原则更多以"愿望的道德"为要求表现出来。相比于作为"义务的道德"的合法性原则，"愿望的道德"并不是绝对的原则，这就意味着在运用作为"愿望的道德"的合法性原则时，我们需要根据具体情况进行灵活调整，以期达到平衡。这种平衡反映了法律实践的复杂性和动态性，使得合法性原则在法律实践中呈现出一种更为灵活、多元的形态。

合法性原则是最基本、最普遍的道德要求。[1]在不同情形中，我们需要综合考虑合法性原则的要求与法律追求的目标，通过对比不同原则的优势与局限性，进而寻找到一种能够使得合法性目标得以最大程度实现的手段。简而言之，以上两种合法性原则并不能割裂看待和使用，需要灵活使用，发挥规范作用。[2]因此，在法律的制定、解释和适用过程中，必须综合考虑各种因素，以确保合法性原则的完整性和连贯性，进而发挥其应有的规范作用。

四、法律作为有目的的事业和法律作为社会力量的表现事实

富勒在本章第一段明确表达自己的观点："应当把法律视为一项有目的的事业，它的成功依赖于那些从事这种事业的人的精力、见识、智力和良知，而它注定永远不能完全达到它的目的。"与此相反的看法是："法律被看作是社会权威的表现事实。"正是因为法律作为一项有目的的事业，它才能呈现出

---

〔1〕 潘佳铭：《从法律的实体道德性到程序道德性》，载《西南师范大学学报（哲学社会科学版）》1998 年第 3 期。

〔2〕 孙笑侠、麻鸣：《法律道德性：法律，抑或道德?》，载《法制与社会发展》2008 年第 3 期。

结构恒定性，法律制度才在多样化的社会中呈现相似性。[1]

如果想要理解富勒所提及的"目的性"的含义，那么我们可以从富勒对于手段与目的的理解入手。我们都明白，不存在脱离"目的"的"手段"，富勒借二者的关系，是想说明：当我们想要解释某个事物时，常常会思考事物背后的目的是什么，此时我们会发现该事物与事物的价值就无法完全分开，换言之，不存在将价值与纯粹性事实完全分开的手段。

此外，富勒以法律与社会相联系为前提理解法律目的性。关于法律与目的之间的关系，不同学派有着自己的主张。比如实证主义学派视法律为一种自然事实而非人为事实。而富勒则不同，他以"目的"的重要性为着眼点，将法律看作一项"目的性事业"，他强调真正的法律指的是与法律追求目的保持和谐统一的法律。富勒借"发明家父亲和儿子"的故事，生动地说明了在法律解释过程中洞察立法者意图的困难性。富勒强调，法律的宗旨不是以立法者的意图为出发点，而是法律本身所追求和期望的目的。

富勒的主张虽然符合新自然法学派的大部分观点，但就"目的"的理解问题上，富勒持有区别于其他新自然法学派法学家的立场，他并不认为"目的"指的是更高水平的道德目标。富勒的这种观点也遭到了其他学派的批评，比如代表实证主义法学派的哈特教授。他批评富勒的"内在道德"实际也只是一系列道德中的技术规则而非道德标准。面对哈特的批评，其他自然法学家在此基础上对自己的理论进行完善。例如菲尼斯的美德自然法论，他认为法律不仅要具备技术目的，而且要达到对"善"的更高追求。与此相较而言，富勒强调的是法律本身具有的道德价值，不寄托于法律目的之外存在更高的道德追求。

五、法律的内在道德与实体目标

虽然富勒在本书中没有明确界定两种道德的概念，但是通过分析他对二者的使用，我们不难理解这两个概念的不同之处。其中，富勒把重心放在了"内在道德"对揭示法律本质的重要性上。

这两个概念不同之处在于："法律的内在道德"的要求是相对确定的，

---

[1] 孟祥虎：《道德使法律成为可能——富勒〈法律的道德性〉研读札记》，载《政法论坛》2020 年第 4 期。

"法律的外在道德"的要求是相对变化的,它会随着不停变化的社会环境以及人类自我认识能力的提升而不断作出相应的改变。对于两者的关系,富勒认为外在道德和内在道德都是法律的基础,在推动法律这项人类有目的的事业成功的道路上共同发挥着不可替代的作用。在此基础上,富勒进一步指出:"两者互相影响,其中一方的败坏会造成另一方的败坏。"

或许看到这里,我们会认为富勒将二者看作车之两轮、鸟之两翼的角色,但恰恰相反,富勒在二者之中,更倾向强调"内在道德"的重要性。富勒或许是基于以下两点的考虑,才会作出这样的选择:一是在回顾过去具有代表性的学说后会发现,学界更关注的是法律的外在道德,恰恰是这种对内在道德的忽视,很大程度上阻碍了实务上对法律的内在道德的探索与追求;二是从实践上的可行性角度考虑,实现法律的外在道德比实现法律的内在道德是更容易的,因为实现后者一方面依赖于专业的法律人才,另一方面还需要全社会共同努力并积极主动地接受法律专业人士的指导。因此,富勒将法律的内在道德置于更高的地位。[1]

如果要概括富勒的代表性观点,那就是"法律的内在道德"。因为他意识到,"法律的内在道德对法律的实体目标是不关心的,而且它非常愿意服务于各种不同的实体目标",所以他在该书的第四章专门论述了"法律的实体目标"。当被问及实质性自然法的核心原则时,富勒认为这一原则是在"开放、维护和保护沟通渠道的完整性"这一深刻思想中存在的。这一理念不仅关乎法律的形式和程序,更核心地在于它确保了人们能够自由、公正地表达他们的所见、所感和所想。这就是富勒所理解的"法律的实体目标"。

富勒所阐述的"法律的实体目标",本质上反映的是法律的外在道德或外在价值。在自然法学的历史演进中,法律的实体目标涵盖了一系列核心的价值要素,譬如理性、正义、自由、平等之类。[2]富勒强调在法律框架内,人们应当拥有自由地表达他们的思想、感受和需求的权利,并且这种权利不应

---

〔1〕 王淑荣、隋政航:《富勒划定法律义务界限的法理学策略》,载《社会科学战线》2019 年第 4 期。

〔2〕 喻中:《比较法理学视野中的韩非法理学——以富勒〈法律的道德性〉为参照》,载《四川大学学报(哲学社会科学版)》2023 年第 4 期。

当受到法律的过度限制。尽管这一"实体目标"看似关注实质内容，但其实现过程却体现了法律程序的重要性。它要求法律在保障交流自由的同时，也需遵循一定的程序和规则，以确保交流的公正性和有效性。

（徐若丹　西南政法大学刑事侦查学院）

当代中国的法律信仰重构

——读伯尔曼《法律与革命：西方法律传统的形成》

　　法律信仰理论具有价值正当性，在 20 世纪 90 年代伯尔曼《法律与革命：西方法律传统的形成》译本出版后，该理论一度成为我国法理学界的热门话题，在进入 21 世纪后却逐步陷入停滞状态。而与此同时，我国在法治实践进程中日渐认识到并强调全民法治意识和法治自觉的重要性，这种态度恰与我国法理学界最初对法律信仰理论的关注遥相呼应。依法治国的实践推进，依靠的不仅仅是法律规范的体系化、科学化，也需推动全社会对法律的忠实崇尚、自觉遵守和坚定捍卫，从主体精神层面推进中国的法治建设。[1]面对现代法治建设实践的迫切需求，客观解读和重新构建中国的法律信仰论既有研究必要性，亦具有时代意义。基于文化传统和语言体系上的差异，我国先前的法律信仰论对于法律信仰的概念根基——人类主体的自我意识形态的区分较为模糊不清，相互矛盾的观点导致法律信仰论题引发诸多争论，陷入理论困境之中。本文将结合《法律与革命》中"法律信仰"主题的提出背景，系统梳理我国众多批判法律信仰论的学者观点的偏颇之处，解读我国古代立法传统与现代法治在法律信仰意识方面的共通性，打破法律信仰论的认知困境，丰富和拓展中国法律信仰论的内涵。

一、信仰与法律——西方法律传统的起源探究

　　20 世纪中叶以来，西方社会"对作为一种文明、一种社会共同体的西方本身的信念和对 19 世纪以来维系西方文明的那种法律传统普遍丧失了信心"。为解决大众精神危机，伯尔曼通过追溯西方法律传统的起源，重新审视和解

---

〔1〕　刘小平、杨金丹：《中国法律信仰论的内在悖论及其超越》，载《法商研究》2014 年第 2 期。

读了宗教信仰与法律制度的关系，试图建立"综合三个传统学派并超越它们的法学"，统一历史认同感与现代工具论之间的矛盾分立，[1]以此重建社会成员对西方法律传统的信任感。

伯尔曼扬弃了自然法学派、实证法学派、历史法学派、社会法学派等各个以西方为中心的法学流派方法论，采百家之所长，立足人类社会视角，以更加不偏不倚的态度解读西方法律的发展。[2]《法律与革命》一书首先明确了"西方"的概念，即吸收并改造了古希腊、古罗马和希伯来等诸多古典文化的西欧诸民族，其文明的独特性在于将看似截然对立的古希腊古罗马文明与希伯来文明融合起来，因此西方的法律传统与罗马法抑或犹太律法有泾渭分明的差异。[3]同时，伯尔曼创造性地指出，"近代"并非起源于14世纪到16世纪的文艺复兴，[4]而可追溯至1050年至1150年的"教皇革命"时期（the Pope Revolution）——在1075年至1122年国家与教会间的"授职权之争期间"，近现代西方法律传统萌芽。[5]1075年，教皇格里高利七世发布《教皇敕令》（Dictatus Papae），要求罗马皇帝无条件服从于罗马教会，由教会授予各地主教职权，由此引发政教之间长时间、全方位的冲突。1122年，双方势力达成妥协，签订《沃尔姆斯协议》（Concordat of Worms）。《沃尔姆斯协议》规定德国主教必须依照教会法，通过举行高级教士会议选举产生，国王失去了主教任免权，对宗教事务的管辖权被较大削弱，政教二元的社会结构正式形成。自此，教会主权得以确立，教会不但扮演宗教权威的角色，而且在事实上成为中世纪西方世俗社会的最高权威与统治者。斯特雷耶总结道："简而言之，格里高利关于教会的概念几乎要求了国家概念的发明。"[6]成文化、体系化、持续

---

〔1〕 姚力博：《超越韦伯：伯尔曼与韦伯之争》，载鲁楠、康宁主编：《清华法治论衡》，清华大学出版社2021年版。

〔2〕 陈亚飞：《法学方法的"正位术"——伯尔曼综合法学思想研究》，载《华东政法大学学报》2023年第4期。

〔3〕 郭义贵：《西方法律史的一部力作——论伯尔曼的〈法律与革命——西方法律传统的形成〉》，载《中外法学》1999年第3期。

〔4〕 邓文婷：《宗教与西方法律传统的形成——浅论伯尔曼〈法律与革命〉一书中的宗教法律观》，载《怀化学院学报》2008年第8期。

〔5〕 王汇钰：《论教皇革命导致西方法律传统的产生——兼评伯尔曼〈法律与革命〉》，载《学理论》2013年第14期。

〔6〕 ［美］威廉·巴赛特：《对西方法律传统起源的探究——评伯曼〈法律与革命〉》，阮齐林译，载《比较法研究》1990年第4期。

普遍适用的教会法体系由此成为西方近代第一个国际性的法律体系。[1]

伯尔曼不再将西方法律传统的外延局限于近代的法律制度规则，而扩展至包括近代以来民族国家、教会统治、哲学价值等上层建筑数世纪的有机发展过程，进而更好地理解西方法律传统在现代社会遭遇的整体性危机。基于以上论断，伯尔曼认为，宗教信仰与法律制度看似是截然不同乃至有所冲突的两个社会维度，实则二者在实现西方社会长期稳定中的支柱作用正好说明了一个关键问题：无论处于任何时期、任何形态的社会，人们需要超验的共同信仰，以维系社会不至分崩离析。西方法律传统"不仅包含着人的理性和意志，而且还包含了他的情感、他的直觉和献身，以及他的信仰"。简言之，法律不仅是工具性的社会规范，其自身亦包含基于正义的超验的目的和价值。社会对法律的共同信仰使法律具有生命力，同样也使个人的信仰不至沦落为偏激的狂热，而是维系社会秩序的坚固纽带。

二、误解与质疑——当代"法律信仰"理论的认知困境

伯尔曼法律信仰理论的诞生有两大前提：一为西方社会渊源已久的基督教信仰传统与近现代法律制度间的内在联系；二为本书创作阶段西方现代社会出现的"整体性危机"危及了民众对法律传统的信任感。由此引发出法律信仰理论在我国社会实践中的悖论：在没有全民性宗教信仰背景的社会下法律信仰理论是否依然成立？在不存在社会整体性信心危机的前提下法律信仰理论是否依然适用？

众多中国法学家对此持反对态度，并分别给出了不同理由。有学者直接批判了"法律信仰"这一概念本身的可成立性，指出信仰不同于权威，信仰是超验的自我意识，权威是基于世俗权力的外在强制力，法律的强制力使其成为国家权威的载体，而非个人信仰的客体。[2]有学者从法律属性层面作出批驳，认为立法的出发点在于法律法规的实效和效益，法律的本质是一种政治、伦理和社会工具，而信仰是不应当具有功利属性的，因此法律不具备成

---

〔1〕 王栋：《仍待重读的经典——〈法律与革命〉在中国》，载鲁楠、康宁主编：《清华法治论衡》，清华大学出版社 2021 年版。

〔2〕 张永和：《信仰与权威：诅咒（赌咒）、发誓与法律之比较研究》，法律出版社 2006 年版，第 68 页。

为信仰的客体的前提条件。[1]法律理性主义者认为，现代法律的产生以欧洲理性主义为思想基础，而信仰是非理性的情感，乃至超理性的意识，以信仰表达对法律的态度，与启蒙主义精神相违背，法治化过程应当是法律理性化的过程。[2]法律实证主义者认为，伯尔曼的法律信仰理论是对政教分离引发的系统性观念危机的"药方"，我国从未出现过政教合一的政治体制和居于思想主导地位的宗教，将"法律信仰"移植为我国法治观念建设的方法论，其实质是割裂了我国现代社会法律建设与传统文化传统的关系，属于药不对症，最终可能会走向文化虚无主义和法律工具主义的错误方向[3]。

学者们对于"法律信仰"理论存在的种种误解和质疑，根源在于学界对这一概念的混淆。伯尔曼在《法律与革命》中最初提及"法律信仰"论时表述道："法律必须被信仰，否则它将形同虚设（Law has to be believed in, or it will not work）。"这里的"believe in"一词被翻译为"信仰"，实则与西方宗教语境下的"信仰（faith）"有着本质区别。"信仰"这一概念本身在西方近代发展中同样历经了现代化进程：狭义的信仰（faith）最初指古代人类个体囿于知识和技术所限，试图超越对客观世界的有限感知，探索人类感官以外的"无限"，从而形成的对上帝这一不可知之存在的绝对信仰。宗教"信仰"可以理解为哲学意义上不可知论的升华，是一种超越了以可感知世界为依据的感性意识和理性意识以外、领悟"无限"的人类意识。[4]而法律"信仰（belief）"的对象——法律显然是可知的世俗产物，其思想起点在于人类的理性意识。"法律信仰"将人类群体追求公平正义的自我意识神圣化，以证明西方法律传统的正当性。究其理论根本在于人们在法律领域中展现的自我意识，即对法律正义理念的追求，而非取决于主权者的个人意志，也不与法律实施后的效益相关。因此，法律信仰并不意味着法律缺乏科学性和正义性，也不意味着其范围扩大至每一个具体的法律条文，更不会与理性批判精神相冲突。

---

〔1〕 张永和：《法律不能被信仰的理由》，载《政法论坛》2006年第3期。

〔2〕 魏敦友：《再评"法律信仰"——向许章润先生汉语法学的进言》，载《福建政法管理干部学院学报》2006年第1期。

〔3〕 范进学：《"法律信仰"：一个被过度误解的神话——重读伯尔曼〈法律与宗教〉》，载《政法论坛》2012年第2期。

〔4〕 〔英〕麦克斯·缪勒：《宗教的起源与发展》，金泽译，上海人民出版社2010年版，第14~32页。

尤其值得一提的是，我国"法律信仰"理论的先驱不可能不知道我国历史上不存在与西方文明相似的基督教传统，亦不存在政教合一的社会结构。如若全然以该书初始提出的"法律信仰"概念来理解中国法理学界的"法律信仰"理论，才是真正意义上牵强附会的移植论和工具论，而若以比较法的全局视角去看待我国与西方法律传统的相似性，即下文重点论述我国法律传统固有的神圣意识，则可以创新性地重构现代社会中法律信仰的概念，进而实现我国法学话语体系下的价值超越。[1]

三、溯源与创新——当代"法律信仰"理论的价值超越

如果以传统的历史法学观点看待古代中国家国一体的政治格局和礼法并治的统治秩序，学界通常会认为中国传统的社会构造和法律传统并不具备神圣化特征，而更多呈现出结果导向的功利性和世俗性。不过，若我们从社会学角度深入剖析家国格局与礼法秩序的形成路径和价值根基，或许会得出截然不同的结论。

伯尔曼系统论证了西方文明中基督教信仰对法律传统的塑造作用，而作为中国古代治国思想的儒家礼法观念对我国法律传统同样具有深远影响。这两种体系化的思想看似截然不同：前者以超验的宗教信仰为核心，后者以世俗的伦理道德为核心，实则具有相当的类似性：二者都是由超验信仰、世俗道德、国家法律构成的复合系统。与西方文明相比，中国传统文化具有强大的世俗性特征，以至于我们时常会忽视处于社会弱势地位的信仰意识对于社会整体意识的塑造作用。儒家经典有关礼法秩序神圣起源的记述可作为例证：《尚书·皋陶谟》中有"天秩有礼，自我五礼有庸哉"的说法，可见礼与法皆为世俗统治者基于上天所安排制定的人间秩序。传统中国的社会秩序建立在天人合一的儒家思想基础之上，世俗统治者受命于"天"，而"天"又是具有伦理性的，进而实现了世俗伦理与神圣信仰在政治秩序上的高度统一，神圣信仰意识本身构筑了传统中国礼法秩序的正当性基础。[2]

---

〔1〕 梁治平：《死亡与再生：新世纪的曙光（代译序）》，载［美］伯尔曼：《法律与宗教》，梁治平译，中国政法大学出版社 2003 年版，第 14 页。

〔2〕 蒋传光：《中国古代宗教与法律关系的初步考察——一个法社会学的视角》，载《法学家》2005 年第 6 期。

"灋"字原本包含了神明审判的痕迹，与"刑"相互作用。早期的"刑"特指肉体受罚，其最初的含义是指受到众人抛弃的宗教惩罚。即使在"罢黜百家，独尊儒术"以后的汉代，人们仍然秉承着受刑即"不洁""不祥"的态度。"天网恢恢，疏而不漏"的观念使得法律的刑事制裁后果获得了一种"替天行道"的神圣性表达效果。为这种与现代人道主义文明中的刑罚"野蛮"的正义观相异的观念做背后支撑的，正是中国人"天人合一"的神圣信仰。因此，中国法律传统并非没有对于法律正义的神圣信仰意识，只是这种信仰并非独立的公共意识，而是囊括于道德一元论的认知模式之中。[1]

无需回避的是中华传统文化中礼法秩序并非全无糟粕，我国礼法传统与现代中国法治建设所需亦相去甚远。但我们应当注意到的是，我国法律传统并非没有现代法治精神和神圣信仰意识。儒家的仁爱精神与西方法理学中的法律父爱主义并未因国别和文化差异而具有价值层面的根本区别。[2]现代社会中法律信仰的重构建立在西方法律传统的人权保障和民主法治的基础上，未尝不可跳出西方文明语境下的"法律信仰"，将马克思主义信仰、中华优秀传统美德与民主法治精神相融合，寻求历史传统与当代经验的交汇点，拓展不同文明、不同时代、不同国度下法律信仰理论的共通性。[3]

四、结语

在"后发国家"的法治建设中，一个至关重要的难题是如何妥善处理在理论界具有先发优势的西方国家法治实践经验与本国固有的传统思想文化和价值认知之间的平衡问题。这既要求治国者展现出高超的实践智慧，也在很大程度上受到我国法学界学术研究成果的影响。随着我国社会经济的快速发展，中国与西方之间的经济差距正逐渐缩小，西方的"大国崛起"故事已不再是现代化发展的唯一样板和标准答案。相反，中华民族的"复兴之路"已经越走越宽广，展现出一片光明的前景。这种变化也反映在学术研究领域。现在，大多数学者已经从最初对西方话语体系的追捧和盲从中逐渐冷静下来，

---

〔1〕 郑智：《中国法律信仰的认知困境及其超越》，载《法学》2016年第5期。
〔2〕 陈亚飞：《法律的教化性——从"法律信仰"论说开去》，载《法学》2023年第7期。
〔3〕 刘鑫鑫、刘婷婷：《用马克思主义整体性理论推进国家文化治理》，载《天水行政学院学报》2018年第6期。

能够以更加自信的态度面对西方文明，并以更为理性、客观和批判的眼光审视西方的思想文化输出。在借鉴西方有益成果的同时，法律信仰的现代化重构更应植根于对我国历史文化和社会实践的探索，提炼并升华出真正适合我国当代法治建设、具有中国特色的学术概念和思想架构。这不仅有助于提升我国的文化软实力和国际话语权，也为现代法治建设的本土化提供了有力的理论支撑和实践指导。[1]

(刘畅　西南政法大学人工智能法学院)

---

[1] 朱彦瑾：《强化我国主流意识形态认同的路径思考》，载《集美大学学报（哲学社会科学版）》2019年第1期。

财产分散化下的自愿契约与社会秩序探析

——读哈耶克《自由秩序原理》

    财产分散化作为现代经济体系的鲜明特色，已显著改变着人类财富的分配格局，更在深层次上影响着个人自由与社会秩序的交织。个体权利意识持续觉醒、市场经济蓬勃发展，我们面临着如何实现个人自由与社会秩序和谐共生的重大课题。哈耶克认为，唯有实现财产的充分分散，再以契约的可执行性为依托，创建起完备的权力网络，方能有效遏制垄断者滥用强制权力的现象，从而确保自由真正惠及每一位个体。[1]基于此，从财产分散与个人自由的紧密关系出发，揭示自愿契约在推动合作与互惠方面的核心作用，并进一步探讨社会秩序在财产分散与自愿契约相互作用下的构建机理，或可为深入理解现代社会法治运行的内在逻辑和未来发展路径提供新的洞见和启示。

一、财产分散与个人自由的交织

    从亚里士多德按"几何比例平等"分配，到"自利"为主、"利他"为辅，再到"最大化幸福"的功利主义，以及如今的帕累托效率指向，社会财富走在分配"正义化"的道路上。[2]虽然哈耶克一直对以密尔为代表的功利主义式自由主义分配正义观提出激烈批评，但也无法否认他提出的一些政策，都与密尔的观念非常相近。[3]直观而言，《自由秩序原理》中财产分散这一

---

    〔1〕［英］弗里德利希·冯·哈耶克：《自由秩序原理》，邓正来译，生活·读书·新知三联书店1997年版，第174页。

    〔2〕刘江宁、周留征：《转型期中国财富的增进源泉、分配正义和主要路径》，载《当代世界与社会主义》2015年第1期。

    〔3〕张继亮：《社会正义是幻象吗？——哈耶克、密尔论分配正义》，载《中国社会科学院研究生院学报》2020年第2期。

概念，即将社会财富和资源从少数个体或组织的集中掌控中解放出来，转而广泛分布于广大民众之间，使财富分配更加均衡。在探讨社会自由秩序时，财产分散被视为保障个人自由、促进社会公正的关键基石，有助于构建一个更加平等、公正且充满活力的社会环境。

在人类社会的漫长演进中，自由被界定得太过宽泛，最终成了人们无法达致的状态，但我们不难看出"自由主义"的大致发展路径：从启蒙运动时期反对君主暴政、追求信仰自由的"古典自由主义"，到19世纪70年代英国式强调国家干预的"自由主义"，和同时期兴起的"新古典自由主义"，形成"积极自由"与"消极自由"的对立局面。哈耶克所阐释的自由，属于探讨国家的最小值及其限度的消极自由，[1]是新古典自由主义的重要体现："一个人不受制于另一个人或另一些人因专断意志而产生的强制的状态。"[2]他通过对自由的对立面"强制"这一概念的辨识，来深化读者对自由的认知。"当一个人被迫采取行动以服务于另一个人的意志，亦即实现他人的目的而不是自己的目的时，便构成了强制。"[3]

不论是以洛克等人为代表，认为私有财产权的排他性拓宽了所有者进行自由选择的范畴与空间；[4]还是以康德为首，认为私有财产权是对个人自由权利的划界与限制；[5]抑或是黑格尔将私有财产权理解为自由得以实现的必要条件，都反映了在西方文化中，私有财产权于自由而言，一直有着不可替代的作用。哈耶克也不例外，他强调个人只有在确获保障的私域中，才能抵御来自他者的强制，因而对私有财产权的承认，是维护自由的基本条件。在现代社会中，保护个人免受强制之害的基本要件，发展为使个人能够实施任何行动计划的物质财富不应处于某个其他人或机构的排他性控

---

〔1〕 罗克全：《"古典自由主义"之"古"与"新古典自由主义"之"新"——"消极自由"主义国家观研究》，载《南京社会科学》2005年第4期。

〔2〕 ［英］弗里德利希·冯·哈耶克：《自由秩序原理》，邓正来译，生活·读书·新知三联书店1997年版，第4页。

〔3〕 ［英］弗里德利希·冯·哈耶克：《自由秩序原理》，邓正来译，生活·读书·新知三联书店1997年版，第163~164页。

〔4〕 陈浩：《私有财产权是自由的必要条件吗？——对〈法哲学原理〉"抽象法"章的再考察》，载《现代哲学》2013年第5期。

〔5〕 陈颖：《黑格尔对康德财产权思想的批判与重建——从抽象道德法则到伦理实体规则》，载《道德与文明》2021年第2期。

制下。[1]可见，财产分散这一社会财富和资源分布格局从根本上瓦解了垄断势力形成的土壤，任何单一实体都难以积累足够资源来对整个社会施加支配性影响，大幅降低了强制行为发生的风险。在哈耶克所著的《通往奴役之路》中，我们亦能找到对该观点的印证："私有财产权是自由的重要体现，这不单是对有产者，而且对无产者也是一样。只是由于生产资料掌握在许多个独立行动的人手里，才没有人有控制我们的全权，我们才能够以个人的身份来决定我们要做的事情。如果所有的生产资料都落到一个人手里，不管它在名义上是属于整个'社会'的，还是属于独裁者的，谁推行这个管理权，谁就有权控制我们。"[2]

财产分散化中，每个人都拥有一定的资源和能力来维护自己的权益，社会范围内形成的去中心化态势，为个人自由的发展创造了更为宽广的平台和机遇。首先，财产分散必然带来市场参与者数量的增长，随之而来的是各种商业模式和创新理念如雨后春笋般涌现。多元化的市场环境带来的更多竞争者令垄断者"自身难保"，同时给消费者带来前所未有的选择权。其次，财产分散导致的权力分散，减少了强制和压迫的风险，也提高了社会成员之间制衡与协商的可能性，给不同群体之间的利益冲突以更优的解决方案，维护社会秩序的和谐稳定，为个人自由构筑起坚实的基石。

除此之外，财产分散让个体拥有一定的财产和资源，激发他们投资创新技术研发的欲望，享受新技术带来的便利和效益，同时个人的自由权利也得到了更好的保障。

每个人有无财产并不重要，关键在社会层面，经济权力必须实现合理的分散，这缘于财产分散会以其独特的方式在社会范围内形成自由竞争的制度，有效抵御强制之威胁，从而保障个人自由。

二、自愿契约：合作互惠的法律纽带

在财产分散化的基础上，每个个体都享有更丰富的自主权利及更大的决

[1] [英]弗里德利希·冯·哈耶克：《自由秩序原理》，邓正来译，生活·读书·新知三联书店1997年版，第171~173页。

[2] [英]弗里德里希·奥古斯特·冯·哈耶克：《通往奴役之路》，王明毅等译，中国社会科学出版社1997年版，第123页。

策权限，这使得资源的配置和流动更加灵活高效。商品经济高度发展带来商事关系和民事关系的发展，因而买卖契约、租赁契约、借贷契约等契约关系也得以发展。[1]那么，出于对市场参与者之间平等地位和自由意思表达的保护，[2]自愿契约应运而生，它允许个体在平等、自愿、公平的基础上，基于各自的利益需求，以相互信任和尊重为前提，通过协商达成关于资源交换、服务提供、权利转让等方面的共识。关于自愿契约的重要性，哈耶克表明："由契约创建的整个权利网络，乃是我们确获保障领域的一个极为重要的一部分，而且由于它在很大程度上也是我们构想计划和实施计划的基础，所以其重要性一如我们自己的财产。"[3]

同样是以获取所求资源为目的，自愿契约区别于强制行为，在人际合作中，自愿契约并非通过外力的强制来阻止一个人充分运用他的思考能力，而是以自愿和共识为推手，为对方提供服务。这也是自愿契约的魅力所在——双方都能从中获益。在自愿契约中，各方都是出于自身利益的考量而参与其中，但这种利益并非孤立存在，而是建立在相互尊重、相互支持的基础上。通过自愿契约的签订和履行，各方不仅保障了自身的利益，同时也为对方创造了价值，实现了真正的互惠互利。"这些人只是出于他们自己的目的而帮助我们，所以我们可以凭借这种由完全陌生的人所提供的帮助并运用这种帮助去实现我们所希望的各种目的。"而真正使这种互益合作成为可能的，是社会中广泛存在的、能够满足个体多样需求的资源。因此，个体无需依赖特定的某一人来满足生活的基本需求或追求个人的成长与发展。这种自由与选择的权利，正是财产分散建立的自由竞争机制所赋予的。这种竞争机制有效地制约了拥有特定资产的个体，使得他们无法单方面地行使强制权力，从而确保了合作的自愿、平等与公正。[4]

自愿契约的缔结，实质上是各方在平等、自愿的基础上，经过深入的沟

〔1〕 朱书刚：《论契约社会与契约伦理在西方的生成和在当代中国的建构》，载《马克思主义与现实》2004年第6期。

〔2〕 赵万一、吴晓锋：《契约自由与公序良俗》，载《现代法学》2003年第3期。

〔3〕 [英]弗里德利希·冯·哈耶克：《自由秩序原理》，邓正来译，生活·读书·新知三联书店1997年版，第174页。

〔4〕 [英]弗里德利希·冯·哈耶克：《自由秩序原理》，邓正来译，生活·读书·新知三联书店1997年版，第174页。

通与博弈，最终达成共识的结果。这一过程强调的不仅是协商与妥协，更是对各自权益与责任的明确界定。契约自由的出现，标志着从身份社会到契约社会的转变，[1] 人们的法律地位平等，自由权利获得充分尊重，能够有效防止剥削和压迫；最终形成的契约内容具体详尽，减少因含糊不清而引发的潜在纠纷，确保高效履行，促进市场经济的发展。

基于这种认识，哈耶克一生都在为维护新古典自由主义思想追求而努力，他坚信秩序的自生自发性，人的自由是复杂的环境下相互竞争和试错、试验的产物，[2] 从而成为一个自由市场制度的坚定捍卫者。自愿契约在哈耶克理想的财产分散化的社会背景下，不仅连接了个体之间的合作与互惠，还促进了社会的和谐、公正和信任。它不仅仅是一种法律文件，更是一种基于自由意志、相互尊重和公平原则的社会交往哲学，值得我们深入探究和广泛实践。

三、财产分散与自愿契约共塑社会秩序

（一）财产分散化对社会秩序的影响

对于确保个人自由，哈耶克主张与其盯着虚幻的政治自由，不如更多地关注经济生活领域，一个人的自由最真切地体现为他的经济自由，即从事经济活动的自由。[3] 个人主义既存在于哈耶克的方法论中，也是其自由主义的核心理念和实质内容，"'自由'仅指涉人与他人间的关系"。[4] 这也是本文第一部分所介绍的通过私有财产制度的完善和财产分散化，以确获私域保障，防止公共权力和其他人的强制的观点。这一主张的本质是，为了缓解由于政府干预政策中富人偏向性导致的愈来愈大的贫富差距，即"富人阶层为维护自身利益，利用经济地位裹挟政治，影响政府政策调整和制度改革"，[5] 以免

---

〔1〕 苏号朋：《论契约自由兴起的历史背景及其价值》，载《法律科学（西北政法学院学报）》1999 年第 5 期。

〔2〕 刘东方、王国坛：《通往自由之路的实现路径——回应哈耶克〈通往奴役之路〉》，载《甘肃社会科学》2020 年第 2 期。

〔3〕 蒋永甫：《哈耶克自由理论初探——基于〈自由秩序原理〉的文本解读》，载《新东方》2014 年第 4 期。

〔4〕 龙凤钊、张丽琴：《评哈耶克〈自由秩序原理〉》，载《凯里学院学报》2013 年第 1 期。

〔5〕 姚金艳、李群弟：《国外贫富差距研究的学术谱系及理论反思》，载《湖北大学学报（哲学社会科学版）》2023 年第 4 期。

贫富差距的加大引发的权力不平等和政治极化，进而出现"强制"，打破社会秩序的稳定状态。财产分散化，仍旧发挥着不可或缺作用的法律和道德规范等传统的治理工具，不再足以单独支撑社会秩序的稳固，从而使个体间的自愿契约提供的利益协调机制登上舞台。个体之间地位的平等趋势提升双方交流的可能性，带动推动社会阶层流动，社会结构多元化和复杂化。然而，随着财富和资源的广泛分配，不同个体和群体之间的利益关系更为复杂。这就要求法律和政策制定者具备更高的智慧和敏锐度，以应对这些挑战，确保各方利益的平衡，维护社会的稳定与发展。[1]

（二）自愿契约在社会秩序构建中的作用

法治的形式价值搭建起稳定的社会制度，法治的实体价值维系着社会的内部和谐，法治的正义价值化解了社会的矛盾冲突。[2]

以"新古典自由主义"为基础，哈耶克的法治理论试图在法实证主义和自然法法治观之间开辟一条新路[3]——"法治是一种关注法律应当是什么的规则，亦即一种'元法律原则'或一种政治理想。"[4]

作为一般的行为个体，经济当事人在行动过程中只受内部规则的引导和制约。自愿契约属于"内部规则"，是人类活动的结果，代表了法治的真正精神。[5]在财产分散化的社会背景下，"如果那些追求个人的目的的所需求的资源或服务处于稀缺的状态从而必定为某人所控制，那么我们就必须用财产权规则和契约规则来界定个人的私域"。[6]在哈耶克看来，自愿契约是法律在维护一种全面的行为秩序，是每个人自由发展的手段之一。这一观点他在《什么是自由主义？》中也有提及。自愿契约，具备道德信念和法律规范的双重约

〔1〕 曾贵：《哈耶克市场秩序的三个维度及其启示——基于〈致命的自负〉和〈自由秩序原理〉的文本解读》，载《中共南京市委党校学报》2009 年第 4 期。

〔2〕 杨亚佳：《论法治与和谐》，载《河北法学》2006 年第 12 期。

〔3〕 朱振：《超立法原理：对哈耶克法治理论的重构与反思》，载《国家检察官学院学报》2016年第 2 期。

〔4〕 ［英］弗里德利希·冯·哈耶克：《自由秩序原理》，邓正来译，生活·读书·新知三联书店1997 年版，第 261 页。

〔5〕 曾贵：《哈耶克市场秩序的三个维度及其启示——基于〈致命的自负〉和〈自由秩序原理〉的文本解读》，载《中共南京市委党校学报》2009 年第 4 期。

〔6〕 ［英］弗里德利希·冯·哈耶克：《自由秩序原理》，邓正来译，生活·读书·新知三联书店1997 年版，第 175 页。

束，贯穿现代民主法治理论与实践过程，[1]弥补了静态制度层面和动态运作中法律和法治的局限性。[2]

个体根据自身需求和意愿，选择最合适的交易方，实现社会资源的优化配置，推动合作互惠的深入发展，同时融洽社会人际关系；契约的签订，帮助明确各方的权利和义务，以摒除错综复杂的经济环境中交易合作面临的诸多未知风险。自愿契约作为法治建设中的重要一环，对维护社会秩序稳定有重要意义。

（三）财产分散与自愿契约的协同作用及其在社会秩序构建中的价值

综上所述，财产分散化为自愿契约提供了更多的应用场景。当财产不再集中于少数人或机构手中时，个体间的经济互动变得更加频繁和多元，即自由竞争市场促进经济个体多样与分化，构成要素多样性增强市场秩序的重要性与价值。自愿契约明确各方的权利与义务，确保交易的公平与效率的价值得以凸显。反观之，自愿契约进一步巩固了财产分散化的成果。自愿契约的约束效应促进了个体间交易行为的规范化与透明化，切实防范信息不对称及欺诈行为的风险；同时，保护产权的明确界定，使财产所有者得以充分行使自身权利，避免因产权模糊而引发的各类纷争与冲突。二者构建起的良性循环不仅有助于维护市场经济的正常运行，更为社会稳定秩序的构建提供了的基础。

四、结语

哈耶克在《自由秩序原理》中深入剖析了财产分散、自愿契约以及合作互惠等核心要素，并着重强调了它们在构建和维系自由社会秩序中所扮演的关键角色。财产的分散是对个人自由与权利的尊重，更是对社会公正与合作精神的深刻诠释。自愿契约的制度设计鼓励人们根据自愿和平等的原则，基于信任、尊重与互惠的共识，达成有效协议，实现从零和博弈向合作共赢的转变。在推动社会的繁荣与发展的同时，增进人与人之间的和谐与理解。

这为我们探析自由社会的运作机制开辟了一个别具一格的视角，财产权

---

〔1〕 万斌、张涛：《论和谐社会中契约秩序的实现》，载《社会科学战线》2005年第4期。

〔2〕 庞正：《法治秩序的社会之维》，载《法律科学（西北政法大学学报）》2016年第1期。

的分散化并非仅仅局限于法律层面的制度安排，更是蕴含着社会治理的哲学思考——只有在充分尊重和保护个人权利，才能实现社会的和谐与稳定。自愿契约作为这一哲学思考的具体实践形式，展现了人们通过合作实现共赢的可能性。《自由秩序原理》这一部关于自由、秩序和繁荣的指南，其深邃的思想对于今天的社会依然具有重要的启示和借鉴意义。

（宋茹颖　西南政法大学人工智能法学院）

论自然权利、契约精神与社会秩序构建的关系

——读洛克《政府论》

不论古希腊城邦政治还是古老东方的炎黄社会，众学者不断尝试对于其社会运行规律进行合理化、系统化的解释。英国著名思想家约翰·洛克于《政府论》中明确指出："人乃生而自由。"但在原本的自然状态中，洛克认为缺少一个具有共识性的行为准则即被人们普遍认同和接受的法律以及能够公正处理纠纷的权威裁判者。[1]所以洛克又说："政府权力源自受政府管理的成员，即人民。"[2]被誉为"自由主义之父"[3]的洛克所构想的秩序与自由的自洽性，和其秩序基于何种制度之间，非常值得探究。对此本文将以自然权利与政府权力的分配平衡点为切入点，进而探讨社会制度之根本基础，最终于权力分配平衡及社会制度规范下的社会中，审视自由与秩序的对立统一关系。

一、权利的博弈：于自然权利与政府权力间求平衡

洛克对自然权利与政府权力的深入探讨极具启发性。通过对菲尔麦《父权论》"一切政府都是绝对君主制；其依据是：没有人是生而自由的"[4]观点的批判驳斥，洛克提出自身主张。洛克主张政府是人们通过契约让渡部分权利所形成的第三方。换言之，自然权利的有限让渡意味着政府权力在合理性论证中仅是公民契约的产物。政府权力源自政府所管理的成员，旨在保护

---

〔1〕 沙金：《走向有限政府：洛克政府理论及其启示》，载《学术论坛》2012年第2期。

〔2〕 高照明：《洛克论有限政府》，载《学海》2011年第2期。

〔3〕 参见袁朝晖：《权力、良心与秩序：约翰·洛克宗教宽容思想新探》，载《世界宗教文化》2023年第5期。

〔4〕 [英]洛克：《政府论》（上篇），瞿菊农、叶启芳译，商务印书馆1964年版，第4页。

人们包括生命、自由和财产在内的自然权利。

如卢梭所言："人生而自由，却无往不在枷锁中。"个体的自然权利与生俱来且不可随意剥夺，这些权利是人之为人的基本价值体现。然而，政府建立后政府权力随之产生。政府由选出的少数人担当社会角色，若政府权力缺乏有效制约与规范，就可能滥用权力，从而侵犯人们的自然权利；反之，人们手中掌握的权利过多，亦会使政府陷入无权威状态。这使我们不得不直面于法学语境下，自然状态中个体权利与政府构建后所掌握的权力之间，究竟应如何达成一种精妙的平衡，是应倾向于保障个体的初始权利，还是应更多地赋予政府以必要的管制权力？

一方面，自然权利具有不可侵犯性。自然权利论者指出：在社会的自然状态下，自然权利深深扎根于人类的自然本性之中。自然权利保障了人们的基本生活，故而即便在无法律的原始社会，人们亦能共同生活并不断进化。在假设的自然状态中，由人们内心所认知的自然法来规范社会生活。但人们的生产活动始终具有私人性，因为即便在类人猿时期，共同的食物在吃进嘴里那一刻，已然变成私人财产。故而无论处于何种社会阶段，人们始终拥有私人财产。而自然状态之所以难以为继，正是由于仅存于意识中的自然法无法调节现阶段人们之间自然权利的冲突。由此，通过契约和承诺，自然状态转入具有实质政治意义的社会。既然是为了保护自然权利而使政府权力产生，那么作为自然权利的派生，必然不能逾越自然权利的不可侵犯性。

另一方面，政府权力的缺失可能会导致社会陷入混乱与无序。政府的必要管制权力对于维护公共秩序、保障社会稳定至关重要。但权力的"必要"界限究竟在何处？针对政府权力的界限，学者聂越超提出"消极权利之保障原则"。政府处于消极作为的地位，要当好守业人的角色，平衡好公民权利与政府权力的关系。[1]洛克主张有限政府，为防止权力滥用对自然权利造成侵犯，他主张实行分权制衡、法治和公众参与等制度，以确保政府权力受到有效约束和监督。

即便法律作为天秤砝码，在自然权利与政府权力间仍存在着不容忽视的界限。法律将自然权利擢升为社会共同保护之利益，亦以明法形式对政府权

---

〔1〕 参见颜海林、张秀：《论有限政府的基本特质》，载《湖南大学学报（社会科学版）》2010年第1期。

力予以有力规约。即便处于同一载体，自然权利作为个体之初始权利，意在保护私人财产；而政府权力乃个体所期冀的调节权利冲突之第三方，旨在规制个体的权力界限。政府权力之管制与自然权利之自由存有必然冲突。故而，需政府借法律构建一个新的社会概念——社会权利，[1]以弥合二者间之错位。社会权利，乃是基于政府权力所能产生的积极社会效应，准许其创设与自然权利相对应之个人权利。换言之，即人们仅在社会状态下可获得的法律权利。因为在具有实质政府意义的社会状态中，古典自然法学派的自然权利概念未能涵盖人们权利的全部内容，而社会权利恰好弥补了自然权利的缺失并与政府权力接轨。权利与义务相对应，人们在享受社会权利的同时，亦要履行政府权力所规定的义务；同样，政府权力在运用时，亦要注重对自然权利的保护。双方同时兼具权力（利）与义务。

社会权利既满足了人们的社会性需求，又维护了社会秩序。至此，自然权利与政府权力可通过法律创设的社会权利达成一种微妙的平衡状态。

二、制度的基石：是契约精神还是权力集中？

从某种程度来说，社会契约始终更应当是洛克所言承载着人们的共同意志的载体，促使自然社会进入具有政治实质意义的社会。尽管霍布斯与卢梭和洛克对于人的自然状态有着不一样的理论思想，但"自由是达成契约的前提"是他们理论的"最大公约数"。[2]社会契约构建于人们的自然权利之上，而契约精神的宗旨便是保护人们的自然权利。

洛克认为，创建一个合法的政治社会，要以大多数人的同意原则作为共同体存在的前提。[3]人具有社会性，为了满足社会需求，具有同种需求导向的社会个体往往会聚合起来，从而形成具有"大多数"特征的群体。就当时英国的革命形势来看，洛克的学说在一定程度上是反对革命进一步深化这一劳动人民群众的要求的。可见，大多数并非数量上的"大多数"，而是当时资产阶级和新贵族以及部分封建贵族——这些在当时英国社会代表力量的"大

---

〔1〕 汪国华、周伟：《社会权利理论发展与"新社会权利"兴起》，载《兰州学刊》2011年第9期。
〔2〕 参见万晓飞：《自然状态是事实还是假设？——以霍布斯、洛克和卢梭为例》，载《北京理工大学学报（社会科学版）》2016年第1期。
〔3〕 王卫：《构建和谐社会的路径探讨》，载《教学与研究》2005年第7期。

多数"群体。同时，"阿罗不可能定理"表明，无论社会契约如何彰显"每个成员都是共同体整体中不可分割的一部分"的基本原则，都无法消解在这些不同的部分间（亦即不同的人之间），由于彼此歧异出现张力冲突的必然性。[1]

卢梭认为，社会契约以人人平等为基础签署，所以它可以规定什么是全体成员所应该做的事，同时也可以规定任何个人没有权利要求别人去做其不想做的事。[2]然而人们渐次发现，在权力运行过程中，自由与平等会因诸般现实情形而不断异化。与此同时，部分人依据洛克的劳动价值论，人们凭借更多的劳动将越来越多财产转换为私人财产，部分权力也随之会抽丝剥茧地逐渐集中在少部分人手中。但是少部分人是否代表大多数人的意志令人心存疑惑。

进入社会状态后，洛克依照英国独有的两权制衡的逻辑，将议会的立法权置于政府的行政权之上。[3]在此基础上，政府要有序解决社会纠纷和冲突，不可避免地需要一项特权——自由裁量权。[4]顾名思义，这是一项社会契约未曾提及的"特权"。形式上，其似乎违背了洛克的有限政府原则；实质上，这是不可避免的权力集中。

这促使关于制度的设计究竟是基于人们自由意志所体现出的契约精神，以保障公平正义，还是可能演变成权力集中工具的思索不断深化。吴恩裕提出，"国家政权的形式与国家政权的阶级实质的不可分性"。[5]在社会治理中，权利正当性所要回应的不是"谁是合法持有社会治权的主体"，而是要回答"什么使治理权力成为德行上对的"这个问题，即回答治理权力本身的起源和由谁行使的问题。[6]相较洛克的"人人生来平等"，两个世纪后马克思的阶级观点则与现实更为契合。马克思主张"阶级斗争是阶级社会发展的直

〔1〕 刘清平：《卢梭〈社会契约论〉的深度悖论解析》，载《学术界》2023 年第 2 期。

〔2〕 张顺、何勤华：《中国式法治现代化的域外思想参鉴——卢梭的"人民法治"思想论析》，载《山东师范大学学报（社会科学版）》2024 年第 1 期。

〔3〕 〔英〕洛克：《政府论》（下篇），叶启芳、瞿菊农译，商务印书馆 1964 年版，第 92 页。

〔4〕 参见吴昱江：《紧急状态下的法治与行政特权——康德、施米特与洛克的理论局限》，载《政法论坛》2017 年第 2 期。

〔5〕 吴恩裕：《论洛克的政治思想》，载《政治学研究》1981 年第 3 期。

〔6〕 参见蔡宝刚：《认真对待权力制约权力机制的反腐缺漏》，载《理论与改革》2016 年第 6 期。

接动力"，他承认了社会状态下，有不同社会需要的人之间会形成力量对比。洛克认为，凡是在和平中创建的政府，都是基于人民的同意建立的。[1]在社会状态下，要合理地行使政府权力，首先应避免政府权力的泛化，由担当该社会角色的公民集中收集公民意志，将其转化为社会制度。

由此而知，社会制度的基石是契约精神，权力集中是构建普遍认同和接受法律制度的工具。过于集中的权力容易产生腐败，这已成为共识。"赋予治理国家的人以巨大的权力是必要的，但这也是危险的。"[2]所以，权力掌握在谁的手里和集中程度决定着是否能够坚守契约精神的制度基石。

三、理念的碰撞：自由的追求与秩序的维护相辅相成

几千年来，思想家对于自由的追求与制度的维护争论不休，使法学学者们不断自我叩问，究竟是应毫无保留地鼓励自由，还是要在一定程度上优先考虑秩序？基于极端假设论证法，下面将从无政府主义与绝对君主权力的矛盾来剖析该论题本质。

巴枯宁主张绝对自由，其设想实现后的乌托邦式自由为人人绝对平等，社会不再有宪法与法律。施蒂纳提出根本政治理念——国家乃一切罪恶之源。在西方政治发展史及西方政治意识形态谱系中，曾出现多种不同变体或理论流派的无政府主义。然而，一般认为几乎所有形式的无政府主义都包含这样一个思想内核：反对一切权力和权威，代之以个人或小团体的绝对自由和极端民主。换言之，无政府主义本质实则为反权威，其认为个人权利无需或不应被权威力量所限。在洛克所设想的自然状态中，人们自觉以自然法规范自身行为，但因利益驱使违背自然法者使战争状态出现。为避免战争状态，互害之人签订协议进入社会状态。但是，为何不签订协议将互害之人清除而恢复自然状态？实则道理浅显，清除互害之人乃变相隐藏矛盾，解决产生问题之人并非解决问题本身，仍会有矛盾源源不断出现。因自然法未明文规定权利界限，故人在行使自然权利时仍会侵害他人自然权利。

恩格斯在《论权威》中明确指出，在当前社会状态下，绝对自由、完全不存在权威的情况不可能出现，权威有其存在的必要性与合理性。由此可知，

---

〔1〕 杨舒敏、于文杰：《约翰·洛克对外权理论探源》，载《史学月刊》2023 年第 7 期。

〔2〕 王凤鸣、陈海英：《论权力集中与权力制约》，载《理论探讨》2014 年第 5 期。

追求绝对自由的完全民主社会目前并不存在。早期社会学家孔德与涂尔干相信秩序是权威社会制度的产物。当"权威"概念存在正当性时，我们又容易滑向另一个极端——绝对权力。施米特认为，政府本质在于决断，决断的关键在于绝对的权威。如果说多数无政府主义倾向于"性善论"，即相信仁义礼智乃人之本性，依靠人天生的自治能力而无需外力即可自发实现良好社会秩序。那么，施米特等主张绝对权力的神学保守派则倾向于"性恶论"，认定人性卑劣，必须施以严格管制。[1]

可见，无政府主义与绝对权力主义之间本质问题就是——秩序是否需要权威来维护？洛克在《政府论》中未明确给出答案，但其有限政府观传达出一种妥协思维。事实上，在资产阶级革命后的英国社会，封建王权与资产阶级矛盾不断激化的背景下，洛克的政府观其实质是为资产阶级辩护的政治思想。从英国宪法学意义上说，妥协能克服国家行为中的两种极端，斥逐革命激进主义与反革命保守主义的偏激，吸收革命与保守的合理内涵。

所以，自由的追求与秩序的维护并非绝对对立，而是可相互协调与统一。不过相较于"性善论"与"性恶论"的较量，莫尔的"善恶选择论"更有说服力。深受皮科与奥古斯丁影响，莫尔肯定人的自由意志，但并不认为人人都会运用自由意志择善去恶，只认可人能进行自由选择。同时，他强调理性和道德对人的引领与约束作用，以期人们择善去恶，携手致力于良好政治秩序。莫尔认为法律可限制人的自由意志，人们须坚定遵循与维护法律以更好运用自由意志。[2]换言之，莫尔并不认为法律是政府权力侵害自然权利的工具，而是引导自由意志构建良好社会秩序的航标。托马斯·阿奎那曾言："我们赖以辨别善恶的自然理性之光，即自然法，不外是神的荣光在我们身上留下的痕迹。"[3]莫尔同样认为自然法是上帝规定的善恶标准，在社会状态下同样适用。

关于秩序应由何种权威来维护之问，莫尔死前在狱中表示，"每一部合理

---

[1] 刘成成、王凯慧：《"现代思想史视域中的施蒂纳"学术研讨会综述》，载《山东社会科学》2017年第1期。

[2] 参见吴元东：《政治秩序与托马斯·莫尔的"理查三世"书写》，载《社会科学战线》2017年第9期。

[3] 顾俊杰：《论上帝作为立法者的意义》，载《同济大学学报（社会科学版）》2014年第3期。

制定的法律，不是每个人都必须宣誓，也不是每个人都必须履行实际上非法的法律而招致上帝不满的后果"，以表示其对"至尊法案"的不认可。诚如希斯拉德的观点："构成人类全部或主要幸福的是快乐"，而快乐是指"身体或心灵上的动与静皆因顺应自然而感受到愉悦"。[1]可见，世俗法律虽重要，但仍须处于自然法之下，不能僭越。正确的权威应是人民内心认同的，即符合人民心中自然法标准且愿意主动服从与注重团结的权威。秩序的维护需舍弃一些自由为代价，但秩序亦能更好保证自由实现。

（侯婷婷　西南政法大学人工智能法学院）

---

　〔1〕　王闯闯：《驯服傲慢：〈乌托邦〉的道德哲学及其历史意义》，载《学海》2023 年第 5 期。

从"两种道德"到法律的本体论

——读富勒《法律的道德性》

在当代，西方思想史上展开了有关"恶法非法"和"恶法亦法"的两派争论，法律本体问题也由此展开。在《法律的道德性》一书中，富勒作为自然法学派的代表人，抛弃传统自然法之类的虚构，直接诉诸道德。他的观点是，立法的宗旨在于引导人们的行动遵循一定的规范。他把法律界定为有既定目的的工程，分为显性与隐性的伦理标准：显性的伦理确保法律与社会的道德追求和愿景保持一致，而隐性的伦理则蕴含在法律的内涵之中，用于衡量法律自身及司法人员行为的德性尺度。一个有效的法律必须具备这两种德性，否则就丧失了法律的存在资格。[1]

一、规则？抑或道德？：哈特与富勒的概念之争

专家提出了不同观点，哈特和富勒之间的争论焦点是法律的目标是否独立于法律之外或独立于构成法律的一部分，以及目标的实质究竟是怎样的。[2]在对法律概念的讨论中，哈特主张法律由基本规则和衍生规则共同构成。基本规则规定了人们应当或不应当进行的行为，而衍生规则依附于基本规则之上，涵盖了承认规则、修改规则和判决规则。这些规则的作用在于引入、更改或废除基本规则，或者确定其适用范围以及监督执行。简而言之，基本规则涉及义务，而衍生规则关乎权利的授予。富勒则视法律为使人的行动顺从规则的事业，但此事业的成败很大程度上取决于诸如人的努力、洞察及道德等不稳定的"人性因素"，因而法律事业注定无法完全达成其既定目

---

〔1〕 刘云林：《法律的道德性：依据及其价值》，载《南京社会科学》2001 年第 9 期。

〔2〕 〔荷〕鲍琳·韦斯特曼：《法律手段和法律目的》，赵波译，载《学习与探索》2006 年第 3 期。

标。[1]

哈特提出的法律观念实质上属于一类"管理命令"，这与富勒对法律认识所界定的两种不同的社会秩序的构建方式并不相同。在这类管理命令下，从属者遵循上级发布的命令，其主要针对的是调控立法机构同公众的互动，而非公众个体之间的相互关系。而在富勒认为的法律秩序中，公民遵守规则是为了处理自己的事情，这种规则服务的利益是社会利益，并且主要调整公民与公民的关系，对于公民与权威的关系仅仅是一种附带性的介入。然而，在实际生活中，上述两类形态往往呈现出复杂交织、难以界定以及畸变的状态。如果从管理层面审视法律内在伦理，不难发现，它实质上依循效用主义，扮演着实现法律宗旨的工具角色。从法律结构的角度观察，立法者与遵法者互相期望的利益平衡，实为一个运作良好法律体系的核心所在。[2]当哈特将法律与道德分离开来的时候，他们争论的问题就被带到"忠于法律"的现实问题上来。当哈特表明实证主义坚持"分离说"是为实现"效忠于法律"这一理想时，他本人所表明的立场中也隐含着一种价值取向或道德目标，即"效忠于法律"是一种有益于人类的东西。如果忠于法律是人类追求的一种理想，那么在这个理想的背后一定会有人们所普遍接受的价值来支撑，正是这种价值引导法的整个运行过程，并使得人们对法律的服从有了正当性。因此，如果问题的讨论进入实践层面，那么"法律应该是什么"这一道德问题就不能回避。而当以哈特为代表的实证主义法学派将"法律应当是什么"从法律的概念中剥离出来之后，诸如"为什么要服从法律""为什么要尊重法律"这样的问题就不能得到合理的解释了。所以哈特想要通过坚持"分离说"来达到"忠于法律"的目的，从理论上讲是不充分的。其归根结底还是要回到对道德问题的讨论上来。

哈特与富勒观点最大的区别在于，哈特强调立法，而富勒强调法学实践。实证法学强调法律与道德价值的分离，以权威性制定和社会时效来定义法的概念；而社会法学则强调法律应该为了社会利益而存在，更加关注法律与社会的关系。经过对比分析，我们不难发现，富勒所阐述的"内在道德"观念在现实层面上更接地气，同时在理念构建上亦更显得完整无缺。简而言之，

---

[1] [英]哈特：《法律的概念》（第2版），许家馨、李冠宜译，法律出版社2011年版，第53页。
[2] [美]富勒：《法律的道德性》，郑戈译，商务印书馆2005年版，第241~242页。

富勒对"内在道德"的论述实现了对法律外在形式上的合理性及其内在真实性的有机融合。在这方面,"外在形式上的合理性"要求法律的规范结构和运行机制必须公正无私且普遍适用,而"内在真实性"则指法律需与基础性的价值观念保持一致。在另一边,哈特则坚定地反对将"道德的认同"与"责任感"纳入法律的范畴,执着于认为法律的实质内容与其形式上的合理性不应相互牵连。因此,哈特支持的法律理论仅表现出了形式合理性的元素。然而,正是哈特和富勒这两种差异明显的思想相互质疑和对话的过程,极大地丰富了我们对于"法律究竟为何物"这一问题的理解与思考。[1]

二、法律的道德性基础:道德与法律的交叉融合

根据富勒的观点,普遍的道德观可以归纳为"期望的德行"与"责任的德行"。期望的德行代表了理想的良善生活,体现着卓越的伦理标准和人类潜能的完满发挥。相反,责任的德行则构筑了一套基础法则,这些法则不仅维护了社会秩序的可能性,也帮助社会实现了其既定目标。期望的德行是至高无上的道德境界,是人们向往的理想状态;而责任的德行则形成了建设井然有序社会的基线。期望的德行以人的极限潜质为起点,而责任的德行则是从基础出发的起点。富勒提出,法律规范所关注的主要是责任的德行。

道德和法律的相同点在于它们都可以对人们的行为起到约束作用。两种道德的不同标准决定它们对于人类行为将会有不同的裁断,以高额赌博——富勒所说的"深度游戏"为例,这种行为会造成时间和精力的浪费,像毒品一般影响着上瘾的人。从义务的道德的评判标准来思考,深度游戏会使他们忽视自己的家庭,忽视对社会的义务,为了使一个社会正常有序运行,义务的道德便向他们提出避免深度游戏的义务;而从愿望的道德的评判标准来考虑,在一个高道德水平的视角下,它不会对所谓的深度游戏提出谴责或批评,从中折射出来的是对这种行为的蔑视。因为愿望的道德总是从人们所能达到的最高点出发的,它无法强制每个人去做到才智之士所能做到的事情。虽然我们无法对愿望的道德和义务的道德有明确的区分标准,因为每个人心中的完美图景并不是相同的,即便是这样,我们每个人也都明白什么样的事情是

---

〔1〕 余煜刚:《法律的概念:哈特与富勒之争——以"理想类型"的建构为视角的分析》,载《理论界》2022 年第 7 期。

显失公允的。所以在富勒看来，法律只能从义务的道德出发，找到某种行为是否应当被法律所禁止的尺度。而愿望的道德告诉了我们法律所要追求的理想的社会是怎么样的，我们只能通过创造一些规则来达到人类理性生活的必需条件而不是充分条件。富勒在引入愿望的道德与义务的道德的区分后又借助这一区分提出一组相对的概念，即"法律的内在道德"与"法律的外在道德"。法律的外在道德主要指为传统的自然法学者所主张的法律的各种实体目的，如公平、正义等；法律的内在道德的提出正是富勒对于传统自然法学说的超越性发展。在阐述法律内在伦理时，[1]富勒明确了八条基本法则：第一，法律应普适且具普遍性；第二，法律需要公正发布并公开透明；第三，法律应当可以预知，不对过去行为产生效力；第四，法律须具体明晰；第五，法律的条文不得自相抵触；第六，法律设定的要求须在人类能力范围之内；第七，法律条文应维持一定的连续稳定性；第八，官员的具体执行必须与所公布的规则保持一致。若法律不能满足这八项原则，就会导致造法失败。例如，在希特勒统治下的政权中，公民不得不考虑自己是否有义务遵守纳粹恐怖的魔爪尚未横加蹂躏的那部分法律。百姓对于当时政权制度的遵守并不能被认为是遵守法律，那只是单纯的对当政权威的尊重或服从，因为希特勒并未创造出任何法律。

法律与道德的融合并非随意、不加限制的。两者的关系必须限制在一个合理区间内，若法律过分排斥道德，那法律至上主义就会导致社会治理的僵化，法律施行的阻力、难度和成本都相当大，而道德是其中良好的润滑剂。此外，现代法律理论研究表明，法律有以下几点局限性：第一，法律只是许多社会调节方法中的一种；第二，法律并不能有效干预或解决所有社会问题；第三，法律具有保守性、僵化性和限制性；第四，法律有很大的运行成本；第五，法律想要将其作用充分地发挥需要依赖很多社会条件。[2]正是这些局限性导致法律不能抛开道德去独立治理一个社会。在法治社会，社会的基本调控手段必然是法律，如果社会治理过分依赖法律而忽视了道德的作用，这样将会给社会带来很大的伤害，甚至让人感受到法律的恐怖。就如希特勒所

〔1〕 邹立君：《法律的内在道德：一种通达目的性事业的观念（之一）——兼评富勒〈法律的道德性〉》，载《社会科学论坛》2005 年第 12 期。

〔2〕 张文显主编：《法理学》（第 3 版），高等教育出版社、北京大学出版社 2007 年版。

制定的法律一般。任何事情都依靠法律的强制力是不能从根本上解决问题的，因为法律只能让老百姓"免而无耻"，而不能让老百姓"有耻且格"。这就无法从根本上消灭一个人违法犯罪的主观意志，蕴含着违法犯罪的危险性。无论是法律的泛道德化，还是道德的泛法律化，它们所对应的"法律至上"和"道德至上"都不是一个良好社会运行与治理的应有之义。道德泛法律化的错误在于混淆了道德义务和法律义务，以法律的强制手段执行；法律泛道德化则走向另一个极端，对追求美好秩序的行为嗤之以鼻，对道德义务置之不理，无视道德研究和道德建设。[1]法律与道德在相当程度上的融合才能形成一个良好的社会治理格局。

三、法律的本体论探赜：规则与道德的融合

在富勒看来，法律的本质是一个确保人们的行径遵循既定规则的事业。他解释法律作为一项活跃的行动，并认为法律制度是为了某些目标而持续不断努力的结果。富勒通过分析"途径"与"目标"之间的关联来支持他对于法律的"目标导向性"理论。他还强调，理解法律的"内在伦理"也应基于"途径"与"目标"的联系之中。所有"内在伦理"本质上都是实现"将人类行为纳入规则管控"的终极目标所使用的途径。[2]据富勒观点，"途径"总是为了某个目标而存在，绝不会孤立于目标之外。法律本质上是立法者与公民基于"共同目标"的一种合作性体现形式。例如，普通法就是法官们在长期司法过程中自然形成的规则，而非某个人个人意志的直接反映。实用主义法学流派持有法则的自然本质超越了人为因素，并将法律目标与法体系相隔离。相对而言，富勒特别着重于法律目标的核心地位，主张真实的法律必须与旨在达成的目标相契合，进而实现法律的理念与现实的融合统一。富勒对那种将法律看作严格等级划分的指令系统的看法持批判态度，他指出这样的观点存在的根本就是为了置于法律体系内部矛盾的调和之用。通过这种目标，他进一步阐释了法学的概念可能并非完全谬误，然而它对于深入理解科学的本质及其所面临的课题并无益处。由此，他主张从法律设定目标的角度，将

---

〔1〕 杨龙：《法律原生态的杀手：道德泛法律化和法律泛道德化》，载《学术论坛》2010 年第 7 期。

〔2〕 孟祥虎：《道德使法律成为可能——富勒〈法律的道德性〉研读札记》，载《政法论坛》2020 年第 4 期。

法律视作一项充满道德追求的工作，并且将道德的维度内嵌于法律概念之内。

对于法律本体论，现代法学理论普遍认为法律的概念是"对各种法律事实进行概括，抽象出他们的共同特征而形成的权威性范畴"[1]这表明法律是对社会生活的一种规范，通过对社会现象总结来明确对社会权利义务，制定适应社会良好发展的规则，规范人们的行为。法治的本质和核心就是规则之治，离开规则，法治无法进行。[2]在法律规定权利与义务的确定性中不可避免地会带有较大程度的模糊性，对客观事物的认识会与立法者本身具有的学识、能力等因素有关，[3]而这样的影响因素也会不可避免地与立法者的道德观念与认知相联系。而对于实证派法学的观点将法律规范与道德规范相独立这样的想法在实践中几乎是无法实现的，因为法律概念边缘地带的模糊性是无法避免的，"术语越抽象，其中心含义的周围的模糊不清的领域也就越大"[4]。为了使法律具有更广泛的适应性，法律的语言就应该具有一定的模糊性，那正如上所述，法律的概念就必然会有道德规范的渗透。在法律实践中，所有案件结果的最终确定都需要依赖道德权衡。在法律条文与伦理判断并行施用的情形下，法律条文将作为裁定的根本前提，为法律辩论赋予合理性的支撑，而伦理判断则依据结果指向性原则，起到对结论施加约束的职能。[5]这不仅源于裁判者个人的情感认知，还源于法律本身的内在道德驱使。若法律的本质仅是规则，那机械的法学将无法适应多变的社会环境，不同的案件或许就需要有不同的机械规则来规范，因此法律的实质应当是规范社会权利义务的规则与人为道德渗透的融合。

（郝雅荣　西南政法大学人工智能法学院）

---

〔1〕 张文显主编：《法理学》（第3版），高等教育出版社、北京大学出版社2007年版。

〔2〕 孙育玮、冯静：《哈特"法律规则说"的贡献与启示》，载《求是学刊》2009年第3期。

〔3〕 许中缘：《论法律的概念——从民法典的角度》，载《私法》2006年第1期。

〔4〕 ［美］E. 博登海默：《法理学：法律哲学与法律方法》，邓正来译，中国政法大学出版社1999年版。

〔5〕 陈景辉：《规则、道德衡量与法律推理》，载《中国法学》2008年第5期。

浅评福利、自由和德性三种基本价值

——读桑德尔的《公正，该如何做是好?》

《公正，该如何做是好?》以飓风"查理"引发的一场价格欺诈争论开篇，巧妙地引入了福利、自由与德性这三大核心价值观的探讨。作者迈克尔·桑德尔（Michael J. Sandel）[1]教授通过一系列生动的案例，逐步展开对这些价值观的深入解析，旨在引导读者理解并比较不同学派在公正观念上的差异和争论点。在文章的尾声，作者不仅总结了自己的立场，还分享了个人对此问题的独特见解和反思。桑德尔教授在论述过程中，并未采取批判性的口吻对待其他几种公正理论，而是鼓励读者从一个更为客观的视角去评价它们各自的优劣。这种处理方式有助于读者在全面了解各种理论的基础上，形成自己对公正本质的深刻认识。通过这种方式，读者能够在深入理解各种理论的同时，更清晰地识别出自己内心真正的价值观取向。

一、福利：最大幸福原则

功利主义（utilitarianism）作为一种道德哲学理论，植根于人类追求最大幸福和避免痛苦的本能。[2]密尔（John Stuart Mill）[3]对功利主义的理解为：人类的行为完全以快乐和痛苦为动机，人类行为的唯一目的是求得幸福，因此对幸福的促进就成为判断人的一切标准。然而，在日常生活中，个体经常面临个人利益与集体利益的抉择，这种抉择过程不仅反映了对个人与集体福

---

〔1〕 迈克尔·桑德尔，美国哈佛大学政治哲学教授，美国人文艺术与科学学院院士，当代西方社群主义（共同体主义）最著名的理论代表人物。

〔2〕 吴益芳：《波斯纳对功利主义改造的得与失》，载《伦理学研究》2016年第5期。

〔3〕 约翰·斯图亚特·密尔，19世纪英国著名的哲学家、经济学家和逻辑学家，是实证主义和功利主义的代表人物之一。

祉的关注，也是试图缓解因追求个人利益而产生的愧疚感，或是期望因支持集体利益而获得的社会认可。传统观点倾向于将个人利益和集体利益视作天平的两端，希望通过量化手段为所倾向的利益增添相应的价值。但我们不得不对此提出疑问，集体利益的取得一定以个人利益的牺牲为前提吗？所谓的利益真的能通过可视化进行衡量或是一较高下吗？

（一）功利主义存在对个体权利的忽视

许多人认为，功利主义最明显的缺陷在于它没有尊重个体权利。[1]古典功利者们认为，所有实现社会善的行为都是正当的，功利主义是以社会最大幸福原则为目的的标准目的论。然而，如果我们严格遵循功利主义的逻辑，可能会无意中忽略了对个人权利的尊重和保障。我们承认，个人利益和集体利益在很多情况下并非相互排斥，二者甚至是包含关系。但如果考虑例外，遵循最大福利原则或许需要我们放弃与此目的相冲突的个人利益，由此就产生了美德伦理思想中的"自我牺牲精神"。[2]达成最大社会福利并不意味着毫无原则地轻视践踏个体公民权力而将集体利益绝对地置于个体利益之上。或许人们还没有足够的权利能允许自己私自以一个孩子的自由权来换取欧麦拉这座城市的幸福和安逸，任何一个有一定德性的欧麦拉居民都不会心安理得地居住在凌驾于个人痛苦之上的城市——即使在表面上，这座城市的一切都是最理想的状态。那么值得思考的是，对于此时的欧麦拉而言，真的实现了大多数人的幸福和快乐这一目的吗？[3]

（二）通用价值货币对道德上的善的衡量

功利主义试图构建一种基于衡量、合并和计算幸福的道德科学，边沁（Jeremy Bentham）[4]的功利思想便提供了这样一种通用价值货币。这种观点认为，这种功利主义赋予了包括个人利益和集体利益在内的所有道德上的善，一种可以计算的衡量标准。在古典功利主义[5]框架下，将善作为最高的目的

---

〔1〕 朱富强：《经济人假设的功利主义渊源：内在逻辑关系》，载《改革与战略》2010年第1期。

〔2〕 高兴、李亮之：《功利主义伦理思想与设计实践》，载《西北师大学报（社会科学版）》2010年第6期。

〔3〕 姚大志：《罗尔斯与功利主义》，载《社会科学战线》2008年第7期。

〔4〕 边沁，英国哲学家、法学家和社会改革家，被认为是现代功利主义（utilitarianism）的创始人。

〔5〕 古典功利主义主要由英国哲学家杰里米·边沁和约翰·斯图亚特·密尔提出和发展，其核心思想是追求最大化利益。

来追求，这种功利主义不仅强调了个人的幸福与快乐，也强调社会大多数人的幸福与快乐。[1]如果将道德善看作是可以量化的价值，似乎可以通过简单的数学方法求和来计算出社会的总幸福。然而，这种简化可能导致忽略个体间的差异和特殊情境，因为个体追求幸福的过程有时会以牺牲他人幸福为代价，从而使总和中的某些部分相互抵消。[2]此外，人们还难以承认，对社会而言的善一定来源于个人善的相加。桑德尔提到的"肺癌的益处"和"爆炸的油箱"案例就揭示了这种逻辑的局限性。如果接受道德善可以用单一的价值尺度衡量，那么是否意味着人的生命也可以用某种形式的货币价值来衡量？如果每个人的生命价值被视为等同，那么多数人的生命总和显然高于单个个体的价值，这似乎解决了电车难题，但实际上却是不合理且荒谬的。当所有人类的善都被纳入单一的价值衡量标准，公正和权利就成了一种算计，而非原则。

二、自由：我们是否拥有自由

当功利主义由于其过于激进的思考解决方式陷入发展瓶颈时，人们企图加入自由的因素来弥补功利主义的缺陷。自由主义者们认真看待权利，并坚持认为公正不仅仅是一种算计，人们的自由权是根本性的，必须得到尊重。但同时又不得不承认，对自由的绝对尊崇会引发一系列后果，进而导致社会秩序的崩塌。政府通过法律和道德手段将人们的自由限制在一定范围内，不禁使人深思，什么是自由？我们拥有自身吗？政府应在道德上保持中立吗？

（一）社会治理中政府完全保持中立的影响

"政府应当试图中立于良善生活的意义"这一观念，体现出一种对古代政治观念的背离。康德（Immanuel Kant）[3]和罗尔斯（John Bordley Rawls）[4]认为，一个自由的、独立的个体需要一个中立于各种目的、拒绝在各种道德

---

[1] 兰久富：《功利主义理论体系的逻辑结构》，载《当代中国价值观研究》2022年第4期。

[2] 姜广东：《功利主义思想的演化及其制度含义》，载《东北财经大学学报》2014年第6期。

[3] 康德，全名伊曼努尔·康德，德国古典哲学的创始人，对近代西方哲学产生了深远影响。

[4] 约翰·罗尔斯，美国政治哲学家和伦理学家，普林斯顿大学哲学博士，以其对正义理论的贡献而闻名。

和宗教争论中偏袒任何一方，并让公民们自由选择各种价值观的权利框架，即中立型政府。美国和澳大利亚主导的"竞争中立"似乎就是新自由主义的实践，它企图将政府从市场中剥离，甚至将其放在市场的对立面，这显然是在推崇市场自由时刻意回避或淡化了政府失灵或不能的状况。[1]难以想象，没有政府调控的市场经济将会是怎样的混乱，在贫富差距无限扩大的情形下，底层阶级的人们又该何去何从。[2]此外我们再来思考，在道德的层面上，政府是否应该保持中立。"辅助性自杀"和"经双方同意的吃人"在推崇自由主义的政府治理下仿佛并不应该被干预，"出售肾器官"也会成为急需用钱的穷人补贴家用的一种合法的手段，尽管这在接受过法治教育的我们看来是极其荒谬的。政府对这一行为默示的支持虽然尊重了他们表面上个人意愿的自由，但此时他们对该行为所表示的同意是否为真实还有待考究。密尔在《政治经济学》中探讨了自由市场与政府干预的平衡问题，其思想体现了对自由价值的深刻理解和对市场机制与政府角色的精准把握。他认识到，纯粹的市场自由会导致社会不平等和环境问题，而过度的政府干预则会抑制市场活力和创新能力。因此，密尔提倡在尊重个人自由的同时，通过法律和政策来协调社会各部分的关系，实现社会整体的和谐与发展。

（二）法律家长主义存在的必要及其合理性

在自由至上主义视角下审视现代政府的作用时，我们会发现，若其理论成立，则意味着许多现行政府行为可能侵犯了个人自由。然而，现实中鲜有国家采纳完全无限制的自由社会管理模式。这促使我们深入思考政府对公民进行管理和约束的本质及其正当性。[3]基于此疑问，这里可以引入一个名词——"法律家长主义"。法律家长主义意指"以父亲的身份或者按照父亲该有的作风行事，抑或对待他人就像对待自己的孩子一样，给予最大限度的关心和呵护"。[4]法律通过有形和无形的方式调控着公民们的生产生活，其实质上可理解为法律无法确保公民每个决定的绝对正确或完全意思自治，即人们可能因为缺乏对其他因素的全面认知而无法做出最有利于其自身的决定，此时就需

---

〔1〕 史际春、罗伟恒：《论"竞争中立"》，载《经贸法律评论》2019 年第 3 期。

〔2〕 杨春学：《新古典自由主义经济学的困境及其批判》，载《经济研究》2018 年第 10 期。

〔3〕 付立庆：《论积极主义刑法观》，载《政法论坛》2019 年第 1 期。

〔4〕 付子堂、王业平：《法律家长主义与安乐死合法化的范围界限》，载《法学杂志》2021 年第 3 期。

要法律对其采取强制干预或柔性劝导，故而目前法律家长主义被分为"硬法律家长主义"和"软法律家长主义"两种类型。[1]硬法律家长主义是对"充分"或"完全"自愿的自我关涉的行为进行限制，软法律家长主义的核心是只有"真实"的决定才值得尊重。例如，在公共交通领域，每个人都享有通行权，但如果某条道路因暴雨导致塌陷而对其进行封闭并禁止车辆通行，这看似是对个人自由的干预，但实际上是为了保护他们的安全，同时提高他们决策的质量。与硬法律家长主义相比较，软法律家长主义在某种程度上更倾向对个人自由意志的保护。正如范伯格所说，软法律家长主义保护当事人不受"不真实反映其意志的危险的选择"的危害。[2]软法律家长主义对人们的意思自治并不是阻碍，而是保护和提升，故尽管当前法律体系中硬法律家长主义应用较为普遍，但软法律家长主义似乎更能顺应社会的发展，它通过教育和引导而非强制手段，增强而非妨碍个人的自主权。

三、德性：公正与共同善

除福利和自由之外，在探索公正的三条进路中，还有第三种观点。此观点认为，公正涉及培养德性和推理共同善。现代的各种公正理论，都试图将公平和权利的问题与荣誉、德性和道德应得的问题分离开来，但亚里士多德（Aristotle）[3]并不认为这种方式可以保持公正的中立，他认为，关于公正的言论，不可避免的就是关于荣誉、德性以及良善生活本质的争论。当代统治者们都不约而同的将公民参与的政治当做一种社会治理的手段和方式，这种背景下，公民的德性变得尤为关键。

（一）社会平衡和共同富裕与共同善之间的关系

首先，可以跟随桑德尔的思路来考虑一个关于不平等和团结的问题，即贫富差距过大等不平等现象所引发的一系列后果。桑德尔认为，随着不平等的逐步加深，富人和穷人的生活会进一步分离，这显然会破坏民主公民社会

---

[1] 孙笑侠、郭春镇：《美国的法律家长主义理论与实践》，载《法律科学（西北政法学院学报）》2005年第6期。

[2] 付子堂、王业平：《法律家长主义与安乐死合法化的范围界限》，载《法学杂志》2021年第3期。

[3] 亚里士多德（公元前384年~公元前322年），古希腊伟大哲学家、科学家和教育家，被誉为希腊哲学的集大成者，逍遥学派的创始人。

所依赖的基础，极大地影响目前的社会团结。在此背景之下，受社会主义思潮的影响，对社会平衡的追求也体现在各类宪法当中。基于社会平衡理念，《苏俄宪法》[1]和《魏玛宪法》[2]主要从限制和保障两个方面展开，通过限制经济强者的财产权和经济自由、保障经济弱者的社会权等方式，尽量缩减社会贫富差距，以维护平等来促进团结，这与共同善的社会追求不谋而合。而共同富裕则是社会平衡理念的中国表达，我国宪法所确立的社会主义制度也以社会平衡理念为核心，其在国家政策和法律制度中得以具体体现，例如社会保障法、税法和民法等。社会平衡原则和共同富裕理念不仅仅是在解决社会贫富差距过大这一问题，更体现在生活的方方面面，维护社会正义、建立社会保障就是国家领导者向着共同善的方向的努力。

（二）一种道德参与的政治为公正社会提供基础

公民这一术语充斥在各个国家的宪法和宪法活动当中，而人们基于公民这一政治身份和法律地位，自然被赋予了一定的权利和义务，而公民自觉服务于公共利益，自觉捍卫共同体的自由的一系列能力，可称为公民德性。[3]首先，共同的善是连接个体和共同体的精神纽带。[4]如果将个体比作一滴水，那么共同体就是由无数滴水组合而成有共同流向的河流。亚里士多德将公民对共同善的追求视为构成共同体的主要因素之一，即共同体的发展以公民内在的良善为基础，城邦的存续以共同善的存在为前提。其次，公民德性是实现共同善的内在条件。此时的公民德性是一种公共德行，一种政治德性，这是公与私的区分，打破了以往对德性一词的狭义理解，但这并不意味着将狭义与广义的德性放在对立的两面，正义、诚实等美德常常能避免人们对个人外在利益的过度倾斜进而造成对共同善的忽视。最后，一种道德参与的政治

---

〔1〕《苏俄宪法》，即《俄罗斯苏维埃联邦社会主义共和国宪法（根本法）》，1918年7月10日第五次全俄苏维埃代表大会制定。

〔2〕《魏玛宪法》，是德国魏玛共和国时期（1919年~1933年）的宪法，也是德国历史上第一部实现民主制度的宪法。这部宪法建立了一个议会民主制、联邦制的共和国。

〔3〕张翔：《"共同富裕"作为宪法社会主义原则的规范内涵》，载《法律科学（西北政法大学学报）》2021年第6期。

〔4〕庞楠：《共同体与公民德性——麦金太尔共同体主义视阈下的德性伦理观》，载《前沿》2011年第15期。

正在被期待。[1]桑德尔在书的结尾写道："与回避的政治相比较，道德参与的政治不仅仅是一种更加激动人心的理想，它也为一个公正社会提供了一种更有希望的基础。"一种道德参与的政治，将公民德性放于一定的高度，其实是在尽量避免国家政策和法律制度对个人自由权利的忽视，也能因此缓和法律家长主义的过度严厉。故在1968年罗伯特·肯尼迪在角逐民主党总统候选人时所发表的激昂的演讲之后，桑德尔表达了自己的期待：一种新型的共同善的政治会是什么样的呢？

四、结语

公正不仅是法律和道德框架内的概念，更是社会实践的重要组成部分。桑德尔强调共同体价值追求与道德德性在实现公正社会中的关键角色，并指出一个公正的社会应当促使公民积极参与到公共讨论和理性辩论之中，共同寻求对美好生活的生活方式共识，进而提升社会整体的福祉与进步。尽管如此，有学者指出桑德尔对功利主义的批判及其提出的解决方案可能过于简化，忽视了功利主义在现代社会复杂应用的多样性，且在实际政治和社会环境中可能显得过于理想化，操作性不足。

桑德尔在书的最后阐明了自己的立场，并提出了四种设想，层次由浅及深，是他在邀请后人发表自己关于公正的思考。但其实，站在历史的横向坐标来看，三种关于道德与公正的进路并没有绝对的对与错，它们不过是当时那个时代的思想伟人结合当时时代背景做出的思索，是从无到有，是随着时代的发展对该理论的进一步修正。与其说后者相较于前者更为完善，不如说后者是在前者的基础上对时代发展潮流的顺应，是对时代发展中遇到的问题的解答。每一种观点都有其存在的意义，没有任何一种观点是绝对的完美，利弊对他们而言，不过是思考的角度不同，对问题的看法所占比重不同而已。我们不敢说对于德性的选择是最正确的答案，但依然能跟随桑德尔的思路，通过通俗易懂的事例来理解不同观点背后的逻辑，进而从自己的立场做出相应的分析与反思。

（管怡然　西南政法大学民商法学院）

---

〔1〕 顾成敏：《当代西方公民德性理论与我国公民精神的建构》，载《北京科技大学学报（社会科学版）》2005年第3期。

司法三段论在司法实践中的局限

——读亚狄瑟《法律的逻辑》

　　在《法律的逻辑》这部著作中，鲁格罗·亚狄瑟对法律逻辑推理的方法论进行了列举和说明。其中，司法三段论作为法律推理的基石，其强调法律概念的精确、法律价值的无涉以及排除法律适用中的非规范性因素，旨在使法律适用具有明确性、可预测性，[1]其在确保裁判的逻辑严密性、提高判决的可接受性和说服力，以及维护法律体系的一致性和权威性方面发挥重要作用。在大陆法系与英美法系中，尽管前者倾向采用演绎法而后者偏好归纳法，但两者在司法推理上均采用三段论法的基本结构。这种逻辑推理方法在诉讼程序中的广泛应用反映出人类解决争议的方式开始具有高度的理性化特征。然而，尽管司法三段论在法律实践中得到了广泛应用，但随着司法实践中疑难案件的频发和社科法学的兴起，司法三段论陷入了一种被学者群起而"批"之的尴尬局面。[2]实际上，司法三段论成为学者们批评的对象，其根源在于概念法学的局限性，伴随着概念法学的构建成型，欧洲大陆的自由法运动和其后的法律现实主义其核心是反逻辑崇拜、反法典崇拜和反司法机械主义，主要矛头指向的就是司法三段论。[3]同时，自由法学派、利益法学及评价法学的兴起质疑了传统法学理论对形式逻辑的过度依赖，认为其忽略了社会现实的多样性和个人价值观，否定了过分依赖司法三段论的逻辑推演方式。本文旨在探讨三段论应用中存在的内在矛盾，并期望能指导人们更准确地运用三段论。

---

　　〔1〕 吴洁、孙长江：《裁判文书的逻辑要素与理由展示》，载《知识经济》2016年第17期。

　　〔2〕 孙海波：《告别司法三段论？———对法律推理中形式逻辑的批判与拯救》，载《法制与社会发展》2013年第4期。

　　〔3〕 韩登池：《司法三段论———形式理性与价值理性的统一》，载《法学评论》2010年第3期。

一、形式逻辑与实质复杂性的平衡挑战

18 世纪后，处于资产阶级的启蒙思想家反对封建特权的罪刑擅断主义，倡导法治理念，追求司法裁判的客观性和确定性。在此背景下，司法三段论逐渐发展和完善。其中，概念法学为司法三段论提供了理论基础，即通过法律概念的逻辑分析和建构法律的结构体系。概念法学的目标是将司法推理过程转化为一个逻辑推理的过程，它努力试图构建一个概念化的法律体系，以确保法律的清晰性和可预见性。概念法学下，法官"仅仅在于找到这个正确的法律条款，把条款与事实联系起来并对从条款与事实的结合中自动产生的解决办法赋予法律意义"。[1]因此，三段论的有效性依赖于前提的准确性，[2]即法律概念必须经过精确界定，以消除任何可能的歧义，这导致了司法三段论在追求形式逻辑严密性的同时，可能面临与案件实质复杂性之间的平衡难题。在处理具有多维度法律关系和多元利益冲突的案件时，单纯依赖形式逻辑推导可能难以充分揭示案件的深层真相。

司法三段论在对事实边界模糊、法律关系错综复杂的复杂案件的司法适用中呈现出局限性。司法三段论在处理具有明确事实认定和法律关系的案件时展现出较强的适用性。然而，在面对事实边界模糊、法律关系错综复杂的新型案件时，其解释力和适用性可能受到挑战。实际上，这与概念法学的片面性一脉相承。概念法学主张法律的清晰与可预见性，试图以法典约束所有社会关系，主张法律可以为司法三段论提供确定的大前提，法官仅需依据法律概念进行逻辑推理即可处理所有法律问题，无需额外引入规范。然而，法律具有抽象性和概括性，其关注的是某类行为的共性，而法官在应用法律处理具体个案时，可能无法照顾到个案的特殊性，导致法律的僵硬性，即裁判结果合法而不合理；同时，法律本身具有不确定性，这与语言的模糊性息息相关。法律文本中术语的模糊性、规范的宽泛性、跨文化的语言差异，以及法律条文随社会变迁而发展的特性，一起构成了法律适用过程中的不明确要件。这些因素可能赋予执法官员和司法裁判者较大的解释权限，进而影响法

---

〔1〕［美〕约翰·亨利·梅利曼：《大陆法系》，顾培东、禄正平译，知识出版社 1984 年版，第 121 页。

〔2〕韩登池：《司法三段论探讨》，载《学问》2009 年第 7 期。

律预测的准确性。以婚姻法中关于夫妻离婚的规定为例，其要求当事人要证明"感情确已破裂"，然而这一标准缺乏具体的衡量指标，涵盖了广泛的情感状态和行为模式，导致在实际案例中难以形成一致的判断标准，增加了法律预测的难度。

司法三段论在应对新型案件时也呈现出局限性。随着时代的演进，法律概念的界定也随之扩展、缩减或转变。鉴于人类理性的局限性，立法者往往难以预见所有新兴行为，这可能导致现行法律体系中存在盲点或缺陷。法律的稳定性要求其不可随意更改，然而社会现象的快速变化使得法律规范难以实时更新以匹配新的社会情境。以"货币"这一术语为例，传统上其可能仅指代法定纸币等形式，但在数字化时代，比特币等新型货币的兴起挑战了传统货币的概念边界，其法律地位引发了法学界的深入探讨。另外，在现代科技迅猛发展的推动下，智慧司法审判应运而生，它借助人工智能技术为司法裁判提供了有力的技术支持，但人工智能的机械运作也会因新型案件的出现而难以进行司法三段论的法律逻辑推理。

二、价值判断的相对边缘化

司法三段论在逻辑演绎过程中相对弱化了价值判断的地位，这是三段论推理在司法适用中，备受批评的重要因素。司法三段论试图通过逻辑推理来达到裁判的合理性与客观性。裁判的客观性要求源于案件事实的客观性，但裁判本身是一个价值判断的过程，其不仅仅是机械适用法条的自动流程。马克斯·韦伯曾将现代的法官比作自动售货机，认为法官在司法裁判过程中，只是机械地将民众的诉状中清楚的案件事实同法典上的理由逐一对应，最后作出判决。事实上，价值判断在司法实践中扮演着至关重要的角色，它不仅仅是法律适用的一部分，还是确保司法公正和社会公正有效统一的关键因素。来自比利时的佩雷尔曼指出："法官在听取双方意见后并不是像一台机器一样运作，而是一个拥有价值选择的个人，更多时候是自由而不是专断地作出裁决。"[1]法官在作出裁决时往往会倾向于某一方的观点，并据此构建事实基础以支持其法律立场。这一现象揭示了司法过程并非完全基于逻辑三段论，还

---

〔1〕 Eva Steiner, *French legal method*, Oxford university press, 2002, p. 147.

会受到价值判断的影响。

在司法实践中，司法三段论与价值判断是相互一致、相互联系、密不可分的。司法三段论中，作为大前提的法律规则就是司法三段论推导的前置依据，是事实与价值的融合体。[1]每一条法律规则的制定背后都蕴含着立法者的深思熟虑，其旨在实现特定的社会目标和价值追求，它们不仅揭示了立法者的理念，还具体展现了其对社会正义和秩序的期望。此外，小前提的事实认定与结论的推导也是法官价值判断的集中体现，是法律价值观念得以实现的关键环节。法官需综合考量法律规定、社会公共利益及个人权利保护等因素，确保裁判结果既符合法律精神又符合社会正义。法官运用司法三段论就是为了将抽象性的法律规则向事实贴近，构建出能恰当适用于个案的大前提；或者使生活事实法律化，将案件事实向规则提升，使案件事实能被适当地进行司法归类，而这些都必须依赖于法官的价值判断。[2]

司法三段论与价值判断在司法实践中要实现相对平衡。过度依赖法律逻辑推理可能导致"司法式贩卖机"现象，即机械地应用法律规则而忽视案件的特殊情况；过度依赖个人价值判断则可能引入决策的主观性和任意性。因此，法官必须在法律规范框架内审慎地平衡这两者，以确保裁决既符合理法精神，又能体现个案的正义。在某些特殊情况下，法官可能需要更多地依赖个人价值判断。例如，当法律规范存在模糊不清之处或缺乏具体指导时，法官需要运用自己的理解和判断进行填补；当法律规范与社会道德或伦理价值观发生冲突时，法官可能需要借助个人价值判断来促进社会公正；在处理重大社会敏感议题时，法官也可能受社会舆论影响，更注重公众意见和社会期待；法官在法律适用过程中，还需权衡不同法律规范，甚至在必要时进行解释，以解决规范间的冲突。正如尼尔·麦考密克所述，司法三段论的应用涉及解释问题、关联性问题及分类问题等价值判断。[3]

---

〔1〕 韩登池：《司法三段论——形式理性与价值理性的统一》，载《法学评论》2010年第3期。

〔2〕 孙海波：《告别司法三段论？——对法律推理中形式逻辑的批判与拯救》，载《法制与社会发展》2013年第4期。

〔3〕 参见 ［英］尼尔·麦考密克：《法律推理与法律理论》，姜峰译，法律出版社2005年版，第64~89页。

三、证据考量的深度与广度的要求

司法三段论的小前提建立在事实认定之上，事实认定受多种因素影响，包括法官的认识局限和虚假前提等，但主要受到证据的限制。证据在现代司法制度和诉讼程序中已经无可置疑地占据了枢纽的位置。[1]证据裁判主义在提升诉讼效率、明确法律责任等方面发挥着重要作用，是现代司法体系不可或缺的组成部分。而在当事人主义诉讼模式下，原则上法院不能依职权取证，除非当事人依法提出申请的证据。[2]尽管这有助于促进当事人诉讼权利的充分行使与实现，为其提供便利与机会，但是却会导致在当事人证据丢失或者没有证据的情形下难以认定事实真相，导致程序的低效运作，妨碍了司法公正的达成。同时，由于对案件事实的确立依赖于确凿的证据提交与严格的证据审查，虽然有证据规则，但法官的生活经验和价值观念的差异决定了在案件事实疑难复杂时，不同的法官对同样的那些证据会有不同的筛选、认定从而得出不同的审查判断。[3]因此，在应用司法三段论时，完善的证据体系是至关重要的辅助机制。在面对不完全的证据制度时，法官需要具备批判性思维能力，对现有证据进行深入分析和评价，以确保推理过程的严谨性和结论的合理性，即法官在认定事实时必须对证据进行有深度与有广度的考量，应结合其他法律原则和实践经验，作出公正严明的判决。在广度上，法官要考量证据制度的漏洞与证据制度面对的挑战，其中，证据的漏洞主要在于证据分类标准的混乱与证据制度的不周延性，证据面临的挑战主要在于数字时代的发展带来的各种新兴问题，包括在线诉讼对直接言词原则的挑战、异步审理对集中审理原则的背离、大数据分析用于证据推理的风险、电子数据存在多种证据偏差等；在深度上，法官要避免证据的考量与社会脱节。

我国目前证据分类标准混乱，多重性特征突出，缺乏逻辑一致性。[4]事实上，我国证据的种类仅以物证、人证、书证三个种类便可囊括。陈述与证人证言都可以算作人证的内容；鉴定意见、勘验笔录可以算作物证的内容；

---

〔1〕 参考中国政法大学诉讼法学研究院：《中国的证据立法及其模式选择》，载 http://www.procedurallaw.cn/info/1023/3448.htm，最后访问日期：2023 年 5 月 1 日。

〔2〕 王帅：《民事诉讼认证制度研究》，内蒙古大学 2010 年硕士学位论文。

〔3〕 韩登池：《司法三段论——形式理性与价值理性的统一》，载《法学评论》2010 年第 3 期。

〔4〕 王倩：《刑事诉讼证据种类法定化的反思》，华东政法大学 2022 年硕士学位论文。

视听资料包含许多内涵，不好界定为哪种证据。这样采取多元标准以及细化的方法势必会造成种类重叠的现象，也常会误导实务工作者。[1]此外，证据法的制定旨在明确证据的合法性和适用条件，以确保合规的证据材料能够被用于法庭审理。然而，过于严格的法律规定可能导致重要证据被排除在外，影响案件的完整性和真实性。因此，有必要对证据认定标准进行适度调整，以便在特定情况下接纳非常规形式的证据。同时，强化证据法的执行力度，确保其规定得到严格遵守，是实现司法公正和效率的关键。

我国现代司法实践在应用三段论时，存在与社会现实有一定脱节的问题，这主要体现在法官对证据考量的深度与广度不够。当法官的判断受到个人任性和主观偏见的影响，而非严格依据证据进行客观分析时，司法三段论就会发生证据层面的断层，成为游离于证据实质内涵之外的非理性的运作过程，证据就对于诉讼活动缺乏了基本的约束力，其结果只能导致理性主义的丧失。[2]此类困境的潜在风险在于，它可能引致裁决结果的偏差，导致无罪之人遭受不白之冤，或是犯罪分子逃避应有的惩罚，损害司法体系的威信，并减少公众对法律规范的信任，亦可能削弱司法机构的权威。从长远来看，这可能导致公众对司法体系信心的流失，并可能激发社会不稳定因素。针对该问题，应当实施定期的法律与证据分析技能的培养，优化法庭程序，同时采用高科技工具，例如电子证据管理平台，提升证据处理的效能与精确度。最后，提高司法透明度，接纳公众的监督，有助于巩固对法官决策过程的信任。通过这些综合措施，能够提高司法的质量，保证裁决的公正与合理，进而巩固法治并维护社会秩序。以此，才能确保法官能够在没有外界干扰的情况下，基于事实和法律正确应用司法三段论。

（鲁雯琴　西南政法大学民商法学院）

---

〔1〕 王倩：《刑事诉讼证据种类法定化的反思》，华东政法大学 2022 年硕士学位论文。

〔2〕 汤维建：《中国的民事证据立法及其模式选择（导言）》，载《人大法律评论》2000 年第 2 期。

法律、贵族与传统

——读德恩里科《法的门前》

　　乡下人终其一生徘徊在法的门前试图见法，却直至筋疲力尽、听力衰竭，都不曾窥见法的半分真貌；守门人为乡下人打开一条通往法的专属通道，却将乡下人毕生拦在门外，未曾真正回答乡下人分毫。卡夫卡将矛盾碰撞给世人看：法律为少数人或与之相关的人服务，但是多数人却不反抗。可见，抵触混乱的社会极力培养着人们对法的忠诚，并试图将这种忠诚揉进人民的血脉，将人们"驯化"为法的信徒。在法的门前这个有纵深的场景里，处处充满着张力，使求见者无法释怀，他们在更多的思考和深入的探索里寻找救赎。[1]

一、法律的问题：贵族阶层与公众传统如何选择？

　　规则不断变化的地方会存在秩序吗？但无论何种规则，乡下人一直未能进入法的领域。如果法从未为他服务，那么法又为谁服务呢？门内每座大厅前的守门人守护的是什么呢？[2]守门人的存在使法不能被广为人知，而是被小团体隐藏和把持。传统的视角里，法到处都是贵族阶层的专横与擅断，并且拒斥公众传统。法是属于贵族阶层的秘密，人们被自己不知所貌的法统治着，贵族阶层则以一种神圣的姿态诱哄着无权者的忠诚。无权者的视角里，这些古老的法被一丝不苟地运行着，并且只有这个贵族小团体有能力实施，因为大众所拥有的传统，具有的优点带着琐碎而偶然的性格，难以抵消其关

---

　　〔1〕《所有西方法律只不过是卡夫卡的注脚》，载 https://www. toutiao. com/article/68944095940183365956/? &source＝m_ redirect&wid＝1714043598606，最后访问日期：2024 年 5 月 21 日。
　　〔2〕 邓子滨：《徘徊在法的门前》，载《中外法学》2006 年第 4 期。

键性缺失。传统所给予的安全感，可能形成自我麻痹的假象与骗局。

在贵族阶层与公众传统的选择中，一问，法为贵族所享有，受贵族治理，为贵族服务，人民就必须反抗吗？如果要抛弃贵族阶层，那么应当以全体人民作为后盾，但人水平有参差、思维有差异，更何况没有人胆敢抛弃贵族，这样大的团体是不可能诞生的。文中主张，法律作为一种强制性的规范，"如果习惯是自发的和自动的，那么法律就是有组织的和暴力的"。法律作为人类社会进入文明时代的产物和标准之一，在调节社会行为中逐步建立了一种良好的秩序，为了达到一种惠及大众的正义，我们没有必要去否认它是有组织的和暴力的，它也需要有组织。[1] 一位作家总结道，"强加在我们身上唯一可见的法，就是贵族阶级本身"。抛弃贵族阶层从某种意义上是否意味着剥夺我们自己的法。二问，公众传统真的与法不兼容吗，真的为贵族阶层所拒斥吗？传统非预先设定的作品，而是历史沉积物，其本身并不完备，需要经过后天的探索与整理。传统所提供的资料看似数量庞大、数据丰富，实则贫乏凌乱，要用几个世纪才能使它变得充足。当一切变得明确，法将属于人民，贵族阶层的权力将被稀释，但难以在现在实现。这不是在维持反贵族阶级的仇恨情绪，卡夫卡说，"我们应该更痛恨自己……因为我们的传统还没有显现出能够被委任以法的能力"。但不可否认的是，法律是映射着公众传统影子的，集中体现在公众传统的"认知渊源"地位。这里其实存在一个"立法认可＋司法授权"的结构。一方面是立法的概括认可，即确立了习惯的替补法源地位，另一方面则是承认法官的自由裁量权，即授权法官可以根据案件事实和背景条件去在个案中具体认定公众传统（地方习惯、民族习惯等）的内容。[2]

彼得·德恩里科用卡夫卡的一则寓言启篇，直戳法的敏感问题：法为谁服务。通过引用卡夫卡的寓言故事，德恩里科将法的本质形容为"贵族阶层本身的影子"，并强调广大民众对法律的理解和掌握普遍处于边缘化状态。换句话说，对于普通人而言，他们接触的法律层面往往过于狭隘，且基于时过境迁的考虑，不易被广泛传播普及。而对于居于贵族阶层的少数群体来说，他们掌握着对法律的解读和诠释权。这种差距无疑拉大了法律公正性的额度，由此推及，法的制度设计是正义的载体还是一场贵族的身份游戏？传统中形

---

〔1〕 胡科刚：《为正义而来——〈法的门前〉浅读》，载《人民司法（天平）》2016 年第 30 期。

〔2〕 雷磊：《法律渊源、法律论证与法治》，载《社会科学战线》2023 年第 1 期。

成的先例，我们应该拒斥还是尊重？

二、制度的设计：正义载体还是身份游戏？

约翰·博西格诺问及："法律的基石是什么？"这是人们关于法律的提问。更深入来讲，许诺了正义的法律，何以成为非正义的借口？这个提问产生于人类对贵族阶层把持下非正义的感受和对正义的夙愿之中，这种担心存在于任何国家的任何法律制度设计之中，人群结成社会，形成秩序，呼唤正义，人的正义本能使民主成为可能，人行不义的本能更使民主成为必要，背后所秉承的这种价值观以及结构法律体系内部结构要素所暴露出来的阶级属性，揭示着法的诡谲与人的彷徨这一持久的矛盾。那么，法制度的设计，究竟是正义的载体还是身份游戏？

在顶层设计上解析，立法的获益与负担并不在全体人口中分配，而是集中于某些阶层和团体。马克斯·韦伯将法律定义为一种强制命令，一种由充分的国家暴力作为潜在后盾的命令，在这种强力支撑下，故意制造晦涩复杂的条款，成为有权者建立的"垄断"壁垒，他们创设出大量有关契约和财产方面的法律规则，使现存的权力和财产关系固定为他们所期待的样态。由此，彼得·德恩里科提出一个令人困惑的问题："法律体系是用来使身份、财富和权力的主导分配方式永久化的吗？"规则本身是否会成为阻碍法律诉讼、减少现存威胁的阻碍？作为公平交易证据的签据是否会异化为统治支配的工具？跨国公司产生的巨大税收漏洞由谁来兜底弥补？在马克斯·韦伯字字见血的行文推进下，我们是否会对法律"不偏不倚"的定位产生怀疑。

从执行运用上分析，《联邦党人文集》表示："在任何政府设计中，最大的便利就是确保稳定、公正而不偏不倚的法律执行。"[1]在仅此一个的地球上，每个人的诉求不断与相邻人发生冲突或是重叠，因此法律的任务可以说是创设一种维持生存物资与平衡各种主张的手段，正义似乎趋近于一种政体，一种关系的调整和行为的规制：在最小摩擦和最少浪费的前提下尽可能使得人人有份，使得各种主张皆得到照顾。而由于能力、法律状态、资源占有等方面的差异所表现出的机会倾斜揭示出当事人之间的差异对制度运行方式的

---

〔1〕［美］汉密尔顿、杰伊、麦迪逊：《联邦党人文集》，程逢如、在汉、舒逊译，商务印书馆1980年版，第63页。

影响。偶尔诉诸法院的"孤注一掷"者与长期从事诉讼的"职业玩家"以及处于中间地带的"职业犯罪人"在权利主张上的可操作程度存在明显的层级分化。职业玩家们享受着规模利益进而节约着每一桩案件的初始投入——他们已经研制出了一套"游戏攻略"并预备了一批"职业玩家",即牺牲个案的利益从而实现在系列案件中切实利益的最大化,一旦态势不利便转向"和解"。相比之下,"孤注一掷"者并不在乎未来可能的诉讼利益,他们更在意正义本身。

在卡夫卡的寓言里,乡下人习惯了等待,不去思考其他替代的解决方案,终成最虔诚的法的信徒;守门人习惯了与乡下人的对峙,不曾考虑向门内主权者通禀一声,只是摆出拒绝的姿态。当权力关系充分内化,权威便达到了极致,无权者的卑贱意识也随之渗透入骨髓。权威与卑贱失重造成的制度天平倾斜,使法律的部分地带隐约可见其沦为身份游戏的可能性,但直接的负面定性会显草率,不可忽视陪审团等制度设计的牵制。

三、先例的两面:拒斥奴性还是尊重传统?

先例作为传统在法律领域的一种凝结,其运用即在既有的建设上继续建设,将曾经的决定和答案引入手中正被处理的案件。其核心作用在于经验价值:无知的人可以从先行者的知识中获益,慵懒的人可以从前人的判断中获益,带有偏见的人可以被限制肆意妄为的空间。[1]先例调整着当事人的预期与事态发展,而对先例的选择体现出两面性。

有一种说法,遵循先例是一种奴性,先例禁锢了法官的心智,迫使他不考虑原则就决定案件,而另一种观点认为对于任何司法体系的形成和成熟而言,遵循先例原则都是绝对必须的,遗忘过去或误解历史会导致社会倒退。法官琼斯说:"法律是一种既定既成的规则,毫不仰仗那些碰巧运用它的人的任意。"法律论证必须是"基于来源的",有明显的权威论证色彩,其不同于道德适用的关键就在于法律论证具有强烈的制度路径依赖,遵循先例并不是任意的,它必须"引经据典"和"有章可循",这种属性把先例的适用从奴性中剥离。[2]综合两种观点,遵循先例是一种尊重传统的智慧,但也不应盲

---

〔1〕 班飞:《类比推理在刑事司法中的适用》,载《安徽警官职业学院学报》2020 年第 4 期。
〔2〕 雷磊:《法律渊源、法律论证与法治》,载《社会科学战线》2023 年第 1 期。

目遵循，成为先例的"奴隶"。

首先，先例遵循的结构是模型领先而非追随数据。霍姆斯有言："我们所指的法律，就是对法院事实上将做什么的预测，而不是其他的虚伪矫饰。"[1]普通大众不了解法律术语，不懂得背后的规则运用，他们不在乎什么原则、推论，他们更多地在意法院将在事实上做出什么样的审判。因此先例的价值结构在于模型构建而非细节上的照顾，仅追随数据我们将只能看见被教导去看的东西，缺乏法律学习所需要具备的人性的勇气——地图通常先于地域，但不应取代地域本身。一方水土的真实性在于这片地域所承载的喜怒哀乐，比例尺无法浓缩这种价值。装腔作势的距离跨越将贬低疲惫的双脚丈量过的路程，关于地图的妄议将抹杀跋涉中大汗淋漓的重大意义。如果仰仗我们已知的事实去因循苟且，那么手里的这张地图并不能让我们走过这片地域，而对立思想造成的紧张状态、跨越多种解释的思考将为法律提供生机与活力。

其次，先例遵循主要依据两大观点：严格观点与宽松观点。严格观点的重心在于"将案件局限于特定的事实"，来缩小法庭面对的事实的图景。这一观点用于不受欢迎的先例，它是可以削减先例的技术，可以中断对既往判例的推断，以便使律师在辩论中、法庭在裁决时不受先例的束缚。另一种宽松观点作为一种工具，作为在法官认为运用先例方便时的跳板，以便利用受欢迎的先例。严格观点将以前的法庭意见从法官脚下抽去，宽松观点为先例的权威适用提供支撑，两者并存于某一先例，构成先例的两面性，奥尔德斯·赫胥黎认为，"这个世界"是被压缩的意识所表达的领域，换言之，是被语言僵化了的领域。因此如何适用先例就成为破解僵局的关键——具体案件具体分析。如果一宗纠纷源自贫穷社区，那里人民对细致情感和高尚行为并不理解且鲜少赞赏，而另一宗则来自富庶阶层，那里的教育与文化修养浸透一言一行，人格和身体具有同等重量。两桩案件哪怕指控罪名相同、所供证据相似，直接遵循同一先例给出相似判决也明显是忽视案件个性的，是无法产生应有的判决效应的。每一个案件都有自我形成的、适合各自特定情况的治理方式，故适用先例的尺度和标准应当被合理把控。

在卡夫卡的隐喻里，乡下人的轮廓是模糊的，他被截去了生活背景与经

---

[1] ［美］霍姆斯：《法律的道路》，载《哈佛法律评论》1897 年第 10 期。

历，甚至他缘何要求见法也不可得知，留给他唯一的形象就是法的信徒，而他终其一生不得见之法，究竟是何种面貌?[1]是有权者以便自己驾驭而精心设计的利己日程表？是对权威性的法庭意见的不断重复再现而形成的"法律传统"？法的诡谲、人的彷徨都浓缩在卡夫卡的寓言中，彼得·德恩里科不断地揭露着其脆弱性。

（王雅馨　西南政法大学民商法学院）

---

[1]　张昌辉:《一扇法门的隐喻——评〈法的门前〉》，载《民主与科学》2008 年第 4 期。

法律信仰：法治现代化的价值之基

——读伯尔曼《法律与宗教》

1991 年，由梁治平先生翻译的美国法学家哈罗德·J. 伯尔曼的著作《法律与宗教》出版，该书的出版在社会上产生了重大的影响，造就了"法律必须被信仰，否则它将形同虚设"这一广为流传的法学名句，也由此引发了我国法学理论界对"法律信仰"问题广泛、持久而热烈的讨论。关于这一问题出现了两种不同的解读，"法律信仰论"学者坚持法律信仰在我国法治现代化建设中的积极作用，支持法律信仰进入官方话语体系，将塑造"法律信仰"作为实现法治的基础与保证。[1]而"法律信仰批判论"学者从学理的角度对此提出批判[2]，认为法律不能成为信仰的对象，"法律信仰"是一个被错误引进本土的根本不适合中国国情的理念，[3]这一理念使社会价值危机的视线发生了偏移，使信仰与权威的界限发生混淆。[4]但是对"法律信仰"的态度不同并不等同于双方价值取向的对立，双方都认同法律并非仅仅是一种工具性的规则，都希望能够建立起具有价值基础的现代化法治体系。而伯尔曼对于西方法治"整体性（integrity）危机"的阐发以及重构法律信仰以疗愈西方现代法治的思考，与我国社会主义核心价值观的提出，以及将其融入中国特色社会主义法治体系建设的努力具有相似之处与隐合之点。[5]

---

　　〔1〕　谢晖：《法律信仰的理念与基础》，山东人民出版社 1997 年版，第 3 页。

　　〔2〕　范愉：《法律信仰批判》，载《现代法学》2008 年第 1 期。

　　〔3〕　张永和：《信仰与权威：诅咒（赌咒）、发誓与法律之比较研究》，法律出版社 2006 年版，第 138~214 页。

　　〔4〕　张永和：《法律不能被信仰的理由》，载《政法论坛》2006 年第 3 期。

　　〔5〕　陈亚飞：《法治现代化的价值奠基——兼论伯尔曼思想的当代启示》，载《江汉论坛》2023 年第 6 期。

一、西方法治的"整体性危机"

伯尔曼认为"历史意识是法律的基本基础"，[1]法律不能割断其历史的脐带，他提出的"法律信仰"其实是对世俗社会中法律缺乏历史感进行深刻反思的结果。[2]《法律与宗教》一书出版于1974年，美国暂处于激进运动后的混乱状态，那时的西方社会经历了两次世界大战与全球性经济危机的崩溃，这深刻改变了人们对传统价值观和信仰的看法，许多人开始怀疑传统的宗教信仰和法律制度的价值，这种怀疑和失望为"整体性危机"的出现埋下了伏笔。[3]

随着工业化和城市化的快速发展，西方社会的经济结构和社会结构发生了巨变，在严重的贫富差距和社会不公下，社会的不稳定性加剧，出现了一系列大规模激进的社会运动，包括黑人民权运动、妇女解放运动、青年文化运动、新左派运动等，政治、经济、社会各个方面出现普遍性的危机。在这一系列表象的背后，是法律与宗教之间纽带的断裂。在传统社会中，宗教和法律紧密相连，共同维护着社会秩序的稳定。随着西方历史上的一次次革命，法律逐渐世俗化，神圣的消退与权威的瓦解带来法律宗教性的消解。[4]随着宗教影响力的不断减弱和法律制度的日益完善，现代社会流行的法律与宗教的概念变得过分狭隘，两个向度之间逐渐变得疏离。这种疏离削弱了宗教对人们精神世界的引导作用，导致了法律制度的权威性受到质疑，社会陷入了"整体性危机"。

"整体性危机"不仅涉及法律体系的运作，这种危机是全方位、深层次的，关系的是整个社会的精神面貌和价值观念，揭示了西方社会精神层面的空虚和迷茫。人们对"理性"有着至上的忠诚，但"理性"并不能告诉他们生命的终极意义与价值何在，所以对价值的怀疑使人陷入无尽痛苦之中。[5]

---

〔1〕［美］哈罗德·J.伯尔曼：《法律的历史基础》，范进学译，载《学习与探索》2006年第5期。

〔2〕谢晖：《从制度修辞视角看法律信仰》，载《北方法学》2016年第6期。

〔3〕博雅文：《关于法律必须被信仰的问题——兼评伯尔曼〈法律与宗教〉》，载李瑜青、张斌主编：《法律社会学评论》（第2辑），上海大学出版社2015年版。

〔4〕罗伦：《"法律信仰"危机与选择：伯尔曼的问题与方案》，载《四川师范大学学报（社会科学版）》2018年第2期。

〔5〕王鑫、张淑宁：《"法律信仰"：中国语境下的误读与建构——再读伯尔曼的〈法律与宗教〉》，载《法制与社会》2015年第12期。

人们将法律视作"世俗的、理性的工具"，而宗教仅仅是"一套信条和仪式"，人们不会对违法行为感到不安，服从法律是因为畏惧司法力量的强力制裁。所以，整体性危机的本质是一种精神危机，法律的历史性质逐渐丧失，社会中的人们丢失了对于法律的认同和追求。伯尔曼在他另一著作《法律与革命》的导论中，进一步将这一危机表述为"对作为一种文明、一种社会共同体的西方本身的信念和对 9 个世纪以来维系西方文明的那种法律传统普遍丧失了信心"。[1]

二、法律与宗教的关系

(一) 破除"二元论"下对法律和宗教的界定

西方法律传统为何出现"整体性危机"？其根源是社会成员对于法律的信任与对于宗教的信仰丧失殆尽，而这种幻灭本质上是"法律与宗教的截然分离"的二元思维模式导致的。[2]统治西方思想界几百年的二元思维模式使社会的各个部分被割裂开来，法律被认为是一种完全理性、世俗的规则体系，而宗教则被看作是纯粹情感、超验的信仰领域，这种僵硬的分离方式是西方世界价值解离的根源，法律失去了其精神性和神圣性，宗教失去了其实际影响力。法律世俗主义和工具主义在社会中盛行，法律被极致理性化，将法律的作用局限为"发挥某种功用，让人们按某种方式行事"，这种经济思维惯性对社会各个角落的渗透使个人内在的价值追求受到冷落和弃置，人们对法律的敬意在此过程中逐渐被消解，法律运转也由此逐渐变得力不从心，"整体性危机"成为西方法治的普遍现象。[3]

法律与宗教是两个截然不同但彼此相连的社会向度，在社会生活和精神层面具有互补性和共通性，通过探讨法律与宗教之间的内在联系和相互作用，伯尔曼破除了"世俗—理性"二元思维模式下对两者的狭隘界定。法律不只是一套具有工具属性的规则，还是蕴含着公平与正义的价值理念因素的活生

---

〔1〕 [美] 哈罗德·J. 伯尔曼：《法律与革命——西方法律传统的形成》，贺卫方等译，中国大百科全书出版社 1993 年版，第 4 页。

〔2〕 范进学：《"法律信仰"：一个被过度误解的神话——重读伯尔曼〈法律与宗教〉》，载《政法论坛》2012 年第 2 期。

〔3〕 俞学明：《"伯尔曼之思"：从法律信仰到现代性反思——以当代中国"法律信仰"的流行成因探讨为线索》，载《世界宗教文化》2019 年第 1 期。

生的程序。法律不只是以社会的公共规则体系为内容的社会现象，还是以每一社会成员内心感受为内核的心理现象。[1]宗教不只是一套信条与仪式，还是人们对终极意义和超验价值的集体关切和共同直觉。书中的"宗教"并非基督教、犹太教等特殊社会意识形态，而是最广泛意义上的概念。[2]伯尔曼提出的"整体性危机"是对西方法律传统的深刻反思，他希望通过重新整合法律与宗教的力量，为社会注入更多精神活力和价值追求。

（二）浅析法律与宗教的普遍关联性

伯尔曼以综合法学立场出发，将法律与宗教置于共同的超验理性基础上，提出两者之间的联系与沟通存在于仪式、传统、权威和普遍性等微观层面中。[3]

仪式标志着客观性。几乎每个宗教都设立了特定的仪式程序，如基督教的洗礼、佛教的三叩九拜，法律也有公开的仪式，比如法官的袍服与法槌、法庭的布置等，法律的客观、公平、公正等价值理念通过制度化的仪式程序显现出来，程序的庄严肃穆让人确信审判并非自由竞胜之所，唤起民众对公平正义的热望和惩罚非法的诉求。[4]传统标志着延续性。宗教的传统在于穿越时间维度，唤起人们对人生终极价值的思考。而法律的形成与发展往往受到历史传统的影响，蕴含先前政治、文化等传统并追求法律规则的先后一致性。权威标志着约束力。宗教的权威在于人们对所敬拜对象的深深崇拜与敬畏，法律的效力依赖成文或不成文的法律渊源，其本身就应具备调整社会关系的权威性，令所有人置于法律调整之下，对各方的行为产生约束力。普遍性标志着有效性。法律与宗教的普遍性，体现在两者具有共同的、固有的道德性要求，宗教中基本的价值和精神符合人们对公平正义的追求，比如诚信原则、罪责刑相适应原则等，并且这些原则具有道德意义上的普遍正当性，人们发自内心地认同，使其得到社会的公认。

通过对两者共同要素的分析，伯尔曼得出了法律与宗教运行中的内在联

---

[1] 姜保忠：《法律的信仰与信仰的法律——伯尔曼的法律与宗教观及其对现代司法的影响》，载《河南财经政法大学学报》2013年第1期。

[2] 宗高歌：《"法律信仰"之误区——从伯尔曼的〈法律与宗教〉出发》，载《四川大学法律评论》2017年第1期。

[3] 孙文恺：《中国语境下"法律信仰"的内涵——从伯尔曼的〈法律与宗教〉谈起》，载《内蒙古大学学报（哲学社会科学版）》2009年第3期。

[4] 刘晓明：《对伯尔曼"法律与宗教关系"的再探讨》，载《学习与探索》2016年第8期。

系。但是他反对将法律与宗教合一，并从历史的角度讲述了西方历史发展中宗教对法律的影响、法律与宗教经历了一个分分合合的过程，不能求助于宗教以保全法律，两者应该"辩证地相互依赖"。

首先，法律和宗教相互渗透。两者构成了社会经验的两个向度，超验信仰会显现在社会发展方向中，同时在社会进程中也生动呈现了价值追求，"没有宗教的法律会退化成机械的法条主义；没有法律的宗教则会丧失其社会有效性"。其次，两者相辅相成。法律为社会的稳定提供基础性保障，赋予宗教社会性，使其超越个人信仰体验，宗教给予法律神圣性，激发道德力量，使法律在精神层面得到尊重和信仰。一旦法律与宗教相分离，"没有信仰的法律将退化成为僵死的法条，而没有法律的信仰将蜕变成为狂信"。应当正确认识法律与宗教的关系，破除二元思维模式，使"非此即彼"让位于"亦此亦彼"，从而克服"整体性危机"，真正进入新的"综合的时代"。"综合的时代"也是法律的新纪元，在"综合的时代"中，法律充分与社会生活中各领域行业沟通关联，并焕发出新的活力和生命力。

三、中国法治现代化体系的价值支撑

自党的十八大以来，我国始终坚定不移地倡导并大力培育社会主义核心价值观，运用法律法规向社会传达正确的价值取向，将社会主义核心价值观融入法治建设的全过程，这充分说明了我们党极度重视法治现代化之中价值基础支撑。伯尔曼关于"法律信仰"的理论能为我们提供重要的参考。

（一）法律制度的价值体系建构

首先要重视法律制度背后的价值之基。法治现代化不仅是法律治理中制度设计的技术优化，法律在调整社会秩序之中还需要稳固的价值支持。"真正能阻止犯罪的乃是守法的传统，这种传统又植根于一种深切而热烈的信念之中。"在推进法治社会建设的进程中，要重视培育法治精神和树立法律权威，摒弃法律工具主义的价值导向和人治主义的陈旧观念。[1]将现代自然法中的理念价值建立于技术之上，将正义建立于程序之上，政治建立于法律之上。[2]

---

〔1〕 王赛：《中国语境下的法律信仰：缺失与建构——从伯尔曼的〈法律与宗教〉谈起》，载《福建行政学院学报》2011 年第 5 期。

〔2〕 强世功：《法律的现代性剧场：哈特与富勒论战》，法律出版社 2006 年版，第 83 页。

法律制度的价值体系建构要落实到具体的制度创设和法治运行之中，才能真正发挥其效用。在立法层面，立法者们将价值观念和道德追求具象化，在具体的法律制度中充分融合公平、正义等价值基础，重视价值精神导向作用。同时在立法程序和立法技术上，要提高法律的确定性，满足人们对未来行为及结果的稳定预期，这也是人们信任法律的基础。[1]在执法层面，要求法律工作者在实践中准确适用法律，推动创制的法律制度的实现，践行立法所确立的价值基础，将观念中的存在变为现实中的实在，在实践中表达其承载的法律价值。社会的规范化治理需要建立在特定共同体伦理的基础之上，人人的自我完善推动实现社会的制度完善。[2]在司法层面，司法作为一种纠错纠偏机制，人们面对难以调节的纠纷，期望诉诸法律以获得解决方法。"一次不公的判断比多次不平的举动为祸尤烈。因为这些不平的举动不过弄脏水流，而不公的判断则把水源败坏了。"[3]面对德沃金式的边际案件，善用存在于法律体系之中的原则性价值基础，以纠正实在法的严格适用带来的不公正现象。[4]在无现成法律条文用以援引的复杂案件中，依据法律体系的价值基础进行法律解释与推理，对实在法中的空白和漏洞予以弥补，[5]在个案中充分彰显法的精神。

（二）多元价值体系的创造性转化

法律的形成与演变深深植根于人类社会生活的文化背景之中。在中国的历史长河中，法律体系的构建和发展始终与中国独特的社会、经济、政治以及文化环境紧密相连。与西方世界深厚的宗教传统不同，中国历史上并未形成如西方那样的宗教传统，宗教对于政治、法律并未产生过决定性的影响。[6]伯尔曼对于西方世界宗教和法律的历史文化传统的探索是值得借鉴的，中国

〔1〕芦泉宏：《从法律信仰到法律信任——基于伯尔曼〈法律与宗教〉的思考》，载《汉江师范学院学报》2021年第1期。

〔2〕陈来：《中国近代以来重公德轻私德的偏向与流弊》，载《文史哲》2020年第1期。

〔3〕［英］弗·培根：《培根论说文集》，水天同译，商务印书馆1983年版，第193页。

〔4〕孟融：《法律治理的精神维度——也读伯尔曼的〈法律与宗教〉》，载《内蒙古农业大学学报（社会科学版）》2014年第5期。

〔5〕张文显主编：《法理学》（第3版），高等教育出版社、北京大学出版社2007年版，第257~258页。

〔6〕卢刚：《中国当下法律信仰的悖论——基于对伯尔曼〈法律与宗教〉的分析为视角》，载《长白学刊》2009年第4期。

法治现代化的道路上，我们既要充分挖掘和善用本土资源，又要紧密结合中国法律文化的深厚传统与现实需求，寻求一片适合培育法律价值基础的中国土壤。

法治现代化的价值之基一旦脱离传统，就会成为"空中楼阁"，无法真正满足人民的情感和价值追求，无法在社会中持续良好地运行。儒学在我国深厚的思想传统中一直占据着核心地位，其思想理念深深地影响了我们的历史与文化。作为一种影响深远的价值体系和精神力量，支撑着人们履行各种道德义务和政治义务，为人们提供个人的安身立命之所。[1]颁行的法不能与人民心中的法脱节，包括儒学在内的各种中国传统文化是法治现代化价值之基的重要资源，法治建设应当充分吸收中国传统法律文化中的积极因素，以一种辩证的态度将传统文化与时代精神相结合。应当让创造性转化后的传统成为法治现代化的重要价值基础，同时这也赋予了法律神圣性，利于社会大众内心层面的内化，从而使守法转化为社会大众的生活方式和精神寄托。[2]

在当今社会，多元化的价值观念并存，以单一的价值维度作为评价标准显然并不适宜。在法治现代化进程中，在价值多元之上构筑某种基础性认同，是对国家治理策略的更高层次要求。[3]我们要以包容开放的态度，包容人类文明中的其他有益成果，鼓励和促进关于价值的沟通交流，以开放性话语体系凝聚价值基础体系，将其融入国家的制度架构中，唤起人们普遍性的认同感。德沃金指出，想要最大限度地有效，这些思想应该来自尽可能广泛的视野——不仅来自该社会之外，也来自该社会之内——还可能包括不是直接针对中国文化的思想。[4]

支撑中国法治现代化的价值基础不是亘古不变的，应当随着实践的发展而不断更新进步。"良法善治"是现代法治基本原则的核心，一部良法的制定与施行并非意味着从此高枕无忧，为了构建科学完备、法治为基的国家治理体系，还需要根据实践的变化，逐步健全和完善法律规范、法律制度、法律

[1] 何怀宏：《新纲常——探讨中国社会的道德根基》，四川人民出版社2013年版，第41页。
[2] 刘涛：《中国法律信仰的传统根基与建构路径》，载《法商研究》2016年第1期。
[3] 高成军：《宪法共识：价值多元社会的认同共识》，载《甘肃社会科学》2018年第4期。
[4] [美] 罗纳德·德沃金：《认真对待权利》，信春鹰、吴玉章译，上海三联书店2008年版，第26~27页。

程序及其实施机制。[1]同时引导培育公众对法律制度和法律精神的认同，将法律中的价值理念内化于心的同时，外化为实际行动，而非仅基于对惩罚的恐惧而遵守，不断提升利用社会主义法治体系高效治理国家的能力和水平。

（凌嘉欣　西南政法大学行政法学院）

---

[1]　张文显：《法治与国家治理现代化》，载《中国法学》2014 年第 4 期。

第四编
古典法光

从自然法到成文法

——读西塞罗《论法律》

亚当斯说："世界上所有的时代都没有产生一位比西塞罗更伟大的政治家和哲学家，他的权威性应该是最有分量的。"不少学者认为文艺复兴是对西塞罗的复兴。法国大革命时期，米拉波、吉伦特派、罗伯斯庇尔等都将西塞罗视为英雄。西塞罗其人全名马尔库塞·图利乌斯·西塞罗，是古罗马共和国晚期政治家、哲学家、法学家、文学家、翻译家、演说家和著名律师，因其文学成就和政治法律哲学思想，被后世尊称为"拉丁文学泰斗""自然法之父""古罗马的柏拉图"。

《论法律》是《论共和国》的续篇，形式与内容都是对《论共和国》的延续。从形式上而言，《论法律》采用对话体的方式，西塞罗是主讲人，虚设的参与对话者有其胞弟昆图斯和好友阿提库斯。从内容上而言，《论法律》传世共三卷，总结了古罗马建城以来的治国实践，融合了柏拉图、亚里士多德和斯多葛学派的政治法律哲学思想，在西方法哲学史上第一次系统地阐述了自然法理论，是对《论共和国》"最好的政府形式"应有的"真正的法"的进一步阐述。[1]

一、自然哲学：自然法的特征

在《论法律》中的第一卷与第二卷，西塞罗深刻探讨了自然法哲学的基本逻辑及其前提观点。西塞罗在《论法律》直言："我们为正义而生，正义之根不是信仰而是自然。只要考察人类之间的共同纽带就会明白这一点。"[2]西

---

〔1〕 张乃根：《西方法哲学史纲》（增补本），中国政法大学出版社 2002 年版，第 36 页。

〔2〕 ［古罗马］西塞罗：《论法律》，钟书峰译，法律出版社 2022 年版，第 132 页。

塞罗承接了古希腊斯多葛学派的自然法思想的内涵，认为理性是人与神共有的，是区别于动物的根本特性，理性主义是西塞罗自然法思想的精髓。[1]西塞罗认为，被大自然赋予理性的人，被赋予的是正确的理性，因此也被赋予了法律，也就获得了命令和禁止做什么的正确理性[2]。西塞罗认为"赋予理性就是赋予法律"，他系统地阐述了法的二元论，将"公众认为的法"分为两种类型，一是自然法，神赋予的理性；另一种是"成文法"（人定法），即"有时按照民众的观念说话，从而像民众称呼的那样，称那些成文的，对他们希望的东西进行限定或允许或禁止的条规"。西塞罗认为"成文法不等于公正"，认为如果"公正臣服于成文法和国家机构"那么衡量一切的标准都是功利，即"只要对自己有利，人们就会蔑视法律，如果有可能就会破坏法律"。简言之，西塞罗认为，"法有自然法与成文法之分"的二元论是自然法哲学的前提；自然法是本质是正确的理性，正义隶属于理性，自然法是正义和法律的基础，[3]构成了西塞罗法哲学的基本逻辑体系。[4]

（一）起源：自然法根植于正确的理性

自然法早已存在于"大自然的理性"，是至高无上的法则，它先于人类现实法律而存在[5]。西塞罗借此举例贺雷修斯·可克勒斯并没有按照英勇无畏的法律和指令做出伟大壮举，因为在那时本没有明文规定说明"应当独自坚守大桥抵抗一切敌人并下令摧毁身后的桥梁"；卢修斯·塔克文统治时期并没有任何成文法律规定禁止性侵犯罪，塞克斯图斯·塔克文对克蕾提娅的暴力性侵仍旧被认定为是犯罪。西塞罗认为"法律是根植于自然的、智慧应然行为并禁止相反行为的最高理性"，自然法一定是早于成文法的出现，尽管西塞罗一直经历"传唤到庭""遵循法律"的教诲，但他认为法律之所以发出让人"或行或止的命令"，其根本在于它拥有号召人们正确做事和阻止犯罪的力量。

法之力量不仅"早于人类社会和国家出现之前就存在"，而且与"统治、

〔1〕 贺五一：《试论西塞罗的自然法思想》，载《邵阳学院学报（社会科学版）》2004年第6期。

〔2〕 吴根友：《从"道生法"命题看〈帛书黄帝四经〉中的法哲学思想》，载方勇主编：《诸子学刊》，上海古籍出版社2007年版。

〔3〕 张乃根：《西方法哲学史纲》（增补本），中国政法大学出版社2002年版，第48页。

〔4〕 齐延平：《论西塞罗理性主义自然法思想》，载《法学论坛》2005年第1期。

〔5〕 谭建华：《论西塞罗的自然法思想》，载《求索》2005年第2期。

保护天地的神明同龄"。自然法的核心是理性，理性是"人与神之间第一共有物"，自然法不仅将人与神紧密联系在一起，还可以进一步认为，拥有"共同的法"就是拥有"共同之正义"，如果一群人拥有"共同之法"那就是同一社会之人。如果人们服从"神圣的秩序、神圣意志和全能之神"，那么宇宙就应该是"人与神的共同社会"。自然法的起源是"神的理性"，自然法是最早的法，早于任何社会秩序、国家与成文规则。

（二）发展：自然法在社会普遍存在

西塞罗不仅认为自然法是最早的法，还认为理性的自然法与"统治、保护天地的神明同龄"。"在人类之中，没有任何种族——无论是何等文明或何等野蛮——还不知道这一点：他们必须相信一个神，即使他们不懂他们应当相信什么样的神。"[1]自然法的理性是神的明智，就是"至高无上的法"，真正而正确的东西，就是永恒的，当人类具有成熟的理性后，"理性"就会存在于智者的思想之中，不会随着成文法或生或灭。

"没有哪一种生物像人类那样，如此相似、如此相同。"[2]在人类社会中人可能会因为"堕落风俗"或"错误的信仰"扭曲了心灵，让自己误入歧途，但"人人相似程度胜过像自身的状况"，西塞罗进一步指出，"无论怎样定义一个人，都适用一切人""人皆为正义而生"。人的语言，人的用词或许会不同，但是其表现出来的思想内容是相同的，任何民族、任何地区都不可能存在找到了"指导者"却不能"养成美德"的人。理性、自然、美德不仅具有普适性，可以不因地区和种族的不同而改变，还具有永恒性，不仅早于社会还与社会长存。

（三）作用：自然法是判断正义的依据

自然法至高无上的地位，在于它是神的意志的体现。西塞罗指出："允许和禁止做什么的真正而首要的法律，是至高之神朱庇特的正确理性。"在宇宙中，神造就了万物，我们都是按照神明的决定和意志变化的，我们追求的理性、美德全是神明的赋予。自然法是至高之法，也是正确之法。[3]西塞罗认

---

[1]　[古罗马]西塞罗：《论法律》，钟书峰译，法律出版社2022年版，第72页。
[2]　[古罗马]西塞罗：《论法律》，钟书峰译，法律出版社2022年版，第72页。
[3]　张善根：《西方法学流派的逻辑起点及其局限》，载《求是学刊》2011年第6期。

为正确的理性就是自然法，而人则是被至高无上的神装备创造出来的并被赋予了理性，从而成了唯一与神共同享有理性及思想的，有别于其他生物的群体。与亚里士多德的观点不同，西塞罗看重法律的实质而不是形式，西塞罗认为，法律应该是"根植于自然的、智慧应然行为并禁止相反行为的最高理性"，除了"自然的规则"没有其他的规则能使人分辨善良或邪恶的法律。

在西塞罗看来"区分善恶的唯一标准就是自然法"，美德是充分发展的理性，必然存在于自然法之中，"成文法"的良法标准是自然法。[1]为适应各种情况而以各种形式确立的各国立法规定之所以被称为法律，是因为立法者的"偏好"而不是因为他们是"真正的法律"。成文法应当向自然法靠拢，首先从成文法的创设中就应该明确，创设法律就是为了公民的福祉、国家安全和人类安宁与幸福，如果创设的法律并非"至善之物"，变成了"恶法"那么也应当以"毒药非药"的想法排除"恶法"；其次，如果那些宣称他们将把人民生活变得荣耀和幸福的东西予以明文立法并付诸实践，若违背承诺，那这些对人民有害的、不公的任何规定或行为同样是恶。

（四）效力：自然法让良心受谴责与拷问

自然法是可以阻止人们犯罪并宣扬美德的有用的法。[2]西塞罗认为自然法具有独特的惩罚方式，实体法远没有自然法的惩罚效力好。他说若人做下不公不善之事，"复仇女神追击着他们——不是像神话中描写的那样举着火把，而是犯罪者遭受良心的拷问和内心的煎熬"。西塞罗指出刑罚具有局限性，他认为，在实际中唯有刑罚的做法，会加深人们对刑罚的恐惧但人们不会对可恶的犯罪本身感到恐惧，这样将会造成"谁都不是正直之人，本应视为恶人的犯罪人则应称为不审慎者"的局面。如果是功利推动人成为诚实善良的人而非高尚的，那么人将不是正直的人，都是狡诈之徒。

若在唯有刑罚的现实中，人害怕的是证人和法官，西塞罗设想：当一个人遇见携带许多金子的弱小而孤立无援的路人时，天生具有美德的人会打招呼、帮助他；但只以自身利益衡量一切的人又会如何去做？自然法的效力即在于此，西塞罗认为成文法的惩罚方式是一种外部的、仅有威慑作用的惩处

---

〔1〕 谭建华：《论西塞罗的自然法思想》，载《求索》2005年第2期。
〔2〕 乔旭、刘博：《试论西塞罗的自然法思想》，载《中国电力教育》2006年第S2期。

方式，"刑罚"不能从根本上阻止犯罪，而自然法借用强大的"道德力量"却可以从内心对人们进行约束，进而实现法的目的——惩恶扬善。

二、沟通现实："成文法"中的治理思想

西塞罗作为古希腊、古罗马自然法思想的集大成者，他将"自然"从哲学概念转变成了法学体系，他对"自然法"的探讨最终目的是服务于现实政治，对"成文法"做出批判与建设。尽管"宪法是一国的最高法"这一思想是在近现代才明确提出的，但西塞罗的自然法思想体系中早已有"最高法""根本法"概念的雏形。西塞罗认为自然法源自"神"，是理性、正义、美德的最重要载体，是社会永恒不变的法，具有普遍效力。自然法是所有善恶的评价标准，首先，自然法在社会有精神引导的作用，它帮助构建一国基本秩序；其次，自然法高于任何成文法，"市民法"只有符合自然法的标准后才可以称之为"法律"；最后，只有具有神所赋予理性的人才可以制定出合乎自然法的法律。[1]

在《论法律》第二卷后半部分及第三卷，西塞罗在自然法这一道德支点上从宗教法、国家官员的角度讲述了其"成文法理论"[2]（又称"市民法理论"），展现自然法与现实世界的沟通，借用正义法律、宗教功能、行政官制等现实问题表明其主要治理思想。

（一）国家治理权

西塞罗阐述："没有什么比治理更为符合正义和自然……没有治理，就不可能存在家庭、城市、国家或者整个人类，也不可能存在自然界或者宇宙本身，因为宇宙服从神明，大地和海洋服从宇宙，人类生活服从最高之法命令。"[3]自然法并非"放任法"，西塞罗认为统治权对于一个国家来说必不可少，一切古代的民族都是由国王统治，这样的统治权最初是给了"无比正义、睿智之人"，统治权古已有之，古罗马曾长期由国王实施统治，后来，这样的权利是由其后人代代相传。统治权对于国家而言十分重要，西塞罗指出"不愿意接受国王统治的人民并不是不愿意服从任何人"，这些人只是不愿意"永

[1] 杨宜默：《西塞罗的宪法思想》，载《河南科技大学学报（社会科学版）》2009年第6期。
[2] 张乃根：《西方法哲学史纲》（增补本），中国政法大学出版社2002年版，第86页。
[3] ［古罗马］西塞罗：《论法律》，钟书峰译，法律出版社2022年版，第73页。

远只服从同一个人"，而这样的心理影响的是不能改变国家治理权、统治权的逻辑。进而，西塞罗认为，民族需要被提供法律，让法律适应"完美共和国"的政体。

其次，统治权的运行需要官员，国家需要官员。西塞罗指出"官员的权力分配决定了国家治理"，国家治理权的运行需要官员，如果"没有官员的胆识智慧和尽心尽力，国家就不可能存在"，国家治理应当指向官员的治理和公民的服从。柏拉图曾将反抗官员的人视为泰坦的后代，认为他们就像当年反抗众神的泰坦一样。西塞罗通过辩证思维指出"善治者，终有一天治于人；善于治人者，也有可能治人"，在社会中人的身份如此转化，但"治理权"没有改变，因此，要规定"公民不仅应当服从、听从官员，而且应当尊重和热爱他们"，从而"通过配置均衡的法定权力，建立和谐而温和的国家政体"。

（二）法治思想

西塞罗曾指出"一切都应该处于法律之下"，其中可见西塞罗区别于"人治"的法治思想。西塞罗认为国家是人民合一的产物，当一群人有了"共同的理性"便会组成社会，形成某种社会秩序，既如此，法是人共同理性和正确美德的同一，法成为人联合成国家的纽带。

西塞罗的法治思想体现在立法层面的公平，构建"和谐而温和的国家政体"需要"人民享有权利""元老院享有权威"，西塞罗认为，"人民的安全福祉"是建立、行使国家治理权的宗旨。"法律的意义就是在于对所有人有效和适用"在立法之时不得颁布针对个人的特别法律。在合法性来源方面，西塞罗认为"权力应当是合法的""任何军事的命令都是合法的、有效的"，自然法合理的来源是神赋予的，遵循的是自然的理性，不可以随意对权力进行攫取，"元老院的等级应当无暇，应成为其他公民的榜样"来保证权力的权威性和合法有效性，西塞罗在《论义务》中表达了对恺撒依靠武力夺取权力的愤慨和不满，恺撒为了错误的构想——最高权力，破坏神界和人间的法律。在法的运用方面，西塞罗称，"官员的职责就是依法、正确、有效地实施治理"，法律指导官员，官员指导人民，[1]"官员是会说话的法律，法律是不说话的官员"。若出现了特殊情况，如遇到不属于官员职权的事项，应由"人民

---

[1] 齐延平：《论西塞罗理性主义自然法思想》，载《法学论坛》2005年第1期。

推举官员实施管理并赋予其权力"，普通权力，若是同等权力或者更高权力或者人民若不服可以予以否决，人民有权提出申诉，但有关军事命令的情况除外。

（三）分权与制衡

西塞罗认为一个国家的权力不可以完全集中在一起，仅让一人掌控，西塞罗考察了亚里士多德提出的三种政体：君主制、贵族制、民主制；西塞罗认为这三种政体各有其优缺点，比如王政体制中，国王或许是文武双全的，但人民会切实感受到"国王过错"，好像除了国王，所有人都被排除在法之外，都不在权力享受之列，因此大家希望推翻王政体制，拒绝一人统治，"要是一人继续统治其他所有人，会让人觉得，废弃的只是国王的头衔而不是实质"。借此，西塞罗提出将三个体制的优点融为一体的混合政体，将权力分散，其中主要包括执政官、元老院和平民大会三个团体，让"人民享有权力，元老院享有权威"，推行投票自由，让高尚之人具有并发挥影响力。

在权力运行方面，西塞罗贯彻权力分设和制衡监督。在他拟定的官职法中，除了要设立最高长官执政以外，还应当设立裁判官、保民官、检察官等官职并赋予其相应的权力，从而形成权力的制约监督。执政官在混合政体中扮演着国王的角色，法律赋予他所有官员都必须服从他的权力，但除了保民官。西塞罗假借昆图斯之口，介绍了保民官的种种恶行，但他认为"保民官确实有恶的一方面，但无恶无求善"保民官的存在缩小了执政官的管辖范围，保民官保护的是平民的利益。西塞罗规定了检察官的监督权力，对"元老等级应当完美无瑕"检察官需要对此做出解释。此外，从整体权力监督出发，西塞罗还注重占卜与占卜官的监督作用，因为占卜官是人与神沟通的桥梁，世俗上一切权力都没有占卜权力更有力、强大、神圣，遵循神或自然法对食宿行为的审查和裁决，这也正好体现出西塞罗强烈的权力监督意识。

三、结语

西塞罗的自然法带有折中主义的特质，[1]其主要体现在"神性"与"人

---

[1] 杨博、时溢明：《近年来国内自然法研究综述》，载《河北理工大学学报（社会科学版）》2011年第2期。

性"之间，"自发"与"自觉"之间，"抽象"与"具体"之间。西塞罗与斯多葛学派是一种承接关系，西塞罗文人与政治家的双重身份使得他清楚地明白社会生活的世俗性，他进一步将斯多葛学派的自然法思想与具体的事物联系。斯多葛学派的自然法思想是哲学层面的概念，远离普通人的生活，与现实政治相差甚大，西塞罗是将自然、理性与正义和法律关系系统论证的第一人，他的理性主义自然法思想具有极强的实践性。"如下所有这些人的观点，与我的观点是一致的：无论是留在早期雅典学园的斯珀西波斯、色诺克拉底、帕勒蒙等人，还是与前者观点实质相同但表述不同的追随亚里士多德的狄奥弗拉斯特等人，抑或是像芝诺那样只是改变术语而没有改变实质之人，甚或是赞同阿里斯托晦涩难懂的学说观点——如今遭批驳的这种观点认为，除善恶之外，一切均应完全平等地对待——之人"，[1]西塞罗首先将自己定位为学院派学者，认为自己的思想实际上与斯多葛学派、亚里士多德和柏拉图是相同的，但西塞罗借用自身身份将政治理想与社会现实结合，将斯多葛学派的理论向实践延伸，批判改造，对自然法与"成文法"进行深入阐述。

西塞罗的自然法理念脱离部分理想特征，贴近生活实际，服务国家治理。西塞罗将自然法贴合民众的具体实际，不将自然法作为一种抽象的规则，他希望以自然法作为善恶的标准并将自然法应用到具体的事件中，而非简单地将某个群体制定的法律文本作为善恶评判的标准。西塞罗关于自然法的另一实践性应用是将自然法用于形式惩罚上，他认为，只有借助自然法的精神，以人的本性为尺度，才能在所有环境都维持正确的善恶观。

西塞罗借《论法律》将自然法运用到实际建设中，实质是为了预防独裁者的保证和恶法，期望建立混合政体的心愿。尽管《论法律》成书之时，西塞罗对古罗马的政治影响力已大幅度降低，西塞罗的政治理想并未能改变古罗马的政治局面。但西塞罗将古希腊哲学引入古罗马，使得自然法概念融合世俗，推动罗马对自然法的进一步挖掘，这在法律理论框架构建中具有重要的研究价值。

（刘纹君　西南政法大学行政法学院）

---

〔1〕［古罗马］西塞罗：《论法律》，钟书峰译，法律出版社 2022 年版，第 126 页。

苏格拉底不公正审判中的法律内涵

——读柏拉图《申辩篇》

　　《申辩篇》作为柏拉图的对话录之一，记录了苏格拉底面对雅典陪审团的最后辩词。本文致力于对《申辩篇》进行深入的法学分析，旨在透过这一不公平的审判解释蕴含的法律哲学问题。基于对苏格拉底审判的深入解析，本文尝试运用融合法律学、伦理学、政治哲学等跨学科研究视角，批判性解读《申辩篇》，以此解构并反思民主制度下的多数人暴政、程序正义与实体正义的张力、"好人"与"好公民"概念的辨析，最终通过对苏格拉底审判的法律哲学内涵进行严谨的学术探讨，挖掘苏格拉底审判对当代法律的启示，为理解法律与道德、个体权利与集体利益之间复杂关系提供新的视角。

一、防止多数人的暴政——民主的缺陷与灾难

　　多数人的思想导致了多数人的暴政，进一步导致了多数决，即"少数服从多数"，这一起源于古希腊和古罗马的原则在今天仍然被认为是民主政治的基本内涵之一。[1]托克维尔认为："民主政府的实质就是多数人对政府的绝对统治，之所以这种统治是绝对的，是因为在现代民主政治制度下，谁也无法与多数人抗衡。"[2]

　　雅典城邦的民主制赋予了 501 位陪审团成员表决的权力，他们决定了苏格拉底是否有罪以及是否应执行死刑，但是否多数人的决定就能够真正造福更多人？剥夺他人生命权的决定究竟应由谁来作出？权力拥有者作出所谓"有利于大多数人"的决定的正当性何在？对于那些被剥夺发言权的少数人，

---

　　〔1〕　刘健：《"多数人暴政"的伦理悖论与现实解决途径研究》，载《学理论》2013 年第 26 期。

　　〔2〕　［法］托克维尔：《论美国的民主》（上卷），董果良译，商务印书馆 1989 年版，第 26 页。

又该由谁代言？要回答这些问题我们有必要重新审视这场不公正的审判——苏格拉底之死。

在古希腊雅典式直接民主阶段，所有社会公共事务都需要根据民意决策。民意在很大程度上是由人类的共同道德和法律规范产生的，但由于公众对信息的判断能力参差不齐，极易受到舆论和个人情绪的影响，导致理性无法正常运行，权利可能随时被滥用。所谓的"多数人的暴政"往往表现为集体情绪化，导致公众认同"人多力量大"的力量感和"法不责众"的盲目性。[1]苏格拉底的智慧又恰恰是一种否定性的智慧，揭露了多数派对少数派的压制以及因此而导致的正义的偏离。苏格拉底认为受审者的义务是将真相不加修饰地表达出来，而作为审判者应明辨是非，"不论辞令之优劣，只问话语本身是否公正"，不被表面现象所蒙蔽。多数人的暴政源于煽动、专横和冷漠，导致审判的正当性与正义性存在偏差，最终走向异化。只有当每个人都能够关心他人利益，考虑弱势群体的需求时，多数人的暴政才会失去基础，正义才能够最终实现。

在整场审判中，审判官对于受审者的命运处于绝对的支配状态。而权力的强制性、扩张性和资源的分配性决定权力必须被关在笼子里，制度的根本性、全局性以及稳定性又决定了我们必须要用制度来束缚权力，[2]并且制度建设是强化权力制约和监督的重要保障。孟德斯鸠认为："人民之政治的自由，是谓各人都相信自己安全，而得到一种心理上的安谧之意。"要实现"人民之政治的自由"，利用法律制度去规定"多数人暴政"的限度则尤为重要，即使多数人表现出暴政统治的倾向，但其仍逃不出法律制度编制的笼子，法律是正义的底线和最有力保障。[3]如何编织好制度的笼子，避免多数人的暴政以及防止权力被滥用，是处于苏格拉底后世的我们仍需警醒和沉思的问题。

二、避免理性工具化——用程序达至正义

权力能终结苏格拉底的生命，却不能阻止理性的运行。

---

〔1〕 刘健：《"多数人暴政"的伦理悖论与现实解决途径研究》，载《学理论》2013年第26期。
〔2〕 丁壮：《"把权力关进制度的笼子里"：新时代权力运行制约与监督的实践向度》，载《重庆理工大学学报（社会科学）》2021年第8期。
〔3〕 ［法］孟德斯鸠：《论法的精神》（上卷），许明龙译，商务印书馆2012年版，第58页。

在雅典直接民主时期，所有的社会公共事务均由雅典城邦的成年男性决定，并采用多数决。但事实上，集体决策并不必然优于个人决策，因为集体理性并不是个体理性的简单相加，集体要达成一致的决策必然需要成员之间的相互妥协。〔1〕当公民对公共政治事务进行投票表决的时候，较为赞成者可能会率先投票，而犹豫不决者可能会弃权。但此时若赞成者先表态，犹豫不决者和观望者也可能会赞成，正是由于这些无明确立场的"摇摆者"具有盲从性和跟风的心态，最终导致少数反对者利益受到侵犯。这种从众心理在集体决策中具有普遍性，而其中的理性因素显然不是每个个体的理性之和。集体理性不过是众多成员的共同利益相互博弈最终达到平衡的结果。在某些情况下，"总体"理性可能小于"子集体"理性。

在这种情况下，所谓的"智者"过度左右审判就成了可能，站在智者的角度，他们完全不在意真假、是非、善恶、曲直，而只在意论辩的结果。甚至为了赢得更多学生，他们还有意歪曲真理，最终走向感觉主义、相对主义和怀疑主义的认识理论，声称掌握了论辩的技术即是掌握了正义的标准。〔2〕他们由自身憎恨的情感作为动机，编造虚假的、精雕细琢的言辞，迷惑众人和审判官，人们因无法看清真相，其脆弱的理性也逐渐走向崩溃，甚至完全被情绪控制。"智者"进一步加速了雅典民主政治的衰落，雅典最辉煌的时代早已成为明日黄花。

苏格拉底的理性体现为对永恒真理以及道德的追求，而原告或所谓"智者"的理性则是对城邦法律程序的利用，借此满足自己的私利。苏格拉底的理性本应是真实的、向好的，但在智者以及世俗庸常之人看来则是难以理解、不可接受的；后者这类非真实的、恶的理性却成了主流。智者的理性是利用程序达至目的的工具化理性，如何维护正义不被恶人、庸人侵袭和玷污，程序的合理性在此时便尤为重要，这本质上是如何通过程序正义达至实体正义的问题。程序正义与实体正义具有内在的一致性，其终极目标是一致的，都是追求纠纷的公正解决，并且程序正义保障实体正义的实现。

在司法实践中，要实现公平正义，则必须平衡程序正义和实体正义，但对一部分公民来说，由于其本身存在功利主义思想，其目的具有非正义性，

〔1〕 程凯：《多数人暴政的内在逻辑及成因分析》，载《山东行政学院学报》2013年第5期。
〔2〕 张志伟：《西方哲学十五讲》，北京大学出版社2004年版，第47~48页。

即使利用合理、合法的程序也不能达到实体正义。[1]因此，在司法实践过程中出现的执行错误需要通过立法的智慧予以纠正，即"不正义的矫正"，其具有恢复正义秩序，保障公平的作用。从制度层面上完善规则、制定规则的意义就在于禁止"不义行为"，与"不义行为"划清界限。只有完善法律程序才能减少权力的不当行使、规范权力的运行，使程序正义最大程度地实现实体正义。

三、法理也容情——"好人"与"好公民"的和解

亚里士多德曾经提出政体理论，在他的著作《政治学》之中，他认为不同的城邦有不同的政治制度，而每种政体都应该有与其相符的"好公民"形象，他说，"公民是他所属的政治体系的一员，他的道德品质应该与这个政治体系相适应"。[2]那么何种公民形象才能被称为与雅典政体相符的"好公民"呢？伯里克利一言以蔽之："对国家的贡献多于在私生活中所做的祸害。"

相比于具有现实性价值取向的"好公民"的评价标准，在古希腊语境下，所谓"好人"，并不以城邦法律所规定的正义为衡量标准，而是遵从"自然的正义"或"神所规定的正义"。列奥·施特劳斯认为："正确的方式是由神或神子或神的弟子们建立起来的，正确的法则必定是神的法则。"[3]因此，古希腊语境下的"好人"并非受城邦法律束缚，而是遵循神明制定的法则。其超越人类制定的规范，超越现实世界，表现为一种至善状态。在这种观念中，神圣的法则被视为至高无上的准则，指引着人们的行为和思想。

与之相对应，在古希腊语境下对于"好公民"的评价具有现实性，而对于"好人"的评价标准则更侧重于自然法则。这种超越现实的属于众神的自然法则必然会与非道德性、纯粹利益式的标准产生矛盾。这种哲学与政治之间的冲突伴随着人类社会的发展进程。[4]

〔1〕 王禹乔、张智明、钟珩：《论领导实践中程序正义与实质正义的逻辑关系及把握原则》，载《领导科学论坛》2023年第10期。
〔2〕 [古希腊]亚里士多德：《政治学》，吴寿彭译，商务印书馆1965年版，第123页。
〔3〕 [美]列奥·施特劳斯：《自然权利与历史》，彭刚译，生活·读书·新知三联书店2003年版，第121页。
〔4〕 刘彧灏、陆闯：《"好人"与"好公民"的内在张力与和解之路——从苏格拉底到现代社会》，载《中共南京市委党校学报》2022年第4期。

苏格拉底被指控的罪名包括不敬神明、信仰新神和败坏青年。[1]他的敬神方式与城邦认可的方式不同，他坚持以自己内心的声音来指导行为，称这是神的启示。苏格拉底以"爱智之学"作为神赋予的使命，因此，他被指控"不信国教、尊奉心神"也并非没有道理。苏格拉底可能不是一个符合传统标准的"好公民"，但他自辩时强调自己是在听从神的指示，努力做一个"好人"。在"好人"与"好公民"中，他选择了追随神的旨意，而不是追求成为一个传统意义上的"好公民"，这也是典型的雅典式的悲剧情节。

亚里士多德认为，在理想政治体制下，应当实现"好人"与"好公民"的充分结合。虽然政治需要培养更多的好公民，但社会中做一个好人更为重要。[2]过于偏重政治而忽视伦理，

这往往会产生一个极不健康的现象：表面上看，每个人都有极强的政治素养，遵纪守法、热爱祖国，但实际上人与人之间却往往较为淡漠，本应相辅相成的"好人"与"好公民"形成了巨大割裂。孟子主张："仁者爱人"，有仁人，方有仁政。法安天下，德润人心；德法结合，相辅相成。法理也容情，只有在人与人之间保持基本尊重的基础上，社会才能稳定，国家才能强大。同时伦理道德与政治权力相辅相成，共同奠定社会稳定的基石。尽管无法构建理想的政治体制，但这仍是我们永远追求的目标。

四、结语

公元前399年的这场审判最终以361人赞成，140人反对的结果判处苏格拉底死刑，令人唏嘘。雅典法律固然有其局限性，但也不应因此全盘否定雅典法律。毕竟雅典法律在长达二百多年的时间里涉及思想行为的审判仅有三例，雅典法律长期被视为希腊社会的典范。[3]当然，这一事件也暴露了雅典法律的潜在危机。另一方面，苏格拉底的行为方式是否合理也存在争议，也许苏格拉底的述而不作是导致其最终结局的重要原因。[4]苏格拉底用相同的

---

〔1〕［古希腊］柏拉图：《柏拉图对话录》，郭雅晴译，重庆出版社2020年版，第32页。

〔2〕冯书生：《"好人"，抑或"好公民"：苏格拉底之死的政治伦理悖论及其现代回响》，载《安徽师范大学学报（社会科学版）》2015年第5期。

〔3〕这三人分别是阿纳克萨哥拉、普罗塔格拉及苏格拉底，See Douglas M. MacDowell, *The Law in Classical Athens*, Cornell University Press, 1986, pp. 200-201.

〔4〕郭俊义：《苏格拉底之审及柏拉图之反思》，载《南京大学法律评论》2018年第1期。

逻辑对待不同的个体，正如罗素所说，"任何一套逻辑上的一贯的学说都必定有着某些部分是令人痛苦的，并且与流行的观点是相反的"。[1]这也导致审判中产生了更多的反对苏格拉底的声音。

但法律能否包容这种差异，与主流观点相反是否意味着错误，法院有更多反驳他的人是否意味着可以定罪，这就又回归到本文所论述的核心：多数人的暴政、程序正义以及"好人"与"好公民"的和解问题，柏拉图为我们提供了解决的思路，他创办学院，让真正对哲学有志趣的人加入进来，他让公民中有智慧、能接受不同观点，且受过专门训练，能独立审判的真正有能力的人来担任法官。

与此同时，柏拉图认为每个人都可以是案件的参与者，任何人都不应被排除在法律之外。[2]他主张法律不仅应该让那些有特殊能力的人承担应有的责任，而且应该让所有公民都有归属感和参与感，柏拉图的这种全民参与审判的理念对于当今时代也具有极强的启示作用。

（张碧昂　西南政法大学）

---

〔1〕〔英〕罗素：《西方哲学史》（上卷），何兆武、李约瑟译，商务印书馆1963年版，第130页。
〔2〕〔古希腊〕柏拉图：《法律篇》，载《柏拉图全集》（第3卷），王晓朝译，人民出版社2003年版，第524页。

城邦对话体下的法律三要素

——读柏拉图《法律篇》

　　《法律篇》作为柏拉图晚期阶段最后一部和最长的一部对话体著作，通过四个层面的努力来树立法律的内在权威：法律内容的合理性、法律目的的正当性、立法者的智慧和美德以及立法者的培养和产生。其相较于《理想国》，讲的不是乌托邦思想，而是一个更为实际的城邦构建计划，[1]更具有启示性与实践性。书中以三位分别来自雅典、克里特和斯巴达的老人的旅途对话，娓娓譬画下三人共识的伟大的城邦的蓝图。柏拉图在晚年意识到《理想国》中的理想或不可能完全实现，在《法律篇》中借雅典人之口着重于法律角度设计了希腊现存条件下可能实现的最好的城邦国家。其对于现代法治，仍有共鸣或借鉴之处。本文基于《法律篇》中作为整个法律的序言的前三卷，从立法角度摘取并提炼出对话中围绕的有建设意义的三个要素进行分析、联系与思考。

一、"无知"——消除明智的反义词

　　理性，即不无知。被视为三大法律要素之首，其在整篇文章中贯穿始终，既是主线，又是支撑。个体若能以理性为依托生活，将达到最佳状态，因为理性赋予人们智慧，对智慧的强调同时意味着对无知的排斥，因此，理性与无知互为对立。"君王们和整个计划灭亡的原因不是指挥官或被指挥的人懦弱或缺乏战争知识，毁掉他们的尤其是对人类最重要的事情的无知。"[2]可以说，在柏拉图看来，明智的反义词是无知。接下来，雅典人在与平民梅吉卢

---

〔1〕　［英］斯图尔特·埃尔登：《领土论》，冬初阳译，时代文艺出版社 2017 年版，第 39 页。

〔2〕　［古希腊］柏拉图：《法律篇》，高咏译，法律出版社 2022 年版，第 78 页。

和政治家克莱尼亚的讨论中列举了统治与被统治的问题上七种具有公认的资格，论证了第六种无知的人服从而明智的人应当领导和统治的符合自然性和无暴力性。对臣民的统治依靠的是自然的法律规则，对立法者来说，是最大的明智。故作为统治的立法者必须努力向城邦注入明智，并尽其所能消除他的无知。

而何为无知呢？或者说什么是最大的无知？痛苦和快乐的感觉与符合理性的意见之间的不一致是严重的和最大的无知。[1]其可以用两个词来总结：不和谐或不一致。当人们憎恨而不是热爱自己认为是好的和高尚的东西、当人们喜欢和欢迎自己认为是邪恶和不正义的东西时，即当一个人的灵魂与自己的自然主宰——明智、理性和意见相抵触时，无知就产生了；不和谐、不一致诞生，故最大的无知就存在了。而柏拉图又借雅典人之口点出：立法的、统治的官职授予的绝不会是上述方面无知的人，因为无知是明智的反义词，如果没有和谐，哪怕是最小的明智也不会存在。最好的和谐才会被认为是最大的明智。

古希腊时期，阿尔戈斯文明和迈锡尼文明曾由一度繁盛而陨落和覆灭。公元前6世纪，斯巴达与阿尔戈斯就伯罗奔尼撒地区的主导权展开战争，这场战争使得阿尔戈斯人口锐减，以至于他们的奴隶最后夺取了政权；迈锡尼为首的古希腊联军则是为争夺特洛伊这一交通要道而发动了持续十年之久的特洛伊战争，消耗了大量的人力物力，最终北方游牧民族开始南下侵略，迈锡尼文明灭亡。总的来说，其君王是对一句正确的话无知——那句话说，"他们不知道一半比全部多多少"[2]——最后让自己与极其辉煌的希腊城邦走向毁灭。

而不无知不是需要对所有事情了如指掌，就如明智也并不是指精于算计、精通各种技艺。对于君王或立法者，其不能对人类最重要的事情无知，否则即使这些人精于算计、精通各种技艺，也要被指责为无知。对此，雅典人的比喻是：一个船长拥有航海知识也不能成为一个好船长，如果他晕船；一位军队指挥官拥有军事技艺也不能胜任，如果他是一个懦夫。

在城邦中，这种无知的体现就是民众对统治者和法律的拒绝服从。即使

〔1〕［古希腊］柏拉图：《法律篇》，高咏译，法律出版社2022年版，第79页。
〔2〕［古希腊］赫西俄德：《工作与时日　神谱》，张竹明、蒋平译，商务印书馆1991年版。

一个明智的立法者制定出的法律是好的和正义的，民众之间的无知也会极大地限制法律的权威性与其执行效力——因其内心极度贫瘠的和谐与一致。法律的服从是一种基于人们服从法律的共同信念（common belief）[1]的行为秩序，因此法律得到普遍的服从只有在人们形成了服从法律的共同信念时才能实现。但无知会对法律创造聚点（focal point）[2]以在人们之间建立服从法律的共同信念的能力造成一定的影响，从而阻碍统治者所需民众的服从。

亚里士多德曾提出，"已成立的法律获得普遍的服从"[3]，这是对于法治而言最具普遍性的要素之一。故不难理解，柏拉图提出的应尽可能地消除无知——立法者与民众双方的无知。

二、"节制"——从权力适度原则到敬畏、友谊和共同体

行为限度上应留意的"节制"，是作为第二个要素，在思想层面消除了"无知后"的承接。节制之所以会成为第二个要素，是因为缺乏节制，就不会带来纯粹的正义；没有节制，也不能成为上述所说的明智的人。而明智的人，他的快乐和痛苦都符合并遵循正确的理性。不节制，即无视适度原则、过度自我放纵。由此引入法律，代入立法，便是强调控制权力。柏拉图用两个十分恰当的比喻来强调了权力的比例规则：如果给予一个事物的力量太大，比如给一个船只过大的帆，给人的身体过多的食物，给一个人过大的权力，那一切就都会乱套。当立法者无视节制，其结果是所有的权力会从他身上消失。伟大的立法者必须懂得适度，以此来防范这种情况。故节制对立法者而言、在立法中的体现，是限权。

最浅层或者说个人与法律最密切的节制关乎于个人的欲望——快乐和痛苦。任何与法律有关的研究几乎都是围绕着城邦和个人的快乐和痛苦展开的。快乐与痛苦，雅典人将其比作两股泉水，而大自然让它们喷涌而出。凡在适当的时间和地点取出适当的泉水的人都是幸福的，而如果不合时宜地取水、不适度地取水，结果就会适得其反。城邦的快乐与痛苦由个人的快乐与痛苦

---

〔1〕 黄竹鋆：《法律的普遍服从何以可能——以博弈中的共同信念为视角》，载《制度经济学研究》2023 年第 2 期。

〔2〕 黄竹鋆：《法律的普遍服从何以可能——以博弈中的共同信念为视角》，载《制度经济学研究》2023 年第 2 期。

〔3〕 ［古希腊］亚里士多德：《政治学》，吴寿彭译，商务印书馆 1965 年版，第 202 页。

累积而来，而个人的快乐与痛苦又间接地与立法的限权相挂钩。这是节制于个人享乐角度上延伸及法律制定层面的体现。

一个城邦的立法者的立法目的，应该是建立一个自由的、明智的、和谐的城邦。通过立法确立一个强大的或纯粹的统治权力是错误的。当政治体制做到节制与适度，既不过分地倾向于君主制又不过分地倾向于自由制（或民主制），统治者治理城邦不再是为了维护自己的权力，而是为了被统治者和臣民的利益，臣民才会对法律有敬畏之心[1]。人们有敬畏之心，雅典人面对波斯人的攻打时才能团结自卫，大流士才能赢得民众支持和比居鲁士遗留的更多的土地；这样团结一致——民众彼此友好爱护家园，建立互惠性的友谊同时促进共同体的友谊，共同体的法律秩序与政治关系建立在通过持续不断地教育在城邦公民的灵魂层面造就对法律的自愿服从上[2]——才真正是友谊和共同体的凝聚。柏拉图把这种敬畏之心比作女王，因为它使大家心甘情愿地服从法律。我们可以看到，在节制的情况下，人们享有最高程度的幸福。

此外关于节制，书中的对话的三位老人还运用"酒"这一物例来论证了允许的正确限度。论及"酒"，多数人的说法是其象征着节制的反面。但雅典人却恰恰相反认为酒是一种良药，给人们酒是为了在其灵魂中植入节制并在其身体中植入健康和力量。而立法者的任务，是允许一个城邦饮酒，且认真对待它，用规则来约束它并用它来培养节制的习惯。[3]如果一个人从未与放纵的快乐和欲望作斗争，在没有任何经验的情况下，置身于放纵之中，快乐的甜蜜感就会战胜他们，更不会获得完全的节制。柏拉图的观点是：一味地禁止是不可取的，应在一定限度内给予允许的自由，一定限度内规范自由。过度的专制或自由，随之而来的便是不服从法律；不受任何权威束缚的绝对的专制或自由，无论如何都比不上受到适当限制的权力的统治。

限权也可以解释为权力制约。权力制约是对权力行使者进行一定的限制与约束，其也与柏拉图所提到的立法者的节制相吻合。美国社会科学家丹尼

---

[1] 柏拉图认为，敬畏是服从古老的法律而产生的更高的恐惧，如果没有这种恐惧，人们就不会团结起来自卫，也不会保卫自己的庙宇、坟墓、故土和亲友。参见［古希腊］柏拉图：《法律篇》，高咏译，法律出版社2022年版，第92页。

[2] 李猛：《分裂之家的友谊：柏拉图〈法律篇〉中的共同体》，载《中国社会科学院大学学报》2022年第6期。

[3] ［古希腊］柏拉图：《法律篇》，高咏译，法律出版社2022年版，第60页。

斯·朗认为"权力扎根于一切人际关系和社会结构中"〔1〕，按柏拉图的理解而言，从立法者到民众、从权力适度到社会上友谊和共同体，节制潜移默化地间接调节着民众与民众、民众与统治者之间的关系。

三、"美德"——立法者德性与立法目的正确性

行为适当节制的限度下，美德德性赋予立法的意义及重要性在精神品质层面，成为第三个要素。

如何定义美德，虽然不同时代不同民族或有不同的理解，但柏拉图却以一个字概括了美德：善。美德分成两类：人类的和神圣的。前者依靠后者。人类的美德第一是健康，第二是美丽，第三是强健，第四是富裕。神圣的美德中第一是智慧（即明智），第二是节制，这二者与勇敢结合就产生第三是正义，第四是勇敢。而后一类的善自然优于前一类的善，而立法者必须遵循这样的美德次序来调整一切关系，确定各种善恶状态。〔2〕除此之外，立法者还应以法律为工具来正确地教导民众，培养其善恶观，褒奖守法者、惩罚违法者。而做到这一切，必然要以立法者拥有美德的德性为前提。

解读《法律篇》，必须基于其中一个核心比喻，即"分裂之家的类比"。柏拉图高度赞扬了"第三位法官〔3〕"——立法者式的、维系分裂家庭内之友谊的法官，而人们"自愿"服从他。对此，学界有道德化的解读和法律化的解读两种倾向。前者以波波尼奇为代表，认为：城邦之所以团结是因为所有公民在德性上都是平等的好人，城邦通过教化克服了分裂。但法律化的解读则认为，"第三种法官"的优胜在于制度化的法律替代了德性式的人治。〔4〕第三个法官是德性最好的法官。雅典人说，第三个法官制定法律的目的不是战争，而是正好与此相反。真正的立法者应该把他所制定的有关战争的法律当作和平的工具，而不是将关于和平的立法当作战争的工具。最大的善既不是内战也不是外战，而是但愿二者都没有。法律目的的正当性以及法律内容符

---

〔1〕 ［美］丹尼斯·朗：《权力论》，陆震纶、郑明哲译，中国社会科学出版社2001年版，第76页。

〔2〕 何勤华主编：《法学经典漫笔：46个法学名著精要》，中国法制出版社2020年版，第3页。

〔3〕 ［古希腊］柏拉图：《法律篇》，高咏译，法律出版社2022年版，第5~6页。

〔4〕 李猛：《分裂之家的友谊：柏拉图〈法律篇〉中的共同体》，载《中国社会科学院大学学报》2022年第6期。

合法律目的的要求使得由具有智慧和美德的立法者来制定法律成为必要。以美德为出发点，是立法者制定法律的正确目的；和平与善意，是立法的最大目的。[1]

雅典人谈道，凡是有魅力的事物，它重要的一面要么是这种魅力本身，要么是它具有的某种形式的正确性。而好的立法的正确性在于，它将法律变成一条"推理之索[2]"。我们每个人心里都有两个既愚蠢又对立的谋士——善与恶，还有关于哪些东西是好是坏的推理。当这种推理成为城邦的共同决议时，它就被称为"法律"。金质的、神圣的推理之索，存在于我们心中像肌肉或绳索的、把我们拉向善与恶的分界处的各种情感之中，它便是城邦的公法。故好的法律应像绳索一样牵引公民的内心和行动，或柔软——金质的、或坚硬——铁质的。

美德于法律扮演的角色除了柏拉图在该书中进行了讨论，西方法理学有关"恶法非法"的探讨也可以认为是在对此进行思考。古希腊智者克里克勒最早提出法律有良恶之分的思想。亚里士多德继承其师柏拉图的衣钵，在《政治学》一书中开宗明义地指出："所有城邦都是某种共同体，所有共同体都是为着某种善而建立的，显然，由于所有的共同体旨在追求某种善，因而所有共同体中最崇高、最权威，并且包含了一切其他共同体的共同体所追求的一定是至善。"[3]共同体所追求的那种善，可以说是体现良法的自然美德。恶法之所以非法，是因其失去法之所以为法所应具有的正确的价值取向——或立法者德性缺失或立法目的的缺乏正当。至当代，新自然法学派继续秉承恶法非法的一贯思想，其代表人物富勒、罗尔斯和德沃金分别强调了法律必须与道德、正义、权利保持一致，否则就不是法律。[4]不难总结出，立法者想要制定出真正的法律，必须在制定过程中体现美德。

柏拉图关于法律的美德观蕴含了自然法的精华，体现他对美德的追求与构建理想城邦的宏伟蓝图的思想。其对立法者或统治者及民众提出品格上的要求，为和平价值理念丰满了羽翼。

---

[1] 何勤华主编：《外国法学经典解读》，上海教育出版社2006年版，第102～108页。

[2] [古希腊]柏拉图：《法律篇》，高咏译，法律出版社2022年版，第26页。

[3] 苗力田编：《亚里士多德选集（伦理学卷）》，中国人民大学出版社1999年版，第139页。

[4] 丁以升：《恶法非法论》，载《贵州警官职业学院学报》2010年第6期。

四、结语

前三卷的核心理念——即"无知""节制""美德"——作为了后九卷分别论述城邦赖以建立和巩固的法律的立法宗旨和基础。从消除"无知"到要求"节制"再到提倡"美德",其都是《法律篇》中城邦立法始终考虑三个目标,即"自由,明智,与自身为友"[1]的抽象表现。消除无知(明智)是君主制的根据,节制是民主制的标志,而美德则是联结、折中与融汇这两种原则的关键环节。《法律篇》是柏拉图的最后一部作品,但长期以来并不太被人们重视,在这三个要素层面上,能尝试从实践层面挖掘柏拉图晚年对政治问题系统全面的思考,探索与分析柏拉图继《理想国》之后的思想变化、差异与《法律篇》独一无二的研究价值。从这三个要素去解读《法律篇》,不仅能更简明扼要地把握其研究的脉络,也能够以结合古代社会、西方法理学及现代法治学者等观点的方式来挖掘和探索书中的西方政治概念、城邦立法思想。三者在城邦法制下形成承前启后、互为补充的关系,铺就出柏拉图宏伟的立法之道。

(田沛鑫 西南政法大学人工智能法学院)

---

[1] 李猛:《分裂之家的友谊:柏拉图〈法律篇〉中的共同体》,载《中国社会科学院大学学报》2022年第6期。